홍석주의 노자

『訂老』, 기호 주자학자의 노자 읽기

이 책은 『淵泉全書』(서울: 민족문화추진회, 1984)를
저본으로 하였다.

원전총서

홍석주의 노자 — 『訂老』, 기호 주자학자의 노자 읽기

지은이 홍석주
옮긴이 김학목
펴낸이 오정혜
펴낸곳 예문서원

편집 이선주 · 조영미
인쇄 상지사
제책 원진제책

초판 1쇄 2001년 3월 19일

주소 서울시 동대문구 용두 2동 764-1 송현빌딩 302호
출판등록 1993. 1. 7 제5-343호
전화번호 925-5914 · 편집부 929-2284 · 팩시밀리 929-2285
Homesite http://www.yemoon.com
E-mail yemoonsw@chollian.net yemoonsw@unitel.co.kr

ISBN 89-7646-132-0 03150

YEMOONSEOWON 764-1 Yongdu 2-Dong, Dongdaemun-Gu Seoul KOREA 130-072
Tel) 02-925-5914, 02-929-2284 Fax) 02-929-2285

값 14,000원

원전총서

홍석주의 노자

『訂老』, 기호 주자학자의 노자 읽기

홍석주 지음 · 김학목 옮김

예문서원

옮긴이의 말

옮긴이가 홍석주洪奭周의 『정노訂老』를 접한 것은 서계西溪 박세당朴世堂의 『신주도덕경新註道德經』으로 박사 학위를 준비할 때였다. 박사 학위 논문에 일정 부분 조선 유학자들의 『노자』 주석서를 언급할 필요가 있었기 때문에 이이李珥의 『순언醇言』과 서명응徐命膺의 『도덕지귀道德指歸』를 『정노』와 함께 살펴본 적이 있다. 사실 옮긴이는 학위 전부터 이미 『순언』과 『신주도덕경』을 어느 정도 완역한 상태였고, 『도덕지귀』에 대해서도 반 이상을 초역해 놓고 있었다. 학위를 마친 후 옮긴이는 홍석주의 『정노』를 포함해 조선 유학자들의 『노자』 주석서를 모두 번역해서 출간하고 싶은 바람을 갖게 되었다. 과연 『신주도덕경』의 번역은 학위 후 곧바로 예문서원을 통해 『박세당의 노자』로 간행되었고, 이번에 뒤이어 『순언』과 『정노』가 나오게 된 것이다.

애초 옮긴이는 『정노』가 조선 유학자들의 『노자』 주석서 가운데 시기적으로 가장 뒤지기 때문에 제일 마지막에 번역할 계획이었다. 그런데 복잡한 사정이 생겨 『도덕지귀』에 앞서 『정노』를 번역하게 되었고 또한 예문서원에 출간을 부탁드리게 되었다. 현재 옮긴이는 『도덕지귀』까지 초역을 마친 상태인데, 강의를 비롯해 여러 가지 일로 마무리 작업이 늦어지고 있다. 옮긴이의 마음은 빨리 『도덕지귀』를 마무리짓고 조선 유학자들의 노자관을 한 권의 책으로 정리하고 싶다.

조선 유학자들의 『노자』 주석에는 당시의 모든 상황이 압축적으로 반영되어 있다. 성리학의 절정기에 나온 이이의 『순언』은 노자의 사상까지 성리학으로 소화할 수 있다는 자신감을 드러낸 것이며, 예송 논쟁이 한창이던 때에 나온 박세당의 『신주도덕경』은 박樸 곧 질質을 강조하는 노자의 사상을 통해 문文 곧 명분에 치우친 당시의 세태를 비판한 것이었다. 이런 점은 홍석주의 『정노』도 마찬가지인데, 주희를 이탈하는 입장에 있는 박세당과는 상반된 모습으로 나타난다. 곧 당시 사람들이 문에 치우치게 된 일차적 원인을 주희의 형이상학적 사유 방법에 있다고 보고 그 사유 방법을 이용해 당시의 병폐를 치유하려 한 것이 박세당의 『신주도덕경』이다. 이에 비해 주희를 계승하는 입장에 있는 홍석주는 주자학의 근본이 만물일원萬物一原의 성性이나 기질미잡氣質未雜의 리理 또는 음양미분陰陽未分의 태극太極을 논하는 것이 아니라 경세에 있음을 강조하는데, 이것이 『정노』에 그대로 나타난다. 홍석주는 심원한 『도덕경』을 박세당과 달리 평이하게 풀이하는데, 이는 학문의 근본이 고원한 사상을 논하는 데 있지 않고 실질 곧 경세에 있음을 알리기 위한 것이다. 이러한 입장은 실학 사상이 한창 무르익던 당시 주자학의 근본도 결국 경세적 요소와 학문적 실천성에 있음을 다시 밝히려는 것이다. 이렇듯 조선 시대 유학자들의 『노자』 주석은 당시의 상황을 잘 반영하고 있다. 아직 서명응의 『도덕지귀』를 자세히 살펴보지는 않았지만 여기에도 분명히 이런 점이 있을 것으로 본다. 가능한 한 빨리 정리해서 발표하도록 하겠다.

이 책을 내기까지 음양으로 도와 주신 성태용 지도 교수님과 정상봉 교수님, 고전 국역의 맛을 일깨워 주신 민족문화추진회 교수님들께 깊은 감사의 절을 올린다. 또한 자료를 검색하는 데 절대적인 도움을 준 노성두 선생과 그 부인 이미란 선생, 도움을 요청하면 기꺼이 도와 준 민족문화추진회 국역실의 이기찬 선생과 홍기은 선생, 세종대학교 국문과에서 홍석주로 박사 학위 논문을 준비하면서 많은 자료를 제공해 준 전용숙 선생, 옆에서 언제나 모든 궂은 일을 도맡아 처리해 주는 후배 이양희 선생께도 많은 감사를 드린다. 그리고 무엇보다 이 책을 맡아 출간해 준 예문서원의 사장님과 홍원식 교수님, 편집과 교정 등 모든 부분에 노력을 아끼지 않은 예문서원의 가족들께 깊은 감사를 드린다.

2000년 초가을 상계동에서

김학목(girinok@hanmail.net)

차례 홍석주의 노자

訂老

上

下

부록

홍석주의 생애와 사상

1. 홍석주의 생애와 학문[1)]

조선 후기의 정치가이자 문인인 연천淵泉 홍석주洪奭周는 중앙 학계의 지식인에 속하는 인물이다. 18세기에 중앙 정치의 일익을 담당했던 풍산豐山 홍씨洪氏의 후예로 1774년(英祖 50)에 한양漢陽 남부南部 공동公洞에서 태어난 그는 22세(正祖 19)에 식년式年 문과文科 갑과甲科에 급제, 사옹원司饔院 직장直長에 제수되어 처음 벼슬길에 나섰다. 이어 같은 해에 초계문신抄啓文臣에 피선되었고, 23세에는 예문관藝文館 검열檢閱이 되었다. 29세(純祖 2)에는 사간원司諫院 정언正言·교리校理에 제수되었고 이어 한학교수漢學敎授가 되었다. 30세에는 사헌부司憲府 장령掌令이 되었으며, 사은사謝恩使 서장관書狀官으로 청淸나라에 다녀왔다. 32세에는 의정부議政府 검상檢詳이 되었고, 33세에는 동부승지同副承旨·좌승지左承旨·형조참의刑曹參議에 제수되었다. 36세에는 병조참판兵曹參判·사역원제조司譯院提調가, 37세에는 규장각奎章閣 직제학直提學이 되었다. 42세에는 충청도 관찰사觀察使가 되었고, 44세에는 대사간大司諫이 되었다. 48세에는 도승지·부제학 이조참판이 되었고, 57세에는 이조판서吏曹判書·병조판서兵曹判書가 되었다.

---

1) 「홍석주의 생애와 학문」에 대해서는 『奎章閣』 16집에 실린 金文植 선생의 「洪奭周의 經學思想 研究」에서 대부분 그대로 인용하거나 축약했으며, 辛承云 교수의 「淵泉全書解題」에서도 일부 인용했음을 밝힌다.

58세에는 사은사謝恩使의 정사正使로 청나라를 다녀왔고, 61세(純祖 34)에 의정부議政府 좌의정左議政이 되었다. 이처럼 비교적 순탄하게 관직 생활을 하던 홍석주는 63세(憲宗 2) 때 남응중南膺中의 모반 사건에 연루되어 면직·삭출되었다가 66세에 대왕대비의 특지特旨로 방석放釋되었다. 그리고 1842년(憲宗 8) 69세의 나이로 마장리瑪莊里 묘사墓舍에서 생을 마쳤다.

성장기의 홍석주는 주로 부친 홍인모洪仁謨와 백부 홍의모洪儀謨에게서 학문을 연마하였다. 13세 때 주희의 『송명신록宋名臣錄』을 모방한 『삼한명신록三漢名臣錄』[2] 저술 착수를 시작으로 『대역상전大易象傳』, 『명사관견明史管見』, 『속명사관견續明史管見』, 『독역잡기讀易雜記』, 『휘사소찬彙史小贊』 등을 저술하였다. 그의 성장기는 주로 가학家學을 중심으로 학문을 습득하면서 저술을 시작한 시기라고 할 수 있다.

홍석주는 22세에 문과 갑과에 급제하여 관리로 선발된 후 곧 정조正祖의 특지로 규장각 초계문신으로 발탁된 이후 40여 년 동안 내·외직을 두루 거치면서 자신의 경륜을 펼쳤다. 특히 그는 19세기 초에 각 지방관을 역임하면서 당시 백성의 실상을 직접 대면하고 많은 휼민책恤民策을 강구하였다. 또한 18세기 후반에 정조의 초계문신제에 의해 『초계고식抄啓故寔』을 저술하였으며, 1803년과 1831년에는 연행燕行을 다녀옴으로써 청나라 학계의 동향을 살필 기회를 가졌다. 관직에서 일시적으로 밀려난 1817년~1826년에는 저술 활동에 몰두하여 『정노訂老』, 『속사략익전續史略翼箋』 같은 대표적 저술을 내놓았는데,[3] 성해응成海應과의 한학漢學·송학宋學 논쟁이나 정약용丁若鏞과의 『상서尙書』 금문·고문 논쟁 같은 당대 최고 수준의 경학 논쟁도 이 시기를 전후한 것이었다. 홍석주에게는 이 때가 경학자이자

---

2) 15년에 걸쳐 前集 15권, 後集 18권, 續集 2권, 도합 35권의 규모로 완성을 보았으나 凡例와 贊跋만 문집에 실려 전할 뿐 본문은 일실되어 전하지 않는다.

3) 홍석주는 1817년 정월에 金漢祿 獄事의 재처리 문제를 둘러싸고 副護軍 李愚在의 탄핵을 받아 西江에서 은거하였으며, 1822년 말에는 전라도 관찰사로 있으면서 權敦仁, 沈榮錫과 충돌하였다. 이듬해에는 모친상을 당해 1826년까지 서울에서 칩거하였다.

경세가로서 활동이 가장 두드러졌던 시기라고 할 수 있다.

홍석주는 헌종 초 풍양豐壤 조씨趙氏계 세력인 김로金鏴, 권돈인權敦仁 등에 의해 정계에서 물러난 후 고향인 장단長湍의 묘사墓舍와 양주楊州의 광진廣津에 머물면서 생애를 마무리하였다. 『예기집설지의禮記集說志疑』와 『학강산필鶴岡散筆』이 바로 이 시기에 나왔으니, 이 때부터 그는 벼슬길에 대한 관심을 완전히 버리고 생애의 마지막 순간까지 오직 온힘을 다해 학문에 전념하였다.

홍석주의 학문에 영향을 미친 것은 몇 가지로 구분해 볼 수 있는데, 그 첫 번째가 집안의 전통이요 두 번째가 정조의 영향, 세 번째가 초계문신 출신 학자들의 영향이며, 마지막으로 김매순金邁淳과 서유구徐有榘의 영향이 있다. 홍석주 스스로 "학문이 (집안에서) 18대나 계속 전수되었다"(文學相傳十八世)[4]고 하였을 만큼 그가 집안에서 받은 학문적 영향은 컸다. 7대조 홍계원洪桂元이 정명공주貞明公主와 결혼한 선조宣祖의 사위로서 송시열宋時烈과 교유했고, 증조부 홍상한洪象漢이 김창협金昌協—어유봉魚有鳳의 학통을 이어받으면서 어유봉의 사위가 되는 등 홍석주는 조선 후기 노론老論 청류淸流로 벌족閥族이 된 사대부가의 출신이었다. 그는 특히 조부 홍낙성洪樂性과 부친 홍인모의 영향을 많이 받았다.

외조부 어유봉의 학문을 전수받은 홍낙성은 영·정조대의 현달한 문신으로, 18세기 말에는 영의정에 올라 남인계의 지도자였던 채제공蔡濟恭과 쌍벽을 이루었던 인물이다. 그는 정조의 깊은 신임을 얻어 군신간의 모범적인 지우知遇를 보여 주었으며, 정조의 정치적 의도가 다분히 담긴 1795년의 현륭원顯隆園 능행陵行과 혜경궁惠景宮 진찬례進饌禮 행사에 주요 인사로 참여하였다. 홍낙성이 정조대의 중앙 정치권에서 차지했던 이러한 위치는 홍석주의 성장 기반이 되었다. 또한 고근체시古近體詩에 뛰어났던 홍인모는

4) 『淵泉集』, 권21, 「豊山世稿跋」.

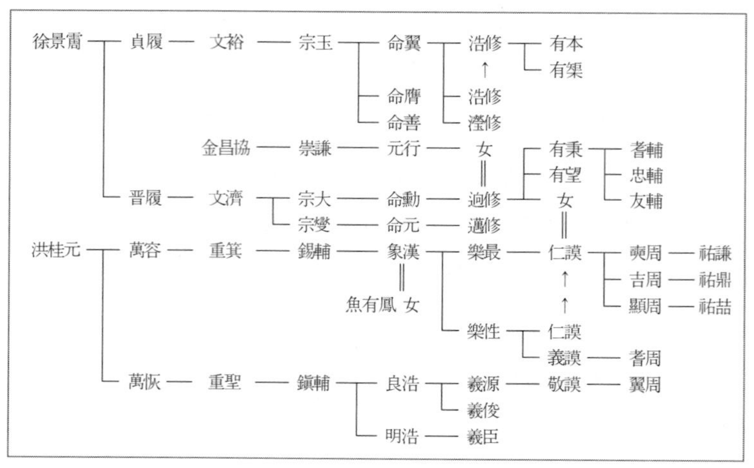

<홍석주의 가계도>

세 아들에게 어릴 때부터 시를 가르쳤고, 많은 저술을 남겨 귀감이 되었다.[5] 홍인모는 경학, 사학, 경세학 등 거의 모든 분야에 관심을 가졌는데, 홍석주는 부친의 이런 학문적 관심과 저술, 특히 경학과 사학에 대한 저술을 계승하였다. 또 형제 중에는 홍길주洪吉周가 홍석주와 학문적 영향을 주고받았다. 홍석주는 어릴 때부터 문장에 능했던 홍길주의 작품을 극찬하고, 그의 학문적 성취를 위해 『홍씨독서록洪氏讀書錄』을 저술하였다. 이에 홍길주는 홍석주의 충실한 독자이자 비평가로서 그의 저술에 대한 많은 서문을 남겼다.

홍석주는 17세(1790) 때 『의례책儀禮策』으로 정조에게 알려진 이후 1794년 시강詩講을 통해 회시會試에 직부直赴하라는 특전을 받았으며, 이후 문과 급제와 초계문신제를 통해 정조를 더욱 가까이 대하게 되었다. 그는 6년 동안 규장각의 초계문신으로 있으면서 정조의 집중적인 지도하에 대학자로

5) 또한 모친 徐氏(永壽閤)도 經史를 두루 읽고 詩律에 뛰어나 부부가 서로 시로 화답하였다고 한다. 홍석주 형제는 이를 뽑아서 『豊山世稿』에 실었다.

성장하였고, 경학과 경세학 등 다방면에 걸쳐 정조의 영향을 받았다. 이에 따라 홍석주는 정조대의 각종 정책을 모범적인 것으로 생각하게 되었고, 19세기 초에는 정조의 학문과 정치를 본받을 것을 강조하였다.

홍석주는 함께 선발되어 정조의 학문적 수련을 받던 초계문신 학자들에게도 영향을 받았다. 특히 김근순金近淳, 김이재金履載, 이존수李存秀, 신현申絢 등은 동년배로서 홍석주에게 많은 영향을 미친 자들이다. 이 가운데 좌의정을 역임했던 이존수는 홍석주에게 정치적인 도움을 많이 주었는데, 홍석주는 그의 저술 『광보자경편廣補自警編』 14책에 대해 경서에 나타난 재상宰相의 업무를 종합 정리한 경세서로 평가하였다. 또한 홍석주는 신현을 통해 신대우申大羽와 그 아들 3형제의 문장과 덕행을 알게 된 이후 신대우에 대해 유한준兪漢雋과 함께 옛사람의 품격을 가진 문장가로 평가하였다. 이들 초계문신 출신 학자들이 홍석주의 학문에 직접적인 영향을 준 것은 아니다. 그러나 이들은 서로 잦은 만남과 학문적인 토론을 가짐으로써 공감대를 형성하며 19세기 초의 정국에서 동류 의식을 가진 정치 세력으로서 일정한 역할을 하였다.

홍석주와 동년배로 문장가로서 이름이 높았던 김매순은 1795년 문과를 거쳐 1800년에 초계문신으로 피선되었고, 가학家學을 이어 『주자대전차의표보朱子大全箚疑標補』 24권(12책)이라는 방대한 저작을 남긴 주자학 계열의 학자였다. 18세기 말을 고비로 소원해졌던 두 사람의 교유는 1830년대 후반에 재개되었으며, 여기에 홍길주도 참여하여 함께 시문詩文을 교환하였다. 또 김매순은 자신의 제자였던 김상현金尙鉉을 홍석주의 제자로 받아줄 것을 요청하기도 하였다. 한편 서유구는 최치원을 조선 최고의 문장가로 평가하고 홍석주의 집안에 비전秘傳되던 『계원필경桂苑筆耕』 20권을 1832년 활자본으로 간행하여 전국에 보급하였으며, 『춘추좌씨전春秋左氏傳』의 좌씨左氏에 대한 변증 문제로 논쟁을 벌인 결과, 그가 공자 때의 좌구명左

邱明이 아니라는 데 의견의 일치를 보았다. 이러한 서유구의 학문에 대해 홍석주는 고증학의 분위기가 섞여 있지만 대체로 호학적인 것으로 평가하였다. 또한 서유구는 홍길주와도 교유를 하여 홍길주의 저서를 자신의 저술에 인용하기도 하였다.

이상에서 언급한 학자들과 앞서 언급했던 정약용, 성해응 등을 포함한다면 홍석주의 학문과 저술은 그의 개인적인 능력과 가학적 기반 외에도 18세기 후반의 정조와 초계문신 동료, 19세기 초 경학자들과의 폭넓은 교유와 토론을 통해 이루어진 것이라고 할 수 있다.

2. 홍석주의 사상

홍석주는 화려한 가문 출신임에도 불구하고 학문과 저술에 힘써 경학, 사학, 문학 등 다방면에 걸쳐 20여 종에 달하는 많은 저술을 남겼다. 그러나 그 중 일부를 제외하고는 아직 간인刊印되지 못하고 필사본으로 전해 오는 형편이며, 그에 대한 연구도 일부 학자들에 의해 이루어지고 있을 뿐 활발하게 진행되지 못하고 있다.

홍석주의 경학관은 한마디로 송학을 중심으로 주희의 경세학 곧 학문적 실천성을 재천명하는 것이다. 이러한 경학관은 관념적인 송학을 비판하던 당시의 시대적 조류와 무관하지 않다. 성리학자들이 리기론理氣論이나 심성론心性論 같은 이론에 빠져 공리공론을 일삼고 있을 때, 일련의 학자들은 주희 성리학의 관념성을 원시 유학의 관점에서 비판하며 이를 벗어나려고 했으니, 이것이 바로 조선 후기 실학의 발단이다. 반면 홍석주는 여전히 주자학을 계승하는 입장에서 이 같은 시대적 요구를 해명하려고 하였다. 이런 점에서 오늘날 우리는 홍석주의 사상을 새롭게 주목할 필요가 있다.

홍석주는 중국의 경학을 세 시기로 나누어서 보았다. 그 첫 번째는 군주가 경학의 내용을 몸소 실천하여 경술經術이 가장 홍성했던 삼대 이전이며, 두 번째는 삼대 이후 공자에서 주희까지 경학의 내용이 비록 군주에게서 실천되지는 않았지만 성현에게서 밝게 빛나던 때이며, 세 번째는 주희 이후 경학이 쇠퇴하면서 사람들이 심신을 닦는 수양과는 무관하게 지면만 낭비하던 때라고 한다. 그가 경학을 이렇게 나누는 기준은 바로 경술의 실천 여부이다. 따라서 당연히 그는 조선의 성리학자들이 공허하게 리기理氣나 성명性命 같은 문제에 골몰하는 것에 반대한다. 그는 주희를 극찬하면서도 주희가 이런 문제를 언급한 것에 대해 달가워하지 않았다. 곧 당시 노불老佛을 전파하는 학자들이 성리나 리기의 학설로 사람들을 미혹시켰기 때문에, 정자나 주희도 어쩔 수 없이 그들의 이론을 물리치기 위해 리기나 성명 같은 것에 대해 언급했다고 한다.

홍석주의 경학관은 조선 후기의 학자들이 성리학을 관념적으로 탐구하면서 현실을 등한시한 것에 대한 비판이다. 지금까지 밝혀진 바에 의하면 조선 후기 실학의 발단은 성리학의 관념성을 비판하는 탈주자학자들 사이에서 시작되었다. 그런데 필자가 살펴본 바에 의하면 홍석주도 실학자의 범주에 들어갈 수 있다고 생각한다. 홍석주가 비록 주자학을 계승하기는 했지만 무엇보다 학문의 실천성과 경세적 요소를 강조하고 있기 때문이다. 이런 점에서 홍석주의 경학관은 조선 후기 실학 연구에 중요한 역할을 할 수 있다고 본다. 홍석주의 경학관은 조선 후기에 주자학을 계승한 학자들 사이에서도 현실과 괴리된 당시의 성리학에 대한 반성이 깊이 형성되어 있었다는 근거가 되기 때문이다.

만물일원萬物一原의 성性과 기질미잡氣質未雜의 리理와 음양미분陰陽未分의 태극太極을 논하는 자들에 대해 '송학의 말류'라고 한 것으로 볼 때, 홍석주는 분명히 주자학을 계승하면서도 성리학에 매몰된 당시의 세태를 신랄하게 비판하는 입장에 서 있다. 이런 점에서 홍석주의 경학관은 탈주자학자 곧 실학자들이 당시의 세태를 비판하는 입장과 별로 다를 것이 없다. 아직까지 학계에서 실학에 대한 연구는 주로 탈주자학적인 관점에서만 이루어지고 있는데, 이런 점에서 홍석주의 사상은 조선 후기의 사상 연구에 신선한 활력소가 될 수 있다고 본다.

『정노』에 인용된 서적

『정노』에 인용된 서적은 34종 이상이다. 여기에는 사서삼경은 물론 제자서 및 역사서, 『도덕경』 주석서 등 매우 다양한 서적이 들어 있다. 도표로 정리하면 아래와 같은데, 인용한 서적 중에서 『관자』는 『국어國語』로 추측된다. 또 『근사록』은 옮긴이가 장재의 말을 그의 저술에서 직접 확인하지 못했기 때문에 올려놓은 것이니 착오가 없기를 바란다. 홍석주가 다른 주석서에서 인용한 것에 대해서는 출처를 밝히거나 "어떤 본에는 다음처럼 되어 있다"(一本作)라고 표현하였다. 그런데 그가 '혹왈或曰'로 인용한 구절에는 다른 주석서에서 인용한 것처럼 보이는 구절이 있기도 하지만, 대부분 다른 사람과 노자에 대해 대화한 내용이거나 아니면 자문자답한 것으로 보인다.

서명	『정노』에 인용된 장	비 고
『논어』	35, 37, 42, 44(3), 57, 63, 63(朱註), 68, 70(2)	『논어』 11번(朱註 1번)
『맹자』	7, 19, 25, 30, 34, 55(朱註), 56(2), 64, 73	『맹자』 9번(朱註 1번)
『중용』	1(2), 21(4), 22, 39, 57	9번
『대학』	30	1번
『시경』	4, 20, 38, 39, 51, 65	6번
『서경』	7, 10, 31, 69	4번
『역경』	1(3), 4, 22, 23, 39, 40, 64, 77(2)	11번
『좌전』	19	1번
『춘추좌씨전』	31, 52, 55, 62	4번
『예기』	39, 58	2번

<table>
<tr><td colspan="2">『의례』</td><td>28</td><td>1번</td></tr>
<tr><td colspan="2">『주례』</td><td>11(『고공기』), 73</td><td>2번</td></tr>
<tr><td colspan="2">『주역참동계』</td><td>10</td><td>1번</td></tr>
<tr><td colspan="2">『정자유서』</td><td>1, 14</td><td>2번</td></tr>
<tr><td colspan="2">『태극도설』</td><td>1, 16(2)</td><td>3번</td></tr>
<tr><td colspan="2">『주자어류』</td><td>4, 10</td><td>2번</td></tr>
<tr><td colspan="2">『주희집』</td><td>13(2), 50</td><td>3번</td></tr>
<tr><td colspan="2">『근사록』</td><td>11(장재의 저서에서는 확인하지 못함)</td><td>1번</td></tr>
<tr><td colspan="2">『문선』</td><td>9, 46</td><td>2번</td></tr>
<tr><td colspan="2">『당송팔가문』</td><td>30</td><td>1번</td></tr>
<tr><td colspan="2">『전국책』</td><td>25</td><td>1번</td></tr>
<tr><td colspan="2">『안자춘추』</td><td>46</td><td>1번</td></tr>
<tr><td colspan="2">『사기』</td><td>17, 35</td><td>2번</td></tr>
<tr><td colspan="2">『송사』</td><td>31</td><td>1번</td></tr>
<tr><td colspan="2">『관자』</td><td>72(『국어』)</td><td>1번</td></tr>
<tr><td colspan="2">『한비자』</td><td>53, 67(2)</td><td>3번</td></tr>
<tr><td colspan="2">『손자병법』</td><td>27, 69</td><td>2번</td></tr>
<tr><td colspan="2">『장자』</td><td>5, 16, 18, 32, 46, 50, 55(2), 72</td><td>9번
(46장은 『莊子集釋』의 疏)</td></tr>
<tr><td colspan="2">『통현진경』</td><td>3, 16, 25, 43, 47, 54</td><td>6번</td></tr>
<tr><td colspan="2">『노자품절』</td><td>26, 41, 52, 79</td><td>4번</td></tr>
<tr><td colspan="2">『도덕진경주』</td><td>10, 13, 14, 20, 22, 24, 29, 32, 35, 36, 38, 41, 42(2), 43, 46, 47, 50, 52, 53, 55, 58, 59, 63, 64, 65, 66, 76, 77, 79</td><td>30번</td></tr>
<tr><td colspan="2">『노자해』</td><td>29, 30, 49, 69, 70</td><td>5번</td></tr>
<tr><td colspan="2">『노자주』</td><td>49</td><td>1번</td></tr>
<tr><td colspan="2">佛經</td><td>12, 30, 42</td><td>3번</td></tr>
<tr><td rowspan="3">未詳</td><td>一本</td><td>13, 17(2), 20, 24, 35, 39, 49(2), 59, 64, 72</td><td>35장과 49장은 '一'로 되어 있음</td></tr>
<tr><td>或曰</td><td>*『도덕경』과 관련된 것: 2, 9, 11, 22(2), 38, 45, 48, 50, 55, 61, 63, 64, 68, 69(2), 71, 73, 81
* 기타: 44, 61</td><td></td></tr>
<tr><td>一說</td><td>13, 41, 53</td><td></td></tr>
</table>

『정노』의 판본 문제

옮긴이가 보기에 홍석주는 『정노』를 저술하면서 오징吳澄의 『도덕진경주道德眞經註』를 주요 판본으로 참고한 듯하다. 『정노』에 인용된 서적에서 볼 수 있듯이 홍석주는 다른 주석서에 비해 오징의 『도덕진경주』를 압도적으로 많이 인용하였다. 그런데 옮긴이가 법인문화사에서 영인한 『정통도장正統道藏』 12권에 있는 『도덕진경주』를 『정노』와 대조해 본 결과 다음과 같은 차이가 있었다.

즉 『도덕진경주』에서는 『정노』의 6장이 앞 장과 함께 5장으로 되어 있고, 18장과 19장이 앞 장과 함께 모두 16장으로 되어 있으며, 23장·24장·25장이 순서가 바뀌어 24장·25장·23장 순으로 연결되어 20장으로 되어 있다. 이 때문에 『도덕진경주』는 상권이 총 32장으로 끝난다. 또 『정노』의 58장이 『도덕진경주』에서는 앞 장과 연결되어 49장으로 되어 있으며, 63장과 64장은 함께 54장으로 되어 있으면서 본문의 순서가 다소 다른데, 이 책 63장의 *표 주나 64장의 주 5)를 비교해서 참고하기 바란다. 이 밖에 『정노』의 67장·68장·69장이 하나로 연결되어 57장으로, 74장이 앞 장과 연결되어 61장으로 되어 있다.

『정노』 21장의 "恍兮惚兮. 其中有物" 구절이 『도덕진경주』에는 "惚兮恍兮. 其中有象" 뒤에 있고, 『정노』 22장의 "不自矜, 故長" 구절이 『도덕진경주』에는 "不自伐, 故有功" 뒤에 있으며, 『정노』 28장의 "知其雄, 守其雌, 爲天下谿. 爲天下谿, 常德不離, 復歸於嬰兒" 구절과 "知其白, 守其黑, 爲天下式. 爲天下式, 常德不忒, 復歸於無極" 구절이 『도덕진경주』에서는 서로 바뀌어 있다. 또 『정노』 69장의 "是謂執無兵, 攘無臂, 行無行, 仍無敵" 구절이 『도덕진경주』에서는 "是謂行無行, 攘無臂, 執無兵, 仍無敵"으로 되어 있다. 이 밖에 아래의 도표처럼 글자에도 다소 차이가 있는데, 크게 문제가 될 만한 것은 없다. 이 표에서 나타나는 특색은 『정노』 본문의 '唯', '乃', '耶'가 『도덕진경주』에는 대부분 '惟', '迺', '邪'로 되어 있다는 것이다.

장	『정노』	『도덕진경주』	비 고
1	"有名萬物之母, 故常無"의 '故'가	없다	
2	"夫唯不居"의 '唯'가	'惟'로 되어 있다	
4	"道冲而用之或不盈"의 '冲'이	'沖'으로 되어 있다	
7	"非以其無邪邪"의 '邪邪'가	'私邪'로 되어 있다	『정노』의 오기
10	"生以不有"의 '以'가	'而'로 되어 있다	
11	"是故有之以爲利"의 '是'가	없다	
15	"微竗玄通"의 '竗'가	'妙'로 되어 있다	
	"夫唯不可識"의 '唯'가	'惟'로 되어 있다	
	"渙兮若氷將釋"의 '氷' 다음에	'之'가 더 있다	
	"夫唯不盈"의 '唯'가	'惟'로 되어 있다	
16	"容乃公……道乃久"의 '乃'가 모두	'迺'로 되어 있다	
18	"六親不和有孝慈"의 '慈'가	'子'로 되어 있다	
20	"相去奚若"의 '奚'가	'何'로 되어 있다	
21	"唯道是從"의 '唯'가	'惟'로 되어 있다	
22	"夫唯不爭"의 "唯"가	'惟'로 되어 있다	
23	"而王處其一焉"의 '處'가	'居'로 되어 있다	
28	"常德不式"의 '式'이	'忒'으로 되어 있다	『정노』의 오기
	"爲天下各"의 '各'이	'谷'으로 되어 있다	『정노』의 오기
	"常德乃足"의 '乃'가	'迺'로 되어 있다	
32	"知所以不殆"의 '知'가	없다	
34	"成功而不居"의 '成功'이	'功成'으로 되어 있다	
35	"視之不可見"의 '可'가	'足'으로 되어 있다	
	"聽之不可聞"의 '可'가	'足'으로 되어 있다	
36	"必固興之"의 '興'이	'與'로 되어 있다	
41	"廣德若不足"의 '德'이	'得'으로 되어 있다	

41	"夫唯道"의 '唯'가	'惟'로 되어 있다	
45	"大直若詘"의 '詘'이	'屈'로 되어 있다	
50	"天何故"의 '天'이	'夫'로 되어 있다	『정노』의 오기
51	"是以萬物其不存道"의 '其'가	'莫'으로 되어 있다	『정노』의 오기
54	"其德乃眞" 이하의 '乃'가 모두	'迺'로 되어 있다	
55	"毒虫不螫"의 '虫'이	'蟲'으로 되어 있다	
56	"不可得而踈"의 '踈'가	'疏'로 되어 있다	
58	"其民醇醇"의 '醇醇'이	'淳淳'으로 되어 있다	
59	"治人爭天莫若嗇"의 '爭'이	'事'로 되어 있다	『정노』의 오기
61	"不過欲人事人"의 '人事'가	'入事'로 되어 있다	『정노』의 오기
62	"雖有拱璧以先駟馬"의 '璧'이	'壁'으로 되어 있다	『정노』의 오기
	"有罪以免耶"의 '耶'가	'邪'로 되어 있다	
64	"則無敗事" 다음에	'矣'자가 있다	
66	"必以言下之"의 '必'이	없다	
	"必以言下之"의 '以' 다음에	'其'가 있다	"以其言下之"
	"必以身後之"의 '必'이	없다	
	"必以身後之"의 '以' 다음에	'其'가 있다	"以其身後之"
69	"不敢進寸而退天"의 '天'이	'尺'으로 되어 있다	『정노』의 오기
70	"夫唯無知"의 '唯'가	'惟'로 되어 있다	
71	"夫唯病病"의 '唯'가	'惟'로 되어 있다	
72	"夫唯不厭"의 '唯'가	'惟'로 되어 있다	
	"夫唯不厭"의 '厭'이	'狎'으로 되어 있다	
77	"孰能有餘以奉天下"의 '以'가	'能' 다음에 있다	"孰能以有餘奉天下"
	"唯有道者"의 '唯'가	'惟'로 되어 있다	
	"其不欲見賢耶"의 '耶'가	'邪'로 되어 있다	
79	"知大怨"의 '知'가	'和'로 되어 있다	『정노』의 오기
80	"使有什百之器"의 '百'이	'伯'으로 되어 있다	『정노』의 오기
	"鷄狗之聲"의 '狗'가	'犬'으로 되어 있다	
81	"善者不辯"의 '辯'이	'辨'으로 되어 있다	
	"辯者不善"의 '辯'이	'辨'으로 되어 있다	

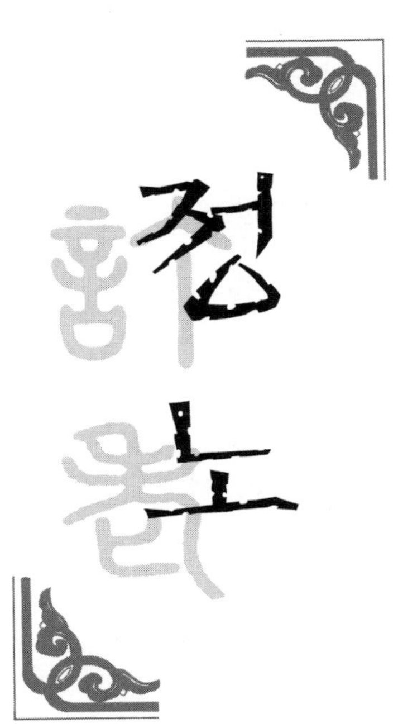

『정노』 머리글

(이 책의 이름 『訂老』에서) '정訂'이란 글자는 '바로잡다'(正)의 의미이고, '노老'라는 글자는 노자가 지은 『도덕경』 5천 자를 말한다. '바로잡는다' 함은 일반적으로 바르지 않음을 바로잡는 것이다.

세상에서 노자의 글을 이단이라고 여기는 것이 확고하지만, 세상에서 노자에 대해 비평하는 자 가운데 아직까지 노자에 대해 제대로 아는 자가 없다. 노자의 글은 거의 모두 욕심을 줄임으로써 신명(神)을 기르고 다투지 않음으로써 세상에 순응하며 다툼을 줄이고 살육을 없앰으로써 백성을 다스리는 것에 대해 말했으니, 그 개략은 이상과 같을 뿐이다.

일반적으로 후세에 노자라고 말하는 것은 모두 노자의 본 모습이 아니다. 노자는 67장에서 "자애를 보물처럼 여겼고" 또 57장에서 "법령이 드러날수록 도적이 많아진다"고 했는데, 세상 사람들 가운데 혹자는 노자를 형명刑名[1]가로 여긴다. 31장에서 노자는 "군대를 동원하는 것을 아름답게 여기는 것은 좋지 않은 일이다"라고 했는데, 세상 사람들 가운데 혹자는 (병가의 서적인) 황석공의 『음부경』(黃石陰符)이 노자에 부합한다고 여긴다. 또 노자는 75장에서 "생을 위함이 없는 것이 바로 생을 귀하게 여기는 것보다 낫다"고 했는데, 연단수련을 하고 장생불사의 약을 복용함으로써 오래 살기를 구하는 것에 대해 말하는 자들이 노자에게 의탁한다.

노자는 다스림에 있어 백성이 효도와 자애를 회복하는 것을 최상으로 여

켰고 『도덕경』에서도 나라를 다스리고 백성을 사랑하는 것에 대해 언급한 것이 거반인데, 부모를 거역하고 임금을 버리고 세속에 관여하지 않는 것을 최고로 여기는 자들이 노자에게 귀의한다. 노자는 16장에서 "마음 비움을 이룩하고 고요함을 유지하라"고 하고 33장에서 "스스로 이기는 자는 강하다"고 했으니, 이것이 극기克己이다. 63장에서 "쉬운 것에서 어려운 것을 도모하고 미세한 것에서 큰 것을 행한다"고 하고 64장에서 "처음 시작하는 마음처럼 끝내기를 삼간다면 실패할 일이 없다"고 했으니, 이것이 '삼가는 것'(小心)이다. 말에 있어서는 겸손하고 낮추고 부드러운 것이 또 한둘이 아닌데, 미친 듯이 날뛰고 거만하고 방종하여 기탄이 없는 자들이 노자에게 그 구실을 의지한다. 노자는 60장에서 "도로 천하를 다스릴 경우, 귀신이 신령스럽지 않다"고 했는데, 단壇을 설치하여 재를 올리거나 또는 예언서를 꾸밈으로써 괴이하고 신묘한 것에 대해 말하는 자들이 또한 노자의 도를 행하는 것이라고 자칭하니, 저런 무리는 진실로 모두 거론할 것도 못 된다. 우리 유학의 도를 행하는 자들이 또 간혹 저런 것을 갖고 노자를 비판하는데, 아마도 노자에게 대부분 웃음거리가 될 것이다.

내가 생각하기에는 노자의 본래 의미를 세상에 밝힌 다음에 성인의 말씀에 일치하는 것은 스승으로 삼아야 하고 일치하지 않는 것도 논변해야 한다. 이 때문에 손수 이 책을 지어서 바로잡으니, 대개 노자를 바로잡는 것이 열에 하나이고, 세상에서 노자를 제대로 알지 못한 것에 대해 바로잡는 것이 열에 아홉이라고 하겠다.

아! 내가 세상에 나가 떠돌아다닌 지 23년 만에 지쳐 돌아와서는[2] 비로소 문밖으로 나가지 않고 교제를 끊으면서 이 책을 지으니, 모르는 자들은 노자에 의탁하여 세상을 피한 것이라고 할 것이다.

訂老題(淵泉先生文集卷之四十)

訂者, 正也, 老者, 老氏書五千言也. 正也者, 盖正其不正也.

世以老氏書爲異端固也, 然世之言老氏[3]者, 未嘗有知老氏者也. 老氏書, 率皆言寡慾以養神, 不爭以應世, 省爭去殺以治民. 其大要如是而已.

凡後世之所謂老者, 皆非老也. 老氏以慈爲寶, 且言法令滋章盜賊多有, 而世或以老爲刑名. 老氏言佳兵者不祥, 而世或以黃石陰符合諸老. 老氏言無以生爲者, 是賢於貴生, 而言修煉服食, 以求長者,[4] 托於老.

老氏言治以民復孝慈爲上, 其書言治國愛民者居半, 而違親遺君絶俗, 以爲高者歸於老. 老氏言致虛守靜, 自勝者强, 是克己也, 言圖難於其易, 爲大於其細, 愼終如是, 是小心也. 其言謙退卑弱者又不一, 而猖狂倨傲恣恣而無憚者, 藉口於老. 老氏言以道治天下者, 其鬼不神, 而修齋醮飾符籙, 以語怪神者, 亦自號爲老, 彼固皆不足道也. 爲吾儒者, 又或執彼, 以攻老, 其不爲老氏所笑也幾希矣.

余謂老氏之本旨明於世, 而後其合於聖人者可師, 而其不合者亦可辨. 於是, 手爲是書, 以正之, 盖正老氏者什一, 正世之不知老氏者什九云.

嗚呼! 余出遊于世, 二十有三年困而歸, 始杜門謝交而爲此. 不知者將以爲托以逃也夫.

1) 형명刑名: 전국 시대에 韓非子가 주장한 학설로 관리를 등용하는 데 그 사람의 의론 곧 名과 실제의 성적 곧 刑의 일치・불일치를 살펴 상벌・黜陟을 해야 한다는 것. 刑은 形.

2) 내가…… 돌아와서는: 22살에 式年 文科에 甲科로 급제하여 벼슬길에 나섰으며, 44세에 『訂老』 2권을 지었다.

3) 氏: 필사본에는 '者'로 되어 있는데, 잘못된 것이다.

4) 者: 필사본에는 '者者'로 되어 있는데, 한 글자는 없어야 한다.

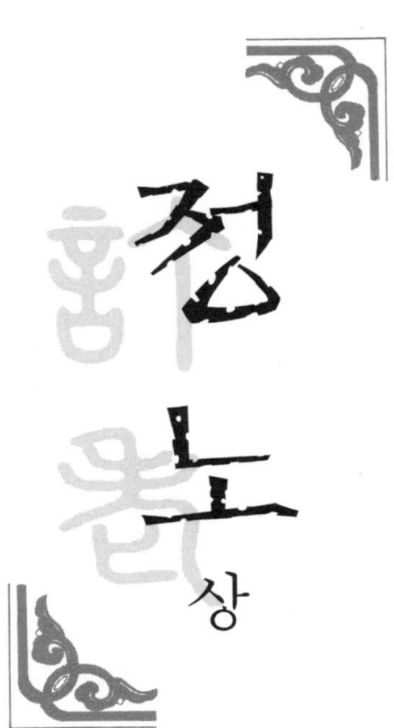
상

• 1장 •

도가 하나를 낳고 하나가 둘을 낳고 둘이 셋을 낳고 셋이 만물을 낳으니

道生一ᄒᆞ고 一生二ᄒᆞ고 二生三ᄒᆞ고 三生萬物[1]ᄒᆞ니

주자朱子[2]는 이렇게 말하였다. "도道는 『역경』의 태극太極[3]이고, 하나는 바로 양陽의 기수이고, 둘은 바로 음陰의 우수이고,[4] 셋은 바로 기수와 우수를 합한 것이다. 본문에서 '둘이 셋을 낳는다'고 한 것은 이른바 (『장자』의) '둘이 하나와 셋이 된다'[5]는 것과 같다. '셋이 만물을 낳는다'고 한 것은 기수와 우수가 결합하여 만물이 나온다는 것이다."[6]

朱子曰: "道卽易之太極, 一乃陽之奇, 二乃陰之耦, 三乃奇耦之積. 其曰二生三, 猶所謂二與一爲三也. 其曰三生萬物, 卽奇耦合而萬物生也."

천지의 사이가 풀무나 피리와 같구나!

天地之間이 其猶橐籥乎ㄴ뎌

동씨董氏[7]는 이렇게 말하였다. "'탁橐'은 '풀무'이고 '약籥'은 '피리'이니, 공기를 받아들여 바람을 불어 낼 수 있는 물건이다. 천지의 사이에 (음양의) 두 기운이 왕래하고 굴신하는 것이 마치 무심한 이 풀무와 피리가 속이 비어 공기를 받아들일 수 있고 제 할 일을 하면서 속에 아무것도 쌓아 두지 않는 것과 같다"[8]

董氏曰: "橐, 鞴也, 籥, 管也, 能受氣鼓風之物. 天地之間, 二氣往來屈伸, 猶此物之無心, 虛而能受, 應而不藏也."

비어 있으면서 다하지 않으며 움직이면 움직일수록 더욱더 내놓는다.
虛而不屈ᄒᆞ며 動而愈出[9]이니라

고본古本에서는 모두 '굴屈' 자를 풀이하기를 '다할 갈'(竭) 자로 하였다.[10] (도는) 가시적인 형체가 없는데도 어느 사물이고 그것에서 형체를 받지 않은 것이 없다. (도는) 움직이면서 (사물을) 낳고 낳으니, (사물을) 내놓으면 내놓을수록 (도는) 더욱더 끝이 없다. 주자는 "어떤 사물이라도 받아들이지 않는 것이 있으면 비어 있으면서도 다한 것이다. 어떤 사물이라도 응하지 않음이 있으면 이는 움직이면서도 내놓을 수 없는 것이다"[11]라고 하였다.

古本, 皆釋屈作竭. 無形可見, 而無一物不受形焉. 動而生生, 愈出而愈無窮焉. 朱子曰: "有一物之不受, 則虛而屈矣. 有一物之不應, 是動而不能出矣."

만물이 음기를 등에 지고 양기를 가슴에 안고, 비어 있는 기로 조화를 이룬다.
萬物이 負陰而抱陽ᄒᆞ고 冲氣以爲和[12]ㅣ니라

동씨는 "모든 동물은 등이 뒤에 있으니 음기의 고요한 것들이고, 입·코·귀·눈은 앞에 있으니 양기의 움직이는 것들이다. 식물은 차가운 기운을 등지고 따뜻한 기운을 향해 뻗어 간다. 그러므로 (본문에서) '음기를 등에 지고 양기를 가슴에 안는다'고 하였는데, '비어 있는 기'라면 그 사이에서 운용된다"[13]고 말하였다. 온공溫公[14]은 "만물은 음과 양으로 본체를 삼고 '비어 있는 조화'(冲和)로 작용을 삼지 않은 것이 없다"고 하였다.[15]

董氏曰: "凡動物之類, 則背止於後, 陰靜之屬也, 口鼻耳目居前, 陽動之屬也. 植物則背寒向煖. 故曰負陰而抱陽, 而冲氣則運乎其間也." 溫公曰: "萬物莫不以陰陽爲體, 以冲和爲用."

위의 것이 1장으로, 천도의 조화가 사람과 사물을 발생시키는 의미를 설명하였다.
右第一章. 言天道造化發生人物之義.

1) 道生一……三生萬物: 이 구절은 董思靖이 주해한 『道德眞經集解』의 42장이다. 『道德眞經集解』는 『道藏』本을 참고하였다.

2) 주자朱子: 南宋의 유학자 朱熹. 字는 元晦 또는 仲晦이며, 호는 晦庵·晦翁·考亭 등이

다. 經學에 정통하여 宋學을 집대성하였는데 그것을 주자학이라고 한다. 주자학은 조선 시대 유학에 큰 영향을 미쳤다.

3) 『역경』의 태극太極: 『周易』, 「繫辭上」, 11장, "是故易有太極, 是生兩儀, 兩儀生四象, 四象生八卦."

4) 하나는…… 우수이고: 『周易』, 「繫辭下」, 4장, "陽卦多陰, 陰卦多陽, 其故, 何也? 陽卦奇, 陰卦耦, 其德行, 何也? 陽一君而二民, 君子之道也, 陰二君而一民, 小人之道也."

5) '둘이…… 된다': 『莊子』, 「齊物論」, "天地與我幷生, 而萬物與我爲一. 旣已爲一矣, 且得有言乎? 旣已謂之一矣, 且得無言乎? 一與言爲二, 二與一爲三. 自此以往, 巧曆不能得, 而況其凡乎!"

6) "도道는…… 나온다는 것이다": 『道德眞經集解』, 42장 주, "朱文公曰: '道卽易之太極, 一乃陽之奇, 二乃陰之耦, 三乃奇耦之積. 其曰二生三, 猶所謂二與一爲三也. 其曰三生萬物者, 卽奇耦合而萬物生也. 若直以一爲太極, 則不容復言道生一矣. 此與列子易變而爲一之語正同. 所謂一者, 形變之始耳, 不得爲非數之一也.'"; 『朱熹集』, 권37, 「答程泰之」, "道生一, 一生二, 二生三. 熹恐此道字卽易之太極, 一乃陽數之奇, 二乃陰數之耦, 三乃奇耦之積. 其曰二生三者, 猶所謂二與一爲三也. 若直以一爲太極, 則不容復言道生一矣. 詳其文勢, 與列子易變而爲一之語正同. 所謂一者, 皆形變之始耳, 不得爲非數之一也."

7) 동씨董氏: 董思靖. 宋代의 道士로 『道德眞經集解』를 지었다.

8) "'탁橐'은…… 같다": 『道德眞經集解』, 5장 주, "橐, 他各切, 鞲也. 籥, 音藥, 管也. 能受氣鼓風之物也. 天地之間, 二氣往來屈伸, 猶此物之無心, 虛而能受, 應而不藏也."

9) 天地之間……動而愈出: 이 부분은 『道德眞經集解』의 5장이다.

10) 고본古本에서는…… 하였다: 『道德眞經集解』, 5장 주, "陸河上本, 皆釋屈作竭."

11) "어떤…… 없는 것이다": 『道德眞經集解』, 5장 주, "朱文公曰: '有一物之不受, 則虛而屈矣. 有一物之不應, 是動而不能出矣.'"; 『朱子語類』, 권125, 「老子書」, "問, 谷神. 曰: '谷只是虛而能受, 神謂無所不應. 它又云: 「虛而不屈, 動而愈出.」 有一物之不受, 則虛而屈矣. 有一物之不應, 是動而不能出矣.'"

12) 萬物……沖氣以爲和: 이 구절은 『道德眞經集解』의 42장이다.

13) "모든…… 운용된다": 『道德眞經集解』, 42장 주, "凡動物之類, 則背止於後, 陰靜之屬也, 口鼻耳目居前, 陽動之屬也. 故曰負陰而抱陽, 如植物則背寒向煖, 而沖氣則運乎其間也."

14) 온공溫公: 司馬光. 宋나라의 명신. 字는 君實. 太師溫國公을 贈職받았으므로 司馬溫公이라고 하였다. 神宗 때 王安石의 新法에 반대하다가 실각한 그는 哲宗 때 政丞이 되어 新法을 모두 폐지하였다. 『資治通鑑』, 『通鑑考異』, 『獨樂園集』, 『太玄經集註』 등의 저서가 있다. 특히 『資治通鑑』은 중국의 編年史 가운데 가장 뛰어난 것으로 평가받는다.

15) 온공溫公은…… 하였다: 『道德眞經集解』, 42장 주, "溫公曰: '萬物莫不以陰陽爲體, 以沖和爲用.'"

• 2장 •

도가 낳고 덕이 기르고 사물이 형태를 이루고 추세가 완성한다. 이 때문에 만물이 어느 것 하나 도를 존중하고 덕을 귀하게 여기지 않음이 없으니, 도와 덕의 존귀함은 벼슬 주는 이가 없어도 항상 저절로 그러한 것이다.

道生之ᄒᆞ고 德畜之ᄒᆞ고 物形之ᄒᆞ고 勢成之라 是以萬物이 莫不尊道而貴德ᄒᆞᄂᆞ니 道之尊과 德之貴ᄂᆞᆫ 夫莫之爵而常自然[1]이니라

도는 곧 천도이니, 사물을 낳는 것이다. 덕은 곧 도의 형체이니 이른바 '성性'이다. 사람과 사물은 도가 아니면 의뢰해서 나올 방법이 없고, 덕이 아니면 이치를 따르고 스스로 기를 방법이 없으니, 그러므로 "도가 낳고 덕이 기른다"고 하였다. 사물이 형태를 이루고 추세가 서로 말미암는 것은 모두 도와 덕을 근본으로 하니, 그러므로 도와 덕이 가장 존귀하다.

道卽天道, 所以生物者也. 德則道之形體, 乃所謂性也. 人物非道, 則無以資生, 非德, 則無以循理而自養, 故曰道生德畜也. 物之成形, 勢之相因, 皆本於道德, 故道德最爲尊貴也.

위의 것이 2장으로, 여기서는 1장을 이어 도와 덕에는 짝이 없을 정도의 존귀함이 있다는 것을 설명하였다.

右第二章. 承上章, 言道德有無對之尊也.

1) 道生之……夫莫之爵而常自然: 이 구절은 『道德眞經集解』의 51장이다.

• 3장 •

도는 항상 하는 일이 없지만 하지 못하는 것이 없다.

道常無爲호되 而無不爲니라

하늘이 하는 일은 소리도 없고 냄새도 없으나[1] 만물의 탄생은 진실로 이것에 근원을 두니, 사람에 있어서라면 아무것도 생각하지 않고 아무것도 하지 않아 고요히 움직이지 않다가 감동하여 마침내 천하의 연고에 통한다.[2]

上天之載, 無聲無臭, 而萬物之生, 實本於斯, 在人則無思無爲, 寂然不動, 感而遂通天下之故也.

위의 것이 3장으로, 여기서도 앞 장을 이어서 도의 본체는 아무것도 하는 일이 없지만 묘한 작용은 하지 못하는 것이 없음을 설명하였으니, 이것이 한 편의 큰 요지이다.

右第三章, 亦承上章, 而言道之本體無爲而妙用無不爲, 是一篇之大旨也.

1) 하늘이…… 없으나: 『中庸』, 33장, "詩云: '予懷明德, 不大聲以色'. 子曰: '聲色之於以化民, 末也.' 詩云: '德輶如毛.' 毛猶有倫. 上天之載, 無聲無臭, 至矣."

2) 아무것도…… 통한다: 『周易』, 「繫辭上」, 10장, "易无思也, 无爲也, 寂然不動, 感而遂通天下之故."

• 4장 •

서른 개의 바퀴살이 바퀴통 하나를 둘러싸고 있음에 아무것도 없는 공간이 있어야 수레라는 효용이 있고

三十輻이 共一轂애 當其無ᄒᆞ야 有車之用ᄒᆞ고

주자는 "본문의 '무無'는 바퀴통 가운데의 구멍이니, 오직 가운데가 비어 있으므로 바퀴축을 받아들여 끝없이 굴러갈 수 있다는 것이다"[1]라고 하였다. 동씨는 "바퀴살과 바퀴통이 서로 합하여 수레가 된다고 했으니, 바퀴통의 구멍 때문에 수레의 효용이 있다"[2]고 하였다.

朱子曰: "無是轂中空處, 惟其空中, 故能受軸, 而運轉不窮." 董氏曰: "謂輻轂相湊以爲車, 卽其中之虛, 有車之用."

진흙을 빚어 그릇을 만듦에 아무것도 없는 공간이 있어야 그릇이라는 효용이 있고

埏埴以爲器애 當其無ᄒᆞ야 有器之用ᄒᆞ고

동씨는 이렇게 말하였다. "본문의 '연埏'은 흙을 개는 것이고, '치埴'는 흙을 차지게 하는 것이니, 모두 도공의 일이다. 이 또한 그릇 가운데가 텅 빈 다음에야 물건을 담을 수 있어 유용한 그릇이 된다. 다음 구절도 의미가 동일하다."[3]

董氏曰: "埏, 和土也, 埴, 粘土也, 皆陶者之事. 此亦器中空無然後, 可以容物, 爲有用之器. 下意同."

창과 문을 뚫어 방을 만듦에 아무것도 없는 공간이 있어야 방이라는 효용이 있으니

鑿戶牖ᄒᆞ야 以爲室애 當其無ᄒᆞ야 有室之用ᄒᆞ니

본문의 '착鑿'은 '뚫다'의 뜻이다.[4]

鑿, 穿也.

그러므로 무엇이 있게 함으로 이로움을 삼고, 아무것도 없게 함으로 효용을 삼는다.

故有之以爲利오 無之以爲用[5]이니라

'있음'을 겉으로 해서 형체(形)를 이루고 '없음'을 가운데로 해서 물건을 담으니, 있음을 겉으로 한다는 것은 비유하자면 육신이고 없음을 가운데로 한다는 것은 비유하자면 마음이다. '이로움'이란 순조롭게 나아간다는 뜻이니, 이로움은 효용이 되는 그릇이고 효용은 이로움이 되는 기틀이다. 육신이 아니면 마음이 깃들일 곳이 없고 마음이 비어 있지 않으면 이치가 용납될 곳이 없다. 군자의 마음은 반드시 비어 밝고 아무것도 없게 된 다음에야 사물에 응할 수 있다. 그러니 바퀴통이 비어 있지 않으면 움직일 수 없는 수레가 되고, 그릇 가운데가 비어 있지 않으면 쓸모 없는 그릇이 되며, 집 가운데가 비어 있지 않으면 기거할 수 없는 집이 되는 것과 같다.

外有而成形, 中無而受物, 外有譬則身也, 中無譬則心也. 利者, 順適之意, 利, 爲用之器, 用, 爲利之機也. 非身則心無所寓, 而心不虛則理無所容. 君子之心, 必虛明無物然後, 可以應物. 如轂中不虛, 則爲不運之車, 器中不虛, 則爲無用之器, 室中不虛, 則爲不居之室矣.[6]

위의 것이 4장이다. 3장 이전은 도체를 설명했고, 이 장 이후로 비로소 도를 행하는 공용(功)을 설명하여 마음을 비우는 것으로 급선무를 삼았으니, 대개 (사람은) 반드시 마음을 비운 후라야 자신의 사욕을 버리고 다른 사람의 선을 받아들일 수 있어서 학문이 진보되고 행위가 완성된다.

右第四章. 三章以上, 言道體, 此章以後, 始言行道之功, 而以虛心爲先務, 蓋必虛心然後, 可以捨己之私, 受人之善, 而學進行成矣.

1) "본문의…… 굴러갈 수 있다는 것이다": 『道德眞經集解』, 11장 주, "文公曰: '無是轂中空處, 惟其空中, 故能受軸, 而運轉不窮.' 莊子所謂…….";『朱子語類』, 권125, 「老子書」, "某嘗思之, 無是轂中空處, 惟其中空, 故能受軸而運轉不窮, 猶傘柄上木管子, 衆骨所會者, 不知名何, 緣管子中空, 又可受傘柄, 而闢闔下上. 車之轂, 亦猶是也. 莊子所謂, 樞始得其環中, 以應無窮, 亦此意."

2) "바퀴살과…… 있다": 『道德眞經集解』, 11장 주, "無者, 空虛處也. 謂輻轂相湊以爲車, 卽其中之虛然後, 有車之用."

3) "본문의…… 동일하다": 『道德眞經集解, 11장 주, "埏, 始然切, 和土也, 埴, 市力切, 粘土也, 皆陶者之事. 此亦因器中空無然後, 可以容物, 乃爲有用之器. 下意同."

4) 본문의…… 뜻이다: 『道德眞經集解』, 11장 주, "鑿, 穿也. 半門曰戶, 門旁窓曰牖."

5) 三十輻……無之以爲用: 이 부분은 『道德眞經集解』의 11장이다.

6) 外有而成形……則爲不居之室矣: 『道德眞經集解』, 11장 주, "是三者, 皆外有而成形, 中虛而受物. 外有者……."

• 5장 •

여러 가지 아름다운 색깔이 사람들의 눈을 멀게 하고, 여러 가지 아름다운 소리가 사람들의 귀를 멀게 하고, 여러 가지 맛있는 음식이 사람들의 입맛을 버려 놓으며

五色이 令人目盲ᄒᆞ며 五音이 令人耳聾ᄒᆞ며 五味ㅣ 令人口爽ᄒᆞ며

본문의 '상爽'은 '잃다'의 뜻이다. 여러 가지 아름다운 색깔과 소리, 맛있는 음식은 본시 사람을 기르는 것이지 사람을 해치는 것이 아닌데, 사람들은 대부분 욕심을 따라 절제할 줄 알지 못한다. 그러므로 색깔의 아름다움에 빠진 자는 바른 시각을 잃고, 소리의 아름다움에 빠진 자는 바른 청각을 잃으며, 음식의 맛에 빠진 자는 바른 미각을 잃게 된다.

爽, 失也. 五色五音五味, 夲以養人, 非所以害人, 而人多循欲, 而不知節. 故悅色者, 失其正見, 悅音者, 失其正聽, 悅味者, 失其正味也.

말달리고 사냥하는 것이 사람의 마음을 미치게 만들고

馳騁田獵이 令人心發狂ᄒᆞ며

동씨는 "이것은 '기氣'(의 작용)인데 (기가) 도리어 마음을 움직인다"[1]고 말하였다. 내가 생각하기에 사냥을 좋아하는 것은 본래 '의지'(志)인데, 말달리고 사냥하는 것이 마음을 미치게 하는 지경까지 갔다면 (이것은) 도리어 기로 하여금 '마음'(心)을 움직이게 한 것이다.

董氏曰: "是, 氣也, 而反動其心." 愚按好獵者, 夲是志也, 而及乎馳騁發狂, 則反使氣動心.

얻기 어려운 재물이 사람들이 가야 할 길을 방해하니

難得之貨ㅣ 令人行妨ᄒᆞᄂᆞ니

동씨는 "본문의 '방妨'은 해친다는 말이니, (얻기 어려운 재물은) 사람이 선행을 하는 데 해치는 것이 있다"[2]고 말하였다.

董氏曰: "妨, 謂傷害也, 於善行, 有所妨也"

이 때문에 성인은 배(腹)를 충족시켜 주고 눈(目)을 충족시켜 주지는 않는다. 그러므로 저것(目)을 제거하고 이것(腹)을 취한다.

是以聖人은 爲腹不爲目이라 故去彼取此[3]ㅣ니라

동씨는 "본문의 '거去'는 '제거하다'의 뜻이다. '배'는 속으로 받아들이면서 욕심이 없고, '눈'은 밖에서 보는 것을 좇아 마음까지 유혹한다"[4]고 말하였다. 앞장에서는 '비어 있는 공간'(虛中)의 묘한 작용을 설명했으므로 여기서는 외부의 바르지 못한 것으로 (마음을) 채워서는 안 된다고 경계하였다.

董氏曰: "去, 除去也. 腹者, 有容於內, 而無欲, 目者, 逐見於外, 而誘內." 蓋前章言虛中之妙用, 故此則戒其不可爲外邪所實也.

물욕을 씻어버리고 현묘한 이치를 환히 살펴 한 점의 티도 없게 할 수 있는가?

滌除玄覽ᄒᆞ야 能無疵乎아

본문의 '척제滌除'란 말은 물욕을 씻어버린다는 뜻이고, '현람玄覽'이란 말은 현묘한 이치를 환히 살핀다는 뜻이다. 소리·색깔·냄새·맛에 대한 욕심을 없애 버리고 나면 마음은 텅 비고 경계는 깨끗해져 학식이 더욱더 진보하게 되니, 그리하여 지식과 행동이 모두 지극함에 이르면 한 점의 티도 없게 된다.

滌除者, 淨洗物欲也. 玄覽者, 照察妙理也. 蓋旣去聲色臭味之慾, 則心虛境淸, 而學識益進, 至於知行竝至, 則無一點之疵矣.

백성을 사랑하고 나라를 다스리는데 아무것도 하지 않을 수 있는가?
愛民治國애 能無爲乎아

수기修己가 지극하게 되었다면, 그것을 미루어 남을 다스리는데 (자신은) 아무것도 하는 일이 없지만 (남들이) 교화된다.
修己旣至, 則推以治人, 而無爲而化矣.

하늘의 문이 열리고 닫히는데 마치 암컷처럼 (순응)할 수 있는가?
天門開闔애 能爲雌乎아

본문의 '개합開闔'은 동動과 정靜의 의미이고, '자雌'는 음陰과 정靜의 의미이다. 이것이 이른바 중정中正과 인의仁義로 (마음을) 안정시키되 고요함을 위주로 한다[5]는 것이다.
開闔, 是動靜之意. 雌, 是陰靜之意. 此所謂定之以中正仁義而主靜者也.

밝고 분명하고 사통오달하되 무지한 것처럼 할 수 있는가?
明白四達호되 能無知乎아

동씨는 "이 구절은 고요히 느껴 경계가 없다는 의미이다"[6]라고 하였다. 내가 생가하기에 이 구절은 세상일에 알지 못하는 것이 없고 능하지 않은 것이 없지만 알려고 하고 능하려고 하는 마음이 없다는 말이니, 『시경』에서 말한 "부지불식간에 상제의 법을 따른다"[7]는 것이다. 사람이 이와 같을 수 있으면 위 아래로 천지와 덕을 같이하여 만물을 기르는 데 참여하고 돕지만 아무것도 자처하지 않는다. 아래 구절에서는 바로 이것에 대해 거듭 설명하였다.
董氏曰: "此寂感無邊方也." 愚按, 此言於天下之事, 無所不知, 無所不能, 而未嘗有能知之心, 詩所謂不識不知, 順帝之則者也. 夫如是, 則上下與天地同流參贊育, 而不自居也. 下文乃申言之.

(천지가 사물을) 낳아 주고 길러 주되 낳아 주지만 (공을) 소유하려 하지 않고 무엇인가 해주지만 (자신의 힘에) 의지하지 않으며 장성하게 하지만

주재하려는 마음이 없으니, (이것이 현묘한 덕이다.)

生之畜之호되 生而不有ᄒᆞ며 爲而不恃ᄒᆞ며 長而不宰ᄒᆞ니 (是謂玄德이니라)[8]

천지가 사물을 낳았지만 그 공功을 소유하려 하지 않고, 조화를 운용하지만 자신의 힘에 의지하지 않으며, 모든 생물을 길러 주지만 그것을 자신이 주재했다는 마음이 없다. 성인의 현묘한 덕도 천지와 같을 뿐이다. 현묘한 덕은 지극하고 성실하며 심원하고 미묘한 덕이다.

天地生物, 而不有其功, 運用造化, 而不恃其力, 長畜羣生, 而無有主宰之心. 聖人之玄德, 亦同於天地而已. 玄德, 至誠淵微之德也.

위의 것이 5장이다. 여기서는 앞 장을 이어 초학자의 인욕을 막는 공부를 설명하는 것으로 시작하여 천지의 성대함에 참여하여 돕는 것을 설명하는 것으로 끝을 맺었다. 이후부터 모든 장의 논점이 모두 이 장의 의미를 벗어나지 않는다.

右第五章. 此承上章, 而始之以初學遏人欲之功, 終之以參贊天地之盛. 自此以後諸章所論, 皆不出此章之義.

1) "이것은…… 움직인다": 『孟子』, 「公孫丑章句上」, "志壹則動氣, 氣壹則動志也. 今夫蹶者趨者, 是氣也, 而反動其心."; 『道德眞經集解』, 12장 주, "是, 氣也, 而反動其心. 雖志之動氣, 常十九, 然此章所言, 皆由外而惑我者, 故言之制於外, 以安其內."
2) "본문의…… 있다": 『道德眞經集解』, 12장 주, "行, 去聲. 難得之貨, 皆外也. 妨, 謂傷害也."
3) 五色……故去彼取此: 이 부분은 『道德眞經集解』의 12장이다.
4) "본문의…… 유혹한다": 『道德眞經集解』, 12장 주, "去, 口擧切, 撤也. 此除去之去, 非去來之去. 腹者, 有容於內, 而無欲, 目者, 逐見於外, 而誘內."
5) 중정中正과…… 위주로 한다: 周敦頤, 「太極圖說」, "聖人定之以中正仁義而主靜, 立人極焉. 故聖人與天地合其德."
6) "이 구절은…… 의미이다": 『道德眞經集解』, 10장 주, "此寂感無邊方也."
7) "부지불식간에…… 따른다": 『詩經』, 「大雅 · 文王之什 · 皇矣」, "帝謂文王, 予懷明德, 不大聲以色, 不長夏以革. 不識不知, 順帝之則. 帝謂文王, 詢爾仇方, 同爾兄弟, 以爾鉤援, 與爾臨衝, 以伐崇墉."
8) 滌除玄覽……長而不宰: 이 부분은 『道德眞經集解』의 10장이다. 원문에는 없지만 앞부분 '長而不宰'에 'ᄒᆞ니'로 토를 한 것으로 보아 是謂玄德' 구절이 빠진 것으로 추측된다.

• 6장 •

학문을 하는 것은 날로 보태는 것이고 도를 행하는 것은 날로 덜어내는 것이니, 덜어내고 또 덜어내 '더 덜어낼 것이 없는 경지'(無爲)에 도달한다.

爲學은 日益ᄒᆞ고 爲道ᄂᆞᆫ 日損이니 損之又損ᄒᆞ야 以至於無爲[1]니라

'학문'은 지식(知)을 기준으로 말하고 '도'는 실천(行)을 기준으로 말한 것이다. 지식은 글로 넓히기 때문에 사람들은 날마다 그것이 늘어나기를 바라고, 실천은 예禮로 단속하기 때문에 사람들은 날마다 그것이 줄어들기를 바란다. 사람의 본성에는 모든 선이 저절로 충족되어 있어 선을 더 보탤 도리가 없으니, 그저 기품氣稟과 물욕物欲 때문에 생기는 장애만 제거하면 될 따름이다. 사람들이 그런 장애를 덜어내고 또 덜어내 더 덜어낼 것이 없는 경지에 이르면 '본래부터 있는 성품'(本然之性)을 회복하게 된다.

學以知言, 道以行言. 知是博之以文, 故欲其日益, 行是約之以禮, 故欲其日損. 蓋人性之中, 萬善自足, 善無加益之理, 只當損去其氣稟物欲之累耳. 損之又損之, 以至於無可損, 則復其本然之性矣.

위의 것이 6장으로, 앞 장을 이어서 다음 장의 의미를 촉발시켰다.

右第六章. 承上章以起下章之義.

1) 爲學……以至於無爲: 이 구절은 『道德眞經集解』의 48장이다.

• 7장 •

사람을 다스리고 하늘을 섬기는 데는 절제보다 나은 것이 없으니
治人事天이 莫若嗇이니

동씨는 "'절제'는 바로 정신의 사용(精神)을 절제하고 덜어서 마음을 거두어들여 저장하며 곧고 굳게 한다는 의미가 있다. 학자가 도를 오랫동안 일삼으면 마음은 넓어지고 기는 충만해져 완전한 하늘의 덕에 통달하게 된다"[1]고 하였다. 내가 생각하기에 '하늘을 섬긴다'는 말은 바로 '자신을 다스린다'(自治)는 뜻이다. 맹자孟子[2]는 "마음을 보존하고 본성을 기르는 것이 하늘을 섬기는 것"[3]이라고 하였으니, 자신을 다스리고 남을 다스리는 것은 모두 절제로 도를 삼아야 한다는 말이다. '절제'는 바로 마음을 아끼고 거두어들인다는 뜻이다. 자신을 다스린다는 것을 기준으로 설명하면, 탐내고 욕심 부리는 것을 막고 정신을 기르며 말을 조심하고 음식을 절제하는 것이니, 항상 마음을 바르게 하고(居敬) 행사를 번거롭게 하지 않는 것(行簡) 같은 것이 바로 절제이다. 남을 다스리는 것을 기준으로 설명하면, 법도를 조심스럽게 시행하고 명령을 간략하게 하며 번거로운 조목을 줄이고 사치와 낭비를 없애는 것이니, 삼가 일하고 사람을 사랑하는 것(敬事愛人) 같은 것이 바로 절제이다.

董氏曰: "嗇, 乃嗇省精神, 而有斂藏貞固之意. 學者久於其道, 則心廣氣充, 而有以達乎天德之全矣." 愚按事天是自治也. 孟子曰: "存其心養其性, 所以事天也", 言自治治人, 皆當以嗇爲道. 嗇是愛惜收斂之意. 以自治言, 則防嗜慾養精神, 愼言語節飮食, 居敬行簡之類, 是嗇也. 以治人言, 則謹法度簡號令, 省繁科去浮費, 敬事愛人之類, 是嗇也.

오직 절제하기만 하면 이것을 일찌감치 (본성으로) 되돌아오는 것이라 하고, 일찌감치 (본성으로) 되돌아오면 그것을 거듭 덕을 쌓는 것이라 하니

夫惟嗇이면 是謂[4]早復이오 早復이면 謂之重積德이니

동씨는 "본문의 '중重'은 '거듭'의 뜻이다"[5]라고 하였다. 주자는 "본문의 '일찌감치 되돌아오는 것'이란 절제할 수 있으면 (본성에서) 멀리 벗어나지 않고 되돌아온다는 말이다. '거듭 덕을 쌓는 것'이란 먼저 자기에게 쌓인 것이 있는데 다시 절제로 기르니 이것을 또 더하여 쌓는다는 말이다"[6]라고 하였다. 내가 생각하기에 인간의 본성은 본래 선하니, 이것이 먼저 자기에게 쌓여 있는 것이다.

董氏曰: "重, 再也." 朱子曰: "早復[7]者, 言能嗇, 則不遠而復. 重積德者, 言先已有所積, 復養以嗇, 是又加積之也." 愚按人性本善, 是先已有所積也.

사람이 거듭 덕을 쌓으면 하지 못할 것이 없고, 하지 못할 것이 없으면 궁극적으로 도달한 그의 경지를 아무도 모르니, 아무도 궁극적으로 도달한 그의 경지를 모르면 영원할 수 있다.

重積德이면 則無不克ᄒᆞ고 無不克이면 則莫知其極이니 莫知其極이면 可以長久[8]ㅣ니라

(본성에서) 멀리 벗어나지 않고 회복하면 자신의 사욕을 극복하지 못할 것이 없다. 사욕을 극복하고 예를 회복하면 천하의 사람들이 (그것으로 인해) 인仁에 귀의하니, 그런 사람의 덕에 어찌 제한된 양이 있겠는가? 덕에 제한된 양이 없어 넓고 두텁고 높고 밝은 경지에 도달하게 된다면 그런 경지가 바로 유구하고 무궁한 도이다.

不遠而復, 則己私無不克矣. 克己復禮, 則天下歸仁, 其德豈有限量哉? 德無限量, 至於博厚高明, 則是悠久無疆之道也.

위의 것이 7장이다. 도에 들어가고 덕을 이루는데 절제로 공을 삼는다는 말이니, 이는 덜어내는 것을 말한다. 이후 8장부터 12장까지는 모두 이 7장의 의미를

거듭 설명한 것이다.

右第七章. 言入道成德, 以嗇爲功, 是損之之謂也. 此下五章, 皆申言此章之意.

1) "'절제'는…… 통달하게 된다": 『道德眞經集解』, 59장 주, "嗇音色, 乃嗇省精神, 而有斂藏貞固之意. 學者久於其道, 則心廣氣充, 而有以達乎天德之全, 所謂爲能盡己之性, 而後能盡人之性, 乃至與天地參矣."

2) 맹자孟子: 전국 시대의 哲人. 이름은 軻, 字는 子輿이며, 鄒나라 사람이다. 子思의 문인에게 학업을 받았다. 『孟子』 7편을 저술하여 王道와 仁義를 존중하였으며 性善說을 주창하였다. 孔子에 다음간다 하여 亞聖이라 일컫는다.

3) "마음을…… 섬기는 것": 『孟子』, 「盡心章句上」, "存其心, 養其性, 所以事天也."

4) 謂: 『道德眞經集解』에는 '以'로 되어 있다.

5) "본문의…… 뜻이다": 『道德眞經集解』, 59장 주, "重, 去聲, 再也."

6) "본문의…… 쌓는 것이다": 『道德眞經集解』, 59장 주, "文公曰: '早復者, 言能嗇, 則不遠而復. 重積德者, 言先已有所積, 復養以嗇, 是又加積之也. 如修養者, 早覺未損失, 而便嗇之也.'"; 『朱子語類』, 권125, 「老子書」, "老子言, 治人事天, 莫若嗇. 夫惟嗇, 是謂早服. 早服, 是謂重積德. 被它說得曲盡. 早服者, 言能嗇, 則不遠而復, 便在此也. 重積德者, 言先已有所積, 復養以嗇, 是又加積之也. 如修養者, 此身未有所損失, 而又加以嗇養, 是謂早服而重積. 若待其已損而後養, 則養之方足以補其損, 不得謂之重積矣, 所以貴早服. 早服者, 早覺未損而嗇之也."

7) 復: 『朱子語類』에는 '服'으로 되어 있다.

8) 治人事天……可以長久: 이 부분은 『道德眞經集解』의 59장이다.

• 8장 •

(일의 단서를) 적게 하면 (도를) 얻게 되고, 많게 하면 헷갈리게 된다.

少則得이오 多則惑[1]이라

동씨는 "도는 하나일 뿐이니 (사람이) 하나를 얻는다면 얻지 못할 것이 없다. 모든 일에 단서가 많으면 헷갈리게 된다"[2]고 하였다.

董氏曰: "道一而已, 得一則無不得矣. 凡事多端則惑."

발돋움할 경우 서지 못하고 크게 내딛을 경우 가지 못하게 마련이니

跂者不立ᄒᆞ며 跨者不行[3]ᄒᆞᄂᆞ니

발돋움하면 설 수 없고 크게 내딛으면 갈 수 없으니, 양극단에 미혹되어 한쪽도 주로 할 수 없는 경우이다.[4]

跂則不能立, 跨則不能行, 疑惑於兩端, 而不能主一者也.

이 때문에 성인은 하나를 가슴에 품고서 천하의 모범이 된다.

是以聖人은 抱一ᄒᆞ야 爲天下式이니라

동씨는 이렇게 말하였다. "도를 가지고 때에 따라 변화를 좇되 겸손과 단속을 위주로 하는 것이다.[5] 하나를 가슴에 품는다면 (하는 일이) 모두 도이다."[6]

董氏曰: "隨時趨變以道, 而在乎以謙約爲主. 抱一則全體是道也."

자신을 드러내지 않으므로 밝아지고, 자신을 옳다고 여기지 않으므로

드러나며, 자신을 자랑하지 않으므로 공功이 있게 되고, 자만하지 않으므로 자신을 오래도록 유지하게 되니, 오직 다투지 않을 뿐이다. 그러므로 천하에서 아무도 그와 다투려는 사람이 없다.

不自見故明ᄒᆞ며 不自是故彰ᄒᆞ며 不自伐故有功ᄒᆞ며 不自矜故長이니 夫惟不爭이라 故天下ㅣ 莫能與之爭[7]이니라

동씨는 이렇게 말하였다. "본문의 '현見'은 '드러내다'의 뜻이다. 이것이 덕을 기르는 방법이다. 대개 하나를 가슴에 품고 있다면 '자신을 자신으로 여기는 집착'(我)이 없다. 만약 자신을 드러내고 옳다고 하고 자랑하고 자만한다면 이는 자신의 편견(我見)을 잊지 못한 것이니, 어찌 도와 하나가 되었다고 말할 수 있겠는가? 자신을 자신으로 여기지만 않는다면 광명光明이 성대하여 시간이 지날수록 더욱 새로워지니, 무슨 다툼이 있겠는가?"[8] 내가 생각하기에는 『서경』에서 "네가 자만하지만 않는다면 세상에서 누구도 너와 능력을 다투지 않을 것이다"라고 한 것과 "네가 자랑하지 않는다면 세상에서 누구도 너와 공을 다투지 않을 것이다"[9]라고 한 것이 바로 이런 뜻이다.

董氏曰: "見, 顯也. 此養德之方也. 蓋抱一則無我. 若更自見自是, 自伐自矜, 則是我見未忘, 烏可以言一哉? 惟無我則光明盛大, 愈久愈新, 何爭之有?" 愚按, 書曰: "汝惟不矜, 天下莫與汝爭能", 與"汝(惟)[10]不伐, 天下莫與汝爭功", 卽此意也.

자신을 드러내는 자는 밝지 않고 자신을 옳다고 여기는 자는 드러나지 않으며, 자신을 자랑하는 자는 공을 소유하지 못하고 자만하는 자는 오래 가지 못하니, 도를 기준으로 보면 이런 것들은 먹다 남은 음식찌꺼기나 몸에 붙은 혹과 같은 것이라고 하였다. 사람들이 미워하기 때문에 도를 아는 사람은 그런 행동을 하지 않는다.

自見者不明ᄒᆞ며 自是者不彰ᄒᆞ며 自伐者無功ᄒᆞ며 自矜者不長이니 其於道也애 曰餘食贅行이라 物或惡之ᄅᆞᆯ시 故有道者不處[11]ㅣ니라

온공은 "이런 것들은 모두 외면적인 것을 다투고 내면적인 것을 잃어버린 경우이니, 이는 음식찌꺼기나 기형으로 몸에 붙어 있는 것과 같아서 사람들이 싫어

한다"[12]고 하였다. 동씨는 "도를 아는 자는 내면에 만족하고 외면을 자랑하지 않는다"[13]고 하였다.

溫公曰: "是皆外競, 而內亡者也, 如棄餘之食, 附餘之形, 適使人惡." 董氏曰: "有道者, 足於內, 而不矜於外也."

위의 것이 8장이다.

右第八章.

1) 少則得, 多則惑: 이 구절은 『道德眞經集解』의 22장이다.

2) "도는…… 헷갈리게 된다": 『道德眞經集解』, 22장 "少則得" 구절의 주, "道一而已, 得一則無不得矣. 故於至約之中, 而是體之全, 是用之妙, 罔不具焉."; "多則惑" 구절의 주, "凡事多端則惑."

3) 跂者不立, 跨者不行: 이 구절은 『道德眞經集解』의 24장이다.

4) 발돋움하면…… 경우이다: 『道德眞經集解』, 24장 주, "'跂'의 음은 '去'와 '智'의 반절로 '企'와 같다. '跨'란 양극단으로 걸치게 하는 것이다. ○온공은 '성품의 항상됨을 어기고 마음에 따르는 것이 있으니, 그러므로 양쪽으로 보존할 수 없다'고 하였다."(跂去智切, 與企同. 跨者, 跨其兩端也. ○溫公曰: "違性之常, 而心有所屬, 故不能兩存.")

5) 도를…… 하는 것이다: 직역을 한다면 "(이 구절은) 도를 가지고 때에 따라 변화를 좇되 그것이 겸손과 단속을 위주로 하는 데 있다는 것이다"라고 해야 한다.

6) "도를…… 도이다": 『道德眞經集解』, 22장 주, "此隨時趨變以道, 而在乎以謙約爲主. 故聖人惟抱一以爲天下古今之準的, 所謂抱一則全體是道也."

7) 是以聖人……莫能與之爭: 이 부분은 『道德眞經集解』의 22장이다.

8) "본문의…… 있겠는가?": 『道德眞經集解』, 22장 주, "見, 形甸切, 顯也. 此敎學者, 養德之方也. 蓋抱一則無我. 若更自見自是, 自伐自矜, 則是我見未忘, 烏可以言一哉? 惟至於無我之地, 則自然光明盛大, 愈久愈新, 心法雙融, 人我俱泯, 何爭之有?"

9) "네가…… 것이다": 『尙書』, 「大禹謨」, "汝惟不矜, 天下莫與汝爭能. 汝惟不伐, 天下莫與汝爭功."

10) (惟): 『尙書』에는 '惟' 자가 있어 옮긴이가 보충하였다.

11) 自見者不明……故有道者不處: 이 구절은 『道德眞經集解』의 24장이다.

12) "이런 것들은…… 싫어한다": 『道德眞經集解』, 24장 주, "溫公曰: '是皆外競, 而內亡者也, 如棄餘之食, 適使人惡, 附贅之形, 適使人醜.'"

13) "도를…… 자랑하지 않는다": 『道德眞經集解』, 24장 주, "右第二十四章. 河上名苦恩此章. 謂主一者, 足於內, 而不矜於外也."

• 9장 •

남을 아는 자는 지혜롭고, 자신을 아는 자는 밝으며

知人者ᄂᆞᆫ 智오 自知者ᄂᆞᆫ 明이오

남의 선악을 알면 진실로 지혜롭다. 자신을 아는 지혜는 더욱 밝으니, '밝음'이란 지혜의 열매이다.

知人之善惡, 固智矣. 自知之智, 爲尤明, 明者, 智之實也.

남을 이기는 자는 힘이 있고, 자신을 이기는 자는 강하니

勝人者ᄂᆞᆫ 有力ᄒᆞ고 自勝者ᄂᆞᆫ 强이니

남을 이기는 것은 혈기에서 나온 힘이고, 자신을 이기는 것은 의리에서 나온 용기이다. 자신의 사욕을 극복하고 예로 돌아가면 인욕에 굴하지 않아 더 이상 강해질 것이 없다.

勝人者, 血氣之力也, 自勝者, 義理之勇也. 克己復禮, 則不屈於人欲, 而强莫加焉.

만족을 아는 자는 부유하고

知足者ᄂᆞᆫ 富ᄒᆞ고

자신을 앎이 이미 밝아 외면에서 구하는 것이 없이 항상 만족한다면 더 이상 부유해질 것이 없다. 안연顔淵[1]은 거친 음식을 먹으며 누추한 곳에서 지냈고[2] 공자孔子[3]는 팔베개를 베고 냉수를 마셨지만[4] 그들의 즐거움은 언제나 변함이 없었으니, 천하의 어느 것도 그들이 즐기는 바를 바꿀 수 없다면 어찌 지극히 부유

한 것이 아니겠는가? 물욕에 이끌려 외면에서 구하는 자들은 마음에 항상 부족함을 느끼니, 비록 천하를 소유할 정도로 부유하더라도 오히려 부유한 것이 아니다.

自知旣明, 無求於外而常足, 則富莫加焉. 顔淵簞瓢陋巷, 孔子曲肱飮水, 而其樂自如, 擧天下之物, 無以易其所樂, 則豈非至富乎? 彼牽於物欲, 而有求於外者, 則心常不足, 雖富有天下, 猶非富也.

힘써 행하는 자는 (도에) 목표가 있고

強行者ᄂᆞᆫ 有志ᄒᆞ고

동씨는 이렇게 말하였다. "오직 자신을 이길 뿐이니, 그러므로 도에 목표를 두고서 굳건하게 쉬지 않고 실천한다면 누구도 그의 목표를 빼앗을 수 없어 하늘과 강건함을 함께하게 된다."[5)]

董氏曰: "惟自勝, 故志於道, 而自强不息, 則物莫奪其志, 而與天同健矣."

자신이 있을 곳을 잃지 않는 자는 영원하고

不失其所者ᄂᆞᆫ 久ᄒᆞ고

동씨는 "(사람이) 도를 알고 행할 수 있다면, 자신이 있을 곳을 얻어 거처가 편안하다"[6)]고 하였다. 내가 생각하기에는 (사람이) 아는 것이 밝고 지키는 것이 견고하다면 평소 자신의 위치에 맞추어 행하고 외면에서 바라는 것이 없지만 어디에 들어가도 만족하지 않는 경우가 없다. 그러니 이것이 바로 자신이 있을 곳을 잃지 않는 것으로, (사람들이 실천해야 할) 유구한 도이다.

董氏曰: "知道而能行, 則自得其所, 而居安矣." 愚按, 知之明, 而守之固, 則素位而行, 無願乎外, 無入而不自得焉. 此乃不失其所也, 是悠久之道也.

(몸이) 죽더라도 (이름이) 없어지지 않는 자는 장수한 것이다.

死而不亡者ᄂᆞᆫ 壽[7)]ㅣ니라

공자나 안연은 죽은 지가 수천 년이 되었지만 (이름이) 해와 달처럼 빛나니, 어찌 장수한 것이 아니겠는가?

孔顏旣歿, 數千載, 而耿光如日月, 豈非壽乎?

위의 것이 9장이다.

右第九章.

1) 안연顔淵: 顔回. 춘추 시대 말기의 학자. 魯나라 사람이며, 字는 子淵이다. 공자의 제자로서 十哲의 으뜸으로 꼽힌다. 安貧樂道하여 덕행으로 이름이 높았다.

2) 안연顔淵은…… 지냈고: 『論語』, 「雍也」, "子曰: '賢哉, 回也! 一簞食, 一瓢飮, 在陋巷, 人不堪其憂, 回也不改其樂. 賢哉, 回也!'"

3) 공자孔子: 유가의 敎祖로서 춘추 시대 魯나라 사람이다. 이름은 丘, 字는 仲尼. 처음에 魯나라에서 司寇 벼슬을 하다가 사직하고 여러 나라를 두루 돌아다니며 도를 행하려고 하였으나 등용되지 않아 魯나라로 돌아와서 『詩』, 『書』, 『禮』, 『樂』, 『易』, 『春秋』 등 육경을 刪述하였다.

4) 공자孔子는…… 마셨지만: 『論語』, 「述而」, "子曰: '飯疏食飮水, 曲肱而枕之, 樂亦在其中矣. 不義而富且貴, 於我如浮雲.'"

5) "오직…… 함께하게 된다": 『道德眞經集解』, 33장 주, "惟自勝, 故志於道, 而自强不息, 則物莫奪其志, 而與天同健矣."

6) "도를…… 편안하다": 『道德眞經集解』, 33장 주, "所, 猶艮卦止其所之所. 惟知道而能行, 則自得其所, 而居安矣. 故雖物變無窮, 而心未嘗失, 乃無入而不自得, 所以久也."

7) 知人者……壽: 이 부분은 『道德眞經集解』의 33장이다.

• 10장 •

명예와 자신 가운데 어느 것이 더 가까운 것인가? 자신과 재물 가운데 어느 것이 흔한 것인가?

名與身이 孰親고 身與貨ㅣ 孰多오

'명예'란 내용의 껍데기(賓)이니, 자신에게는 외물外物이다. '자신'은 유일하고 '재물'은 흔하다. 만약 자신을 버리고 명예와 사물을 따른다면, 어버이를 버리고 손님을 따르는 것이며 유일한 것을 사역시키고 흔한 것을 구하는 것이니, 이보다 더 미혹한 경우가 없다.

名者, 實之賓, 於身爲外物也. 身, 一而已, 貨財則衆多. 若棄身而循名與物, 則捨親而從賓, 役一而求多, 惑莫甚焉.

자신을 얻는 것과 잃는 것 가운데 어느 것이 병이 되겠는가?

得與亡이 孰病고

명예와 재물을 얻으면 자신은 반드시 망하니, 이것이 바로 망하는 것이다. 자신을 얻으면 비록 명예와 재물은 잃더라도 얻는 데 해가 되지 않는다. 그렇다면 자신을 얻는 것과 잃는 것 가운데 어느 것이 병이 되겠는가?

得名與貨, 則身必亡, 是乃亡也. 得身, 則雖亡名與貨, 而不害乎爲得也. 然則得身與亡身, 孰爲病乎?

이 때문에 심하게 아끼면 반드시 크게 소모하게 되고, 많이 쌓아 두면

반드시 크게 잃게 되니

是故로 甚愛면 必大費ᄒᆞ며 多藏이면 必厚亡ᄒᆞᄂᆞ니

명예를 아끼는 자는 반드시 실속을 잃게 되니, 이것이 바로 '크게 소모하는 것'이다. 재산을 쌓아 둔 자는 반드시 자신을 잃게 되니, 이것이 '크게 잃는 것'이다.

愛名者, 必損實, 是大費也. 藏財者, 必失身, 是厚亡也.

만족할 줄 알면 욕을 당하는 일이 없고 머물 곳을 알면 위태로워질 일이 없으니, 영원할 수 있다.

知足이면 不辱이오 知止면 不殆라 可以長久[1]ㅣ니라

동씨는 이렇게 말하였다. "내외의 구분을 살피기만 하면 머물 곳을 알고 만족할 줄 알아서 얻고 잃음으로 생기는 환난이 없다. 그러므로 항상된 성명性命을 편안히 여길 수 있으니, 또한 어찌 위태로움과 욕을 당할 일이 생기겠는가? 그래서 영원할 수 있다."[2]

董氏曰: "惟審於內外之分, 則知止知足, 而無得失之患. 故能安於性命之常, 亦何殆辱之有? 所以可長久也."

위의 것이 10장이다.

右第十章

1) 名與身……可以長久: 이 부분은『道德眞經集解』의 44장이다.

2) "내외의…… 영원할 수 있다":『道德眞經集解』, 44장 주, "惟審於內外之分, 則知止知足, 而無得失之患. 故能安於性命之常, 亦何殆辱之有? 所以可長久也. 漢之二疏曾事斯語."

• 11장 •

집 밖으로 나가지 않아도 천하를 알고, 창 밖을 내다보지 않아도 천도를 알게 되니

不出戶ㅣ라도 知天下ᄒᆞ며 不窺牖ㅣ라도 見天道ㅣ니

만물이 모두 나의 본성에 갖추어져 있으니,[1] 어찌 다른 곳에서 구하겠는가? 본성에서 벗어난 마음(放心)을 구하면[2] 도를 알 수 있다. 정자程子[3]가 말한 "(이렇게 하면) 자연히 위를 향해 찾아가 아래로 (人事를) 배워 위로 (天理에) 통달하게 된다"[4]고 한 것이 이것이다.

萬物皆備於我, 豈待他求哉? 求其放心, 則可以見道矣. 程子所謂自能尋向上去下學而上達者, 是也.

밖으로 나감이 멀어질수록 아는 것은 더 적어진다.

其出이 彌遠이면 其知彌少ᄒᆞᄂᆞ니

온공은 "근본을 잘 몰라서 말단을 좇는 것이다"[5]라고 했는데, 내가 생각하기에는 (사람의) 마음이 본성에서 벗어나 멀어지면 멀어질수록 도를 알기는 더욱 어려워진다는 것이다.

溫公曰: "迷本逐末也." 愚按心放而愈遠, 則知道愈難矣.

이 때문에 성인은 나다니지 않아도 알고, 보지 않아도 이름을 붙일 수 있으며, 아무 일도 하지 않고도 모든 일을 이룬다.

是以聖人은 不行而知ᄒᆞ며 不見而名ᄒᆞ며 不爲而成[6]이니라

이 구절에서는 성인은 맑고 밝은 마음이 몸에 있어 의리에 밝고 투철하니, 바로 스스로 성실하게 하여 밝게 되는 일을 설명하였다. 배우는 사람들은 갑자기 이렇게 되는 경지로 발돋움할 수 없으니, 다만 본성에서 벗어난 마음을 거두어들여 자신의 앎을 기르고 그 실천에 힘써야 한다.

此言聖人淸明在躬, 而義理昭徹, 乃自誠而明之事也. 學者不可遽跂於此, 但當收斂放心, 以養其知, 而勉其所行也.

위의 것이 11장이다.

右第十一章.

1) 만물이…… 있으니: 『孟子』, 「盡心章句上」, "萬物皆備於我矣."

2) 본성에서…… 구하면: 『孟子』, 「告子章句上」, "學問之道無他, 求其放心而已矣."

3) 정자程子: 程頤. 北宋의 학자. 洛陽 사람. 字는 正叔, 호는 伊川이며, 顥의 아우이다. 伊川伯에 봉해진 까닭에 伊川先生이라 불렸다. 처음으로 理氣의 철학을 제창하여 유교 도덕에 철학적 기초를 부여하였다. 『易傳』, 『春秋傳』, 『語錄』 등의 저서가 있다.

4) "자연히…… 통달하게 된다": 『孟子』, 「告子章句上」, 朱子註, "故程子曰: '聖賢千言萬語, 只是欲人將已放之心約之, 使反復入身來, 自能尋向上去, 下學而上達也.'"

5) "근본을…… 좇는 것이다": 『道德眞經集解』, 47장 주, "溫公曰: '迷本逐末也.'"

6) 不出戶……不爲而成: 이 부분은 『道德眞經集解』의 47장이다.

• 12장 •

세상에 도가 있으면 잘 달리는 말을 몰아다 농사짓는 데 부리고, 세상에 도가 없으면 (전쟁을 하기 위해) 군마가 국경 지대로 나오니

天下有道ㅣ면 却走馬以糞ᄒᆞ고 天下無道ㅣ면 戎馬ㅣ 生於郊ᄒᆞᄂᆞ니

동씨는 이렇게 말했다. "본문의 '분糞'은 농사를 짓는다는 뜻이다. '융마戎馬'는 전쟁용 말을 뜻한다. '교郊'란 두 나라의 국경 지대이다. 마음을 기준으로 설명할 경우, '감각 기관을 주도하는 마음'(心君)이 태연하다면 말처럼 날뛰는 기운(氣馬)을 물리치고 되돌려서 근본을 배양하니, 이렇게 하지 않는다면 말처럼 날뛰는 기운이 외부로 내달리게 된다."[1)]

董氏曰: "糞, 治田疇也. 戎馬, 戰馬也. 郊者, 二國之境也. 以內言之, 心君泰然, 則却返氣馬, 以培其本根, 反是則, 氣馬馳於外境矣."

화는 만족할 줄 모르는 것보다 큰 것이 없고, 욕은 무엇을 얻으려 하는 것보다 큰 것이 없다.

禍莫大於不知足이오 咎莫大於欲得이니

동씨는 "'화禍'와 '욕'(咎)의 근본을 탐구해 보면 욕심을 좇는 데 근원이 있다"[2)] 고 하였다.

董氏曰: "究其根本, 原於縱欲."

그러므로 만족할 줄 아는 만족은 영원한 만족이다.

故知足之足은 常足矣[3]니라

외면에서 구하는 것이 없다면 내부에서 덕이 어그러지지 않기 때문에 (사물에) 대응하는 (마음의) 작용이 무궁하여 항상 만족하게 된다.

無求於外, 則內德無欠, 故應用無窮, 而常足矣.

위의 것이 12장이다. 이상 5장은 도를 지키고 자신의 사욕을 극복하며 자신을 자랑하지 않고 자만하지 않으며 항상 머물 곳을 알고 만족할 줄 안다는 것[4]의 의미는 설명했으니, 모두 '절제'(嗇)의 의미를 미루어 부연한 것이다.

右第十二章. 以上五章, 言守道克己, 不自矜伐, 常知止足之義, 皆推演嗇字之義也.

1) 본문의…… 내달리게 된다: 『道德眞經集解』, 46장 주, "却, 與卻同. 糞, 治田疇也. 戎馬者, 戰備之馬也. 郊者, 二國相交之境也. 以內言之, 心君泰然, 則却返氣馬, 以培糞其本根, 反是則, 意馬馳於外境矣."

2) "'화禍'와…… 근원이 있다": 『道德眞經集解』, 46장 주, "究其根本, 原於縱慾."

3) 天下有道……常足矣: 이 부분은 『道德眞經集解』의 46장이다.

4) 항상…… 안다는 것: 『醇言』, 10장, "知足不辱, 知止不殆, 可以長久."

• 13장 •

나는 세 가지 보물 같은 비결을 갖고 있으면서 내 자신을 유지하고 보호하니, 하나는 자애요 하나는 검약이요 하나는 감히 앞장서지 않는 것이다.

我有三寶ᄒᆞ야 保[1]而持之ᄒᆞ노니 一曰慈ㅣ오 二曰儉이오 三曰不敢先[2]이니라

"감히 앞장서지 않는다"는 것은 겸손하다는 말이다. '자애'와 '검약'과 '겸손' 이 세 가지는 자신을 유지하고 상대를 대하는 보물 같은 비결이다.

不敢先者, 謙也. 慈儉謙三者, 持身接物之寶訣也.

자애롭기 때문에 용감할 수 있고

夫慈故能勇ᄒᆞ고

동씨는 "어진 자는 반드시 용감하다"[3]고 하였다.

董氏曰: "仁者, 必有勇也."

검약하기 때문에 널리 베풀 수 있고

儉故能廣ᄒᆞ고

동씨는 "지키는 것이 간략하기 때문에 베푸는 것이 넓다"[4]고 하였다.

董氏曰: "守約而施博也."

감히 앞장서지 않기 때문에 다른 사람들의 우두머리가 될 수 있다.

不敢先[5]이라 故能成器長이니라

본문의 '기器'는 '사물'의 뜻이다. 자신을 앞세우지 않는 자는 남들이 그를 앞세우기 때문에 마침내 사람들의 우두머리가 된다. 동씨는 "건乾이 뭇 사물을 낳음에 또 '여러 용(의 뜻)을 보되 앞장서지 않으면 길하다'[6]고 한다"[7]라고 하였다.

器, 物也. 自後者, 人必先之, 故卒爲有物之長也. 董氏曰: "乾之出庶物, 亦曰: '見羣龍無首吉.'"

지금 자애를 버리고 용감해지려 하며 검약을 버리고 널리 베풀려 하며 뒤따라가는 것을 버리고 앞장서려 하면 죽기 십상이다.

今애 捨其慈ᄒᆞ고 且勇ᄒᆞ며 捨其儉ᄒᆞ고 且廣ᄒᆞ며 捨其後ᄒᆞ고 且先ᄒᆞ면 死矣[8]

용감해지려고 힘쓰면 반드시 남을 해치게 되며 널리 베풀려고 힘쓰면 반드시 사치스럽게 되며 앞장서려고 힘쓰면 반드시 다투게 되니, 모두 죽게 될 사람들이다.

矜勇則必忮, 矜廣則必奢, 矜先則必爭, 皆死之徒也.

자애는 그것으로 전쟁을 하면 승리하고 그것으로 수비를 하면 견고해지니, 하늘이 구원해 줄 적엔 자애로 호위한다.

夫慈ᄂᆞᆫ 以戰則勝ᄒᆞ고 以守則固ᄒᆞᄂᆞ니 天將救之ᄅᆞᆫ댄 以慈衛之[9]니라

동씨는 이렇게 말하였다. "'자애'란 생명을 온전하게 하는 도가 유행하는 것이니, 바로 인仁의 효용이다. 그러므로 세 가지 보물 같은 비결의 으뜸이 된다. 자애로 남을 통솔하면 남들도 부모를 사모하는 것과 같이 그를 사랑하여 그를 위해 죽는 일도 사양하지 않으니, 이 때문에 전쟁을 하면 승리하고 수비를 하면 견고해진다. 그러므로 '어진 자는 세상에 적이 없다'[10]고 하였다. 혹 사람이 미치지 못하는 점이 있으면 하늘이 또한 자애로 구원하고 호위해 주니, 천도는 갚아 주는 것을 좋아하여 항상 선한 사람과 함께하기 때문이다."[11] 정씨[12]는 "(문왕이) 빈邠 땅을 버리고 기岐 땅으로 갔지만[13] 주나라가 그 때문에 홍성해졌으니, 이것이 하늘의 구원이다"[14]라고 하였다.

董氏曰: "慈者, 生道之流行, 乃仁之用也. 故爲三寶之首. 以慈御物, 物亦愛之, 如慕父母, 效死不辭, 是以戰則勝, 守則固. 故曰: '仁者, 無敵於天下也.' 苟或人有所不及, 天亦將以慈救衛之, 蓋天道好還, 常與善人故也." 程氏曰: "去邠而岐,[15] 周以興,是其救也."

위의 것이 13장으로, 세 가지 보물 같은 비결이 자신을 수양하고 남을 기르는 중요한 도가 됨을 설명하였다. 이 다음의 6장은 모두 이 장의 뜻을 미루고 넓힌 것이니, '절제'(嗇)라는 글자의 의미를 계속해서 펴보이고 있다.

右第十三章. 言三寶爲修己長物之要道. 其下六章, 皆推廣此章之義, 盖因嗇字之義, 而伸長之也.

1) 保: 『道德眞經集解』에는 '寶'로 되어 있다.
2) 不敢先: 『道德眞經集解』에는 '不敢爲天下先'으로 되어 있다.
3) "어진…… 용감하다": 『道德眞經集解』, 67장 주, "仁者, 必有勇也."
4) "지키는 것이…… 넓다": 『道德眞經集解』, 67장 주, "守約而施博也."
5) 不敢先: 『道德眞經集解』에는 '不敢爲天下先'으로 되어 있다.
6) '여러…… 길하다': 『易經』, 「乾卦」, "用九, 見羣龍无首, 吉." 이 구절에 대해 주희는 "여러 용에 머리가 없는 것을 보는 것이니, 길하다"라고 풀이하였다. 본문의 풀이는 정이와 왕필의 주를 참고한 것이다.
7) "건乾이…… 한다": 『道德眞經集解』, 67장 주, "乾之出庶物, 亦必曰: '見羣龍無首吉.'"
8) 死矣: 원본에 이 한글 토가 빠져 있는데, '니라'라고 하면 될 듯하다.
9) 我有三寶……以慈衛之: 이 부분은 『道德眞經集解』의 67장이다.
10) '어진…… 없다': 『孟子』, 「梁惠王章句上」, "仁者無敵"
11) "'자애'란…… 때문이다": 『道德眞經集解』, 67장 주, "夫慈者, 生道之所以流行, 乃仁之用也. 故爲三寶之首稱, 以慈御物, 物亦愛之, 如慕父母, 雖爲之效死不辭, 是以戰則勝, 守則固. 故曰: '仁者, 無敵於天下也.' 苟或人有所不及, 天亦將以慈而救衛之, 盖出乎爾反乎爾, 而天道好還, 常與善人故也."
12) 정씨: 宋代의 程琳. 博野 사람으로 字는 天球이다.
13) 빈邠 땅을…… 갔지만: 『孟子』, 「梁惠王章句下」, "滕文公問曰: '滕, 小國也. 竭力以事大國, 則不得免焉, 如之何則可?' 孟子對曰: '昔者大王居邠, 狄人侵之. 事之以皮幣, 不得免焉. 事之以犬馬, 不得免焉. 事之以珠玉, 不得免焉. 乃屬其耆老而告之曰: 「狄人之所欲者, 吾土地也. 吾聞之也, 君子不以其所以養人者害人. 二三子何患乎無君? 我將去之.」 去邠, 踰梁山, 邑于岐山之下居焉. 邠人曰: 「仁人也, 不可失也.」 從之者如歸市.'"
14) "빈邠 땅을…… 구원이다": 『道德眞經集解』, 67장 주, "文簡曰: '去邠而歧, 周以興, 是其救也.'"
15) 歧: 『孟子』 「梁惠王章句下」에는 '岐'로 되어 있다.

• 14장 •

인人 자는 어떤 본에는 민民 자로 되어 있다. 사람이 살아 있음에 부드럽고 약하며, 죽게 됨에 딱딱하게 굳는다. 초목이 싹틈에 부드럽고 여리며, 죽게 됨에 단단해진다. 그러므로 딱딱하게 굳은 것은 죽을 무리이며 부드럽고 약한 것은 살 무리이다.

人一作民 人之生也애 柔弱ᄒᆞ고 其死也애 堅強[1]ᄒᆞ며 草木之生也애 柔脆ᄒᆞ고 其死也애 枯槁ᄒᆞᄂᆞ니 故堅強者ᄂᆞᆫ 死之徒ㅣ오 柔弱者ᄂᆞᆫ 生之徒ㅣ니라

비어 있는 기가 몸에 있으면 딱딱하게 굳어서 탈이 나는 경우가 없고, 이치로 기운을 제압하면 일을 하는데 딱딱하게 굳어서 잘못되는 경우가 없다.

沖氣在身, 則體無堅強之病, 以理勝氣, 則事無堅強之失矣.

이 때문에 군대가 강하면 승리하지 못하고, 나무가 단단하면 사람들이 누구나 벌목한다. 그러므로 딱딱하게 굳은 것은 아래에 위치하고, 부드럽고 약한 것은 위에 위치한다.

是以兵強則不勝ᄒᆞ고 木強則共ᄒᆞᄂᆞ니 故堅強이 居下ᄒᆞ고 柔弱이 處上[2]이니라

동씨는 이렇게 말했다. "본문의 '공共' 자는 사람들이 누구나 그것을 벌목한다는 말이다. 열자列子[3]는 '군대가 강하면 멸망하고 나무가 단단하면 꺾인다'[4]고 하였으니, 이런 의미이다. 사물 가운데 정미한 것은 항상 위에 있고 거친 것은 항상 아래에 있다. 정미한 것은 반드시 부드럽고 거친 것은 반드시 강하니, 이치의 흐름상 그런 것이다."[5]

董氏曰: "共謂人共伐之也. 列子云: '兵强則滅, 木强則折', 是矣. 物之精者, 常在上, 而粗者, 常在下. 其精必柔, 其粗必强, 理勢然也."

세상에 물보다 부드럽고 약한 것이 없는데 굳고 강한 것을 공격하는 데 어느 것도 물을 이길 수 없으니, 무엇으로도 (그런 이치는) 바꿀 수 없다.

天下柔弱이 莫過於水[6] ㅣ로ᄃᆡ 而攻堅强ㅐ 莫之能勝ᄒᆞᄂᆞ니 其無以易之[7]니라

아래에 잘 있고 부드럽고 약하기 때문에 반드시 굳고 강한 것을 이기니, 그 이치는 바꿀 수 없다.

善下而柔弱, 故必勝堅强, 其理不可易也.

그러므로 부드러움이 단단함을 이기고 약함이 강함을 이기게 됨을 세상에서 모르는 사람이 없는데 누구도 실행하지 않는다.

故로 柔勝剛과 弱勝强을 天下莫不知호ᄃᆡ 莫能行[8]ᄒᆞᄂᆞ니

물이 굳은 것을 공격하는 것을 보면 그 이치가 분명히 드러나니, 어찌 알기 어려운 것이겠는가? 그것을 아는 것이 어려운 게 아니라 행하는 것이 더욱 어려우니, 그러므로 그것을 행할 수 있는 사람이 드물다.

觀水之攻堅, 則其理昭然, 豈難知哉? 非知之難, 行之惟難, 故人鮮克行之.

이 때문에 성인이 "나라의 더러운 것을 받아들이는 게 바로 사직의 주인이 되고, 나라의 상서롭지 못한 것을 받아들이는 게 바로 천하의 왕이 된다"고 하셨다.

是以聖人이 言ᄒᆞ사ᄃᆡ 受國之垢ㅣ 是爲社稷主ㅣ오 受國不祥이 是爲天下王[9]이라ᄒᆞ시니라

온공은 "더러움을 받아들였기에 그처럼 위대한 것을 이루었다"[10]고 하였다. 내가 생각하기에 어짊의 감화가 세상을 덮음은 하늘과 같아 어떤 사물도 받아들이지 않는 것이 없으니, 이것이 더러운 것과 상서롭지 못한 것을 받아들이는 것이다.

溫公曰: "含垢納汚, 乃能成其大." 愚按, 仁覆如天, 無物不容, 是謂受垢與不祥也.

위의 것이 14장이다. 앞 장의 전쟁에서 승리하게 된다는 설명을 가지고 자애와 부드러움이 강함과 난폭함을 이긴다는 뜻을 미루어 밝혔다. 이른바 부드러움이란 단지 어짊과 자애를 드러낸 것에 대해 말했을 뿐이니, 부드럽고 유약한 것만 오로지 하는 것은 아니다. 만약 부드럽고 유약한 것만 오로지 한다면 어떻게 강하고 난폭한 것을 이길 수 있겠는가? 또 승리하게 되는 것도 이치의 흐름상 당연한 결과일 뿐 승리하고자 하는 마음이 있어서 일부러 부드럽고 약하게 처신한 것은 아니다.

右第十四章. 因上章戰勝之說, 而推明慈柔勝剛暴之義. 夫所謂柔者, 只言仁慈之形耳, 非一於柔弱而已. 若一於柔弱, 則豈能勝剛暴哉? 且其勝之者, 亦出於理勢之當然耳, 非有心於欲勝, 而故爲柔弱也.

1) 强: 『道德眞經集解』에는 '彊'으로 되어 있다. 이후의 모든 '强' 자도 마찬가지이다.
2) 人之生也……柔弱處上: 이 부분은 『道德眞經集解』의 76장이다.
3) 열자列子: 列禦寇. 전국 시대 鄭나라 사람. 그의 학문은 황노黃老를 기본으로 한다. 『列子』 8권을 지었다.
4) '군대가…… 꺾인다': 『列子』, 「黃帝」, "老聃曰: '兵彊則滅, 木彊則折. 柔弱者, 生之徒, 堅彊者, 死之徒.'"
5) "본문의…… 그런 것이다": 『道德眞經集解』, 76장 주, "共, 如字, 謂人共伐之也. 列子云: '兵强則滅, 木强則折', 是矣. 夫物之精者, 常在上, 而粗者, 常在下. 其精必柔, 其粗必强, 理勢然也, 而天下亦未有剛强而能居人上者. 莊子曰: '以懦弱謙下爲表', 是也."
6) 天下柔弱, 莫過於水: 『道德眞經集解』에는 '天下莫柔弱於水'로 되어 있다.
7) 其無以易之: 『道德眞經集解』에는 '以其無以易之也'로 되어 있다.
8) 故柔勝剛……莫能行: 『道德眞經集解』에는 '柔之勝剛, 弱之勝彊, 天下莫不知, 而莫之能行'으로 되어 있다.
9) 天下柔弱……是爲天下王: 이 부분은 『道德眞經集解』의 78장이다.
10) "더러움을…… 이루었다": 『道德眞經集解』, 78장 주, "溫公曰: '含垢納汚, 乃能成其大.'"

• 15장 •

(굳이 가득 채우기를) 고집하면서 채우는 것은 그냥 놔두는 것만 못하며, 재 보면서 날카롭게 하는 것은 오래 보존할 수 없다.

持而盈之ㅣ 不如其已며 揣而銳之ㅣ 不可長保ㅣ니

가득 채워 혹 넘칠까 마음 졸이면서 채우기를 고집하느니 채우지 않아서 마음 편한 것이 낫고, 날카롭게 하여 혹 부러질까 조마조마해하며 재 보느니 날카롭게 하지 않아서 보존하는 것이 낫다. 소씨蘇氏[1]는 "가득 채우는 일이 없다면 굳이 고집을 피울 곳이 없고, 날카롭게 하는 일이 없다면 아무것도 잴 곳이 없다"[2]고 하였다.

恐盈之或溢, 而持固之, 不若不盈之爲安也, 恐銳之或折, 而揣量之, 不若不銳之可保也. 蘇氏曰: "無盈, 則無所用持, 無銳, 則無所用揣矣."

보물이 집에 가득하면 그 누구도 지킬 수 없으며, 부귀하고 교만하면 스스로 자신의 허물을 남길 것이니, 공명功名이 이루어지면 당사자는 물러나는 것이 하늘의 도이다.

金玉滿堂이면 莫之能守ㅣ며 富貴而驕ㅣ면 自遺其咎ㅣ니 功成名遂身退는 天之道[3]ㅣ니라

유사립劉師立[4]은 이렇게 말하였다. "가득 차면 반드시 텅 비게 되니 가득 채움에 대해 경계하고, 날카롭게 하면 반드시 무디어지니 나아감에 대해 경계하고, 보물은 반드시 (사람들에게) 폐가 되니 탐욕에 대해 경계하고, 부귀해지면 쉽게

법도를 벗어나게 되니 오만함에 대해 경계하였다. 공명이 이루어지면 반드시 위태로워지니 머물러 있을 곳을 알고 정도를 벗어나지 말아야 한다."[5)]

劉師立曰: "盈則必虛, 戒之在滿, 銳則必鈍, 戒之在進, 金玉必累, 戒之在貪, 富貴易淫, 戒之在傲. 功成名遂必危, 在乎知止, 而不失其正."

위의 것이 15장으로, 검약의 뜻을 설명하였다.

右第十五章. 言儉之義.

1) 소씨蘇氏: 蘇轍. 宋나라 때의 문장가. 字는 子由, 號는 欒城이며, 洵의 둘째 아들이다. 翰林學士, 門下侍郞 등을 지냈다. 문학에 뛰어나 아버지 洵, 형 軾과 함께 唐宋八大家의 한 사람으로 꼽힌다. 『老子解』는 그의 『老子』 주석서이다.

2) "가득…… 없다": 『道德眞經集解』, 9장 주, "文定曰: '知盈之必溢, 而以持固之, 不若不盈之安也.……無盈, 則無所用持, 無銳, 則無所用揣矣.'"

3) 持而盈之……天之道: 이 부분은 『道德眞經集解』의 9장이다.

4) 유사립劉師立: 唐의 虞城 사람. 처음에는 王 世充을 섬겼으나 후에 秦王 世民의 左親衛·檢校 등이 되었다.

5) "가득 차면…… 말아야 한다": 『道德眞經集解』, 9장 주, "劉師立曰: '盈則必虛, 戒之在滿, 銳則必鈍, 戒之在進, 金玉必累, 戒之在貪, 富貴易淫, 戒之在傲, 功成名遂必危, 在乎知止, 不失其正.'"

• 16장 •

귀한 것은 천한 것을 근본으로 삼고, 높은 것은 낮은 것을 기반으로 삼는다. 이 때문에 후왕이 스스로 '부모 없는 자'(孤)·'덕이 적은 자'(寡)·'선한지 못한 자'(不穀)라고 하니, 이는 천한 것을 근본으로 삼은 것이 아닌가?

貴以賤爲本ᄒᆞ며 高以下爲基라 是以侯王이 自謂孤寡不穀ᄒᆞᄂᆞ니 此其以賤爲本邪이 非乎[1]아

오직 스스로 천시하기만 하면 사람들이 반드시 귀하게 대우하며 스스로 낮추기만 하면 사람들이 반드시 높여 주니, 이 때문에 천한 것을 근본으로 삼고 낮은 것을 기반으로 삼는다. 후왕이 스스로 폄하하는 것이 바로 스스로 천시하고 낮추는 방법이다.

夫惟自賤, 則人必貴之, 自下, 則人必高之, 是以賤爲本, 以下爲基也. 侯王之自貶, 是自賤自下之道也.

위의 것이 16장으로, 감히 남보다 앞서지 않는다는 뜻을 설명하였다. 다음 장도 이와 같다.

右第十六章. 言不敢先之義. 下章同此.

1) 貴以賤爲本……非乎: 이 부분은 『道德眞經集解』의 39장이다.

• 17장 •

최상의 선은 물과 같으니, 물은 만물을 이롭게 하고 다투지도 않으며 일반 사람들이 싫어하는 (낮은) 곳에 머무른다. 그러므로 도에 가깝다.

上善은 若水ᄒᆞ니 水ㅣ 善利萬物ᄒᆞ고 又[1]不爭ᄒᆞ며 處衆人之所惡ㅣ라 故幾於道[2]ㅣ니라

동씨는 "부드러움을 지키면서 낮게 처신하는 것은 바로 세속 사람들이 싫어하는 것이지만 실로 도에 가깝다"[3]고 하였다.

董氏曰: "守柔處下, 乃俗之所惡, 而實近於道."

강과 바다가 모든 계곡의 왕이 될 수 있는 것은 그것이 낮은 곳에 잘 머물러 있기 때문이다. 그러므로 모든 계곡의 왕이 될 수 있으니, 이 때문에 성인은 말(을 겸손하게 함으)로써 자신을 낮추고 스스로 남들보다 앞서 나가는 일이 없다. 이 때문에 (성인이) 윗자리에 있어도 사람들이 중압감을 느끼지 않고 남들보다 앞서 나가도 해롭다고 여기지 않으며, 천하 사람들이 기꺼이 추대하면서 싫어하지 않는다.

一主[4] 江海所以能爲百谷王者ᄂᆞᆫ 以其善下之라 故能爲百谷王이니 是以聖人은 以言下之[5]ᄒᆞ며 以身後之[6]라 是以處上而人不重ᄒᆞ며 處前而人不害ᄒᆞ며 天下ㅣ 樂推而不厭[7]ᄒᆞᄂᆞ니라

물은 본래 도에 가까우며, 강과 바다 또한 물이 크게 모인 것이다. 송의 휘종

徽宗[8]은 이렇게 말하였다. "(『주역』) 둔괘屯卦의 초구初九에 '귀한 신분으로 천한 이에게 몸을 낮추니 크게 민심을 얻는다'[9]고 했으니, 백성의 마음을 얻는다는 말이다. 윗자리에 있어도 사람들이 중압감을 느끼지 않는다면 그를 추대하는 자가 기뻐하고, 앞서 나가도 사람들이 해롭다고 여기지 않는다면 그를 이롭게 여기는 자가 많은 것이다. 이와 같다면 무슨 생각을 해도 따르지 않음이 없으니, 그러므로 싫어하지 않는다."[10] 동씨는 "양웅楊雄[11]이 '자신을 낮추는 자는 사람들이 높여 주고, 자신을 남보다 앞세우지 않는 자는 사람들이 앞으로 내세워 준다'고 하였다. 그러므로 천하의 사람들이 기꺼이 추대하면서 싫어하는 마음을 갖지 않는다"[12]라고 하였다.

水固近道, 而江海又水之大者也. 宋徽宗曰: "屯初九曰: '以貴下賤, 大得民也.' 得其心也. 處上而人不重, 則戴之也懽, 處前而人不害, 則利之者衆. 若是則無思不服, 故不厭也." 董氏曰: "楊雄曰: '自下者, 人高之, 自後者, 人先之.' 故天下樂推戴, 而無厭斁之心也."

위의 것이 17장이다.

右第十七章.

1) 又: 『道德眞經集解』에는 '而'로 되어 있다.
2) 上善……故幾於道: 이 구절은 『道德眞經集解』의 8장이다.
3) "부드러움을…… 가깝다": 『道德眞經集解』, 8장 주, "處, 上聲, 惡, 去聲, 幾, 音機. 守柔處下, 乃俗之所惡, 而實近於道. 然麗乎形, 則於道有間, 故曰幾也."
4) 一一主: 이것은 무슨 의미인지 잘 모르겠다.
5) 是以聖人, 以言下之: 『道德眞經集解』에는 '是以欲上人, 以其言下之'로 되어 있다.
6) 以身後之: 『道德眞經集解』에는 '欲先人, 以其身後之'로 되어 있다.
7) 天下樂推而不厭: 『道德眞經集解』에는 '是以天下樂推而不厭'으로 되어 있다. 江海所以能爲百谷王者부터 여기까지는 『道德眞經集解』의 66장이다.
8) 휘종徽宗: 宋의 8대 임금 趙吉. 예술적 재능이 풍부하여 서화에 뛰어났지만 나약했다. 아들 欽宗과 함께 金의 포로가 되어 金의 五國城에서 죽었다.
9) '귀한…… 얻는다': 『易經』, 「屯卦」, "初九, 磐桓, 利居貞, 利建侯. 象曰: '雖磐桓, 志行正也, 以貴下賤, 大得民也.'"
10) "둔괘屯卦의…… 싫어하지 않는다": 『道德眞經集解』, 66장 주, "御註曰: '屯初九曰: 「以

貴下賤, 大得民也.」得其心也. 處上而人不重, 則戴之也懽, 處前而人不害, 則利之者衆. 若是則無思不服, 故不厭也.'"

11) 양웅楊雄: 字는 子云. 蜀郡의 成都 사람으로 西漢 말년의 저명한 사상가이다.

12) "양웅楊雄이…… 갖지 않는다":『道德眞經集解』, 66장 주, "楊雄曰: '自下者, 人高之, 自後者, 人先之.' 故天下樂推戴, 而無厭斁之心, 此天道不爭之德也."

• 18장 •

'사士' 노릇을 훌륭하게 하는 자는 무력을 숭상하지 않고
善爲士者ᄂᆞᆫ 不武ᄒᆞ고

동씨는 "무력을 숭상하지 않는다"[1]고 하였다.
董氏曰: "不尙力也."

전쟁을 잘하는 자는 분노(때문에 군대를 동원)하지 않고
善戰者ᄂᆞᆫ 不怒ᄒᆞ고

부득이한 경우에 병력을 동원하니, 혈기에서 나온 분노가 아니다.
不得已而用兵, 非出於血氣之怒也.

적을 잘 무찌르는 자는 다투지 않고
善勝敵者ᄂᆞᆫ 不爭ᄒᆞ고

다만 정벌함으로써 부정을 바로잡으려는 것일 뿐 쟁탈하려는 마음이 있어서가 아니다.
只以征伐, 正其不正而已, 非有爭奪之心也.

사람들을 잘 부리는 자는 그들에게 낮춘다.
善用人者ᄂᆞᆫ 爲之下ᄒᆞᄂᆞ니

공경과 예의를 극진하게 다하여 자기를 굽힘으로써 현인에게 낮춘 후라야 현

인을 부릴 수 있다. 맹자는 “탕湯[2] 임금이 이윤伊尹[3]에게 배운 다음에 신하로 삼았다”[4]고 하였다.

致敬盡禮, 屈己以下賢, 然後能用賢. 孟子曰: “湯之於伊尹, 學焉而後臣之.”

이것이 남들과 다투지 않는 덕이요 이것이 사람들을 부리는 힘이니, 이것이 하늘과 함께하는 것이다. 옛 도의 극치이다.

是謂不爭之德이며 是謂用人之力이니 是謂配天이라 古之極[5] ㅣ니라

겸손과 낮춤으로 자신을 기르고 사람들과 함께 선을 행하니, 그러므로 사람들이 기꺼이 그 사람을 위해 무슨 일이든지 한다. 그의 덕은 하늘과 함께하니, 더 이상 보탤 것이 없다.

謙卑自牧, 與人爲善, 故人樂爲用. 其德配天, 無以尙矣.

위의 것이 18장으로, 자애와 부드러움과 겸손함과 낮춤의 덕이 하늘과 짝할 수 있다는 것을 더 이상 설명할 수 없을 정도로 표현하였다.

右第十八章. 極言慈柔謙下之德, 可以配天也.

1) “무력을 숭상하지 않는다”: 『道德眞經集解』, 68장 주, “不尙力也.”

2) 탕湯: 殷 왕조의 시조. 이름은 履. 夏나라의 桀王을 치고 왕위에 올라 30년 동안 재위하였다.

3) 이윤伊尹: 殷의 어진 재상. 湯의 초빙을 세 번 받고 재상이 된 그는 桀을 치고 마침내 湯이 천하의 왕이 되도록 하였다.

4) “탕湯 임금이…… 신하로 삼았다”: 『孟子』, 「公孫丑章句下」, “故湯之於伊尹, 學焉而後臣之, 故不勞而王. 桓公之於管仲, 學焉而後臣之, 故不勞而霸.”

5) 善爲士者……古之極: 이 부분은 『道德眞經集解』의 68장이다.

• 19장 •

최상의 자질을 타고난 사람은 도에 관해 들으면 부지런히 그것을 실천하고, 중간 정도의 자질을 타고난 사람은 도에 관해 들으면 반신반의하며, 최하의 자질을 타고난 사람은 도에 관해 들으면 크게 그것을 비웃으니, (최하의 자질을 타고난 사람에게) 비웃음을 당할 정도가 아니면 도라고 하기에 부족하다.

上士는 聞道애 勤而行之ᄒᆞ고 中士는 聞道애 若存若亡ᄒᆞ고 下士는 聞道애 大笑之ᄒᆞᄂᆞ니 不笑ㅣ면 不足以爲道ㅣ니라

최상의 자질을 타고난 사람은 도에 관해 들으면 독실하게 믿어 의심하지 않고, 중간 정도의 자질을 타고난 사람은 반신반의하며, 최하의 자질을 타고난 사람은 멍하게 무슨 말인지 깨닫지 못해 도리어 비난하고 비웃으니, 만약 최하의 자질을 타고난 사람의 소견으로 알 수 있는 것이라면 어찌 성인의 도이겠는가?

上士聞道, 篤信不疑, 中士, 疑信相半, 下士, 茫然不曉, 反加非笑, 若合於下士所見, 則豈聖人之道哉?

옛날부터 전해 오는 말에 그러한 것이 있으니, "분명한 도는 어두운 듯하고 나아가는 도는 물러나는 듯하며 최상의 덕은 비어 있는 듯하고 아주 결백한 것은 티가 있는 듯하며

建言애 有之[1]하니 明道는 若昧ᄒᆞ며 進道는 若退[2]ᄒᆞ며 上德은 若谷ᄒᆞ며 大白은 若辱ᄒᆞ며

본문의 '건언建言'은 옛날부터 전해 오는 말이라는 뜻이다. '분명한 도'란 아무것도 드러내는 것이 없는 듯하며, '나아가는 도'란 뒷걸음질치면서 아무것도 행할 수 없는 듯하다. 덕이 높은 수준에 도달한 자는 스스로 겸손하기가 계곡이 비어 있는 것 같고, 지극히 결백한 자는 티가 있는 것처럼 자처한다.

建言, 古之所立言也. 明道者, 若無所見, 進道者, 退然若不能行. 德之高者, 自謙如谷之虛, 潔白之至者, 自處如有玷汚也.

큰그릇은 늦게 이루어진다"고 하였다.

大器ㄴ 晩成[3]이라ᄒᆞ니라

쌓기를 오랫동안 한 후에 나오는 것이 넓으니, 그러므로 큰그릇은 빨리 이루어지지 않는다.

積之久, 然後發之洪, 故大器不速成.

크게 이루어진 것은 무언가 부족한 듯하니 그 쓰임은 잘못되지 않으며

大成은 若缺ᄒᆞ니 其用不敝ᄒᆞ며

동씨는 이렇게 말하였다. "본문의 '폐敝'는 잘못된다는 의미이다. 지극한 도의 크게 완전함을 체득하여 성대한 덕이 부족한 듯하니, 그러므로 그 쓰임은 오래되면 될수록 더욱더 새롭다."[4]

董氏曰: "敝, 敗壞也. 體至道之大全, 而盛德若不足, 故其用愈久, 而愈新也."

완전하게 채워진 것은 비어 있는 듯하니 그 쓰임은 끝이 없으며

大盈은 若沖ᄒᆞ니 其用不窮ᄒᆞ며

도가 자신에게 갖추어져 비어 있는 듯이 겸손하기 때문에 쌓임은 더욱더 두터워지고 쓰임은 더욱더 끝이 없다. 동씨는 "이 구절은 쓰임을 겸하여 말했다"[5]고 하였는데, 내가 생각하기에 중간의 두 구절[6]은 그 쓰임을 말했고, 그 위와 아래 구절은 모두 (쓰임에 대해서는) 생략한 문장이다.

道備於己, 而謙若沖虛, 故積愈厚, 而用愈不窮. 董氏曰: "此兼用而言." 愚按, 中間二句, 言其用, 上下則皆略文也.

아주 곧은 것은 굽은 듯하며, 아주 정교한 것은 졸렬한 듯하다.

大直은 若屈ᄒᆞ며 大巧는 若拙이니라

남들과 다투지 않기 때문에 그 곧기가 굽은 듯하고, 세세한 부분까지 합당해 흔적이 없기 때문에 그 정교하기가 졸렬한 듯하다.

與物無競, 故其直若屈, 曲當而無跡, 故其巧若拙.

대단히 훌륭한 변론은 어눌한 듯하니, 선한 자는 변론하지 않고 변론하는 자는 선하지 않으며, 진실한 말은 아름답지 않고 (듣기에) 아름다운 말은 진실하지 않다.

大辯은 若訥[7]이니 善者는 不辯ᄒᆞ고 辯者는 不善ᄒᆞ며 信言은 不美ᄒᆞ고 美言은 不信[8]이니라

변론하려고 노력하지 않지만 하는 말이 반드시 이치에 합당한 것을 '대단히 훌륭한 변론'이라고 한다. 착한 사람은 말이 적기 때문에 그의 변론은 어눌한 듯하다. 선을 위주로 한다면 변론할 필요가 없고, 변론을 위주로 한다면 반드시 선하지 않다. 본문의 '미美'란 화려하게 꾸민다는 뜻이다. 충직하고 진실한 말은 반드시 화려하게 꾸미지 않고, 화려하게 꾸민 말은 반드시 충직하고 진실한 말이 아니다.

不事乎辯, 而發必當理者, 謂之大辯. 吉人辭寡, 故其辯若訥. 以善爲主, 則不求辯, 以辯爲主, 則未必善也. 美者, 華飾也. 忠信之言, 不必華美, 華美之言, 未必忠信.

위대한 소리는 (사람들이) 들을 수 있는 능력 밖에 있고 위대한 형상은 (사람들이) 볼 수 있는 능력을 벗어나 있으니, 도는 은미하여 이름이 없다.

大音은 希聲ᄒᆞ며 大象은 無形ᄒᆞ니 道隱無名[9]이니라

본문의 '희希'란 청각이 들을 수 없다는 뜻이다. 도는 본래 소리도 냄새도 없지만 사물의 체가 되어 버릴 수 없다.[10] 억지로 이름을 붙여 도라고 하니,[11] 실제

로는 이름이 없다. 체體와 용用이 하나의 근원이며 드러남과 은미함이 서로 막힘 없이 연결돼 있다는 묘함(妙)[12]을 어찌 중간이나 최하의 자질을 가진 사람이 듣고 깨달을 수 있겠는가?

希者, 聽之不聞也. 道本無聲無臭, 而體物不遺, 强名之曰道, 其實無名也. 體用一源, 顯微無間之妙, 豈中下士之所能聽瑩哉?

위의 것이 19장으로, 겸허함의 덕德이 도체의 본연에 합치함을 미루어서 밝혔다. 문왕文王[13]이 도를 깨닫고도 알지 못하는 듯이 행동하고, 안연이 "능하면서도 능하지 못한 자에게 묻고 많은 지식이 있으면서도 별 지식이 없는 자에게 물으며, 있으면서도 없는 듯이 행동하고 차 있으면서도 비어 있는 듯이 행동하며, 자신에게 잘못을 범해도 따지지 않는다"[14]는 것이 바로 이 장의 의미이다. 13장의 '세 가지 보물'(三寶)의 의미를 거듭 설명한 것이 여기에 있다.

右第十九章. 推明謙虛之德, 合乎道體之本然. 文王望道, 而如未之見, 顔子以能問於不能, 以多問於寡. 有若無, 實若虛, 犯而不校, 卽此章之意也. 申言十三章三寶之義者, 止此.

1) 建言有之: 『道德眞經集解』에는 '故建言有之'로 되어 있다.
2) 進道若退: 『道德眞經集解』에는 이 구절 앞에 '夷道若纇' 구절이 더 있다.
3) 大器晩成: 『道德眞經集解』에는 이 구절 앞에 '廣德若不足, 建德若偸, 質眞若渝, 大方無隅' 구절이 더 있다. '上士聞道'부터 여기까지는 『道德眞經集解』의 41장이다.
4) "본문의…… 새롭다": 『道德眞經集解』, 45장 주, "敝, 毗祭切, 敗壞也. 體至道之大全, 而盛德若不足, 故其用愈久, 而愈新也."
5) "이 구절은…… 말했다": 『道德眞經集解』, 45장 주, "道備於己, 而有若無, 實若虛, 故積愈厚, 而用愈不窮. 此兼用而言, 下則略文也."
6) 두 구절: "大成若缺, 其用不弊"와 "大盈若沖, 其用不窮"을 말한다.
7) 大成若缺……大辯若訥: 이 부분은 『道德眞經集解』의 45장이다.
8) 善者不辯……美言不信: 이 구절은 『道德眞經集解』의 81장인데, 『道德眞經集解』에는 "信言不美, 美言不信, 善者不辯, 辯者不善"으로 되어 있다.
9) 大音希聲, 大象無形, 道隱無名: 이 구절은 『道德眞經集解』의 41장이다.
10) 도는…… 버릴 수 없다: 『中庸』, 16장, "視之而弗見, 聽之而弗聞, 體物而不可遺."
11) 억지로…… 도라고 하니: 『道德經』, 25장, "吾不知其名, 字之曰道, 强爲之名曰大."
12) 체體와…… 묘함(妙): 『易傳』, 「序」, "至微者, 理也, 至著者, 象也. 體用一源, 顯微无間."

13) 문왕文王: 周 武王의 아버지. 성은 熙, 이름은 昌이다. 殷나라 紂王 때 西伯이 되어 仁慈함으로 백성을 다스렸다. 紂王이 暴逆하므로 제후들이 모두 그를 좇아 군주로 받들었다. 뒤에 아들 武王이 殷나라를 멸망시키고 즉위하면서 文王이라고 諡號를 추증하였다.

14) "능하면서도…… 따지지 않는다": 『論語』, 「泰伯」, "曾子曰: '以能問於不能, 以多問於寡. 有若無, 實若虛, 犯而不校. 昔者吾友, 嘗從事於斯矣.'"; 『小學』, 「稽古」, "曾子曰: '以能問於不能, 以多問於寡. 有若無, 實若虛, 犯而不校. 昔者吾友, 嘗從事於斯矣.'"

• 20장 •

무거운 것이 가벼운 것의 뿌리가 되고, 고요한 것이 조급한 것의 왕이 된다. 이 때문에 군자는 종일 길을 갈지라도 짐수레와 함께 간다.

重爲輕根이오 靜爲躁君이라 是以君子ㅣ 終日行호되 不離輜重ᄒᆞᄂᆞ니라

무거운 것은 근본이 되고 가벼운 것은 말엽이 되니, 근본을 버리고 말엽을 따라서는 안 된다. 고요한 것은 왕이고 조급한 것은 졸개이니, 왕을 버리고 졸개를 따라가서는 안 된다. 동씨는 "본문의 '치輜'는 큰 수레를 말한다. 군자의 도는 고요한 것과 무거운 것을 주로 삼아서 잠시라도 떠나서는 안 되니, 짐을 가득 실은 큰 수레가 쉽게 움직일 수 없는 것과 같다"[1]라고 하였다.

重是本, 輕是末, 不可[2]捨本而趨末. 靜是君, 躁是卒徒, 不可捨君而逐卒徒也. 董氏曰: "輜, 大車也. 君子之道, 以靜重爲主, 不可須臾離也, 如輜車之重, 不敢容易其行."

(군자는) 비록 화려한 볼거리가 있더라도 초연하게 편안히 처한다.

雖有榮觀이나 燕處超然ᄒᆞᄂᆞ니라

(군자는) 비록 화려하고 부귀하게 되더라도 그것에 얽매여 연연하는 마음이 없이 항상 초연하게 물욕에서 벗어나 있다. 동씨는 "화려하게 보이는 것은 사물에 달려 있고 편안히 있는 것은 자신에게 달려 있으니, (군자는) 오직 사물 때문에 자신의 마음이 변하지 않도록 한다. 그러므로 돌아다니면서 화려하고 즐거운 것을 보더라도 그것에 얽매이는 일이 없다"[3]고 하였다.

雖在繁華富貴之中, 而無所係戀, 常超然自得於物欲之外也. 董氏曰: "榮觀[4]在物,燕處在己, 惟不以物易己. 故遊觀榮樂, 而無所係著也."

어찌 천자의 신분으로 자기 한 몸 때문에 천하를 가볍게 보겠는가? (임금이) 가볍게 행동하면 신하의 마음을 잃고, 신하가 조급하게 행동하면 임금의 마음을 잃게 된다.

奈[5]何萬乘之主ㅣ 而以身輕天下ㅣ리오 輕則失臣ᄒᆞ고 躁則失君[6]이니라.

동씨는 이렇게 말하였다. "존귀한 천자는 욕심으로 생기는 사사로움을 마음대로 행하여 천하라는 무거운 백성을 돌보지 않으면 안 된다. 임금이 가볍게 행동하면 신하의 마음을 잃고, 신하가 조급하게 행동하면 임금의 마음을 잃게 된다. 가까이 몸에서 취하면 마음으로 임금을 삼고 기氣로 신하를 삼으니, 가볍게 행동하는 것은 마음이 제멋대로 움직여 기를 난폭하게 했기 때문이며, 조급하게 행동하는 것은 기가 소란을 피워 마음을 움직였기 때문이다."[7]

董氏曰: "萬乘之尊, 不可縱所欲之私, 而不顧天下之重也. 君輕則失於臣, 臣躁則失於君矣. 近取諸身, 則以心爲君, 以氣爲臣, 輕則心妄動, 而暴其氣, 躁則氣擾亂, 而動其心."

미친 듯이 사납게 부는 바람은 아침 나절을 넘기지 못하고 멎으며 갑자기 쏟아지는 비는 하루를 넘기지 못하고 그치니, (이처럼) 하늘과 땅이 부리는 조화도 오히려 오래갈 수 없거늘 하물며 사람들이 하는 일에 있어서야!

飄風不終朝ㅣ오 驟雨不終[8]日이니 天地도 尙不能久이어든[9] 而況於人乎ㅣᄯᆞ녀[10]

동씨는 "미친 듯이 사납게 부는 바람과 갑자기 쏟아지는 비는 바로 음과 양이 부딪쳐 갑자기 일어난 변화이기 때문에 오래갈 수 없다. 아침부터 정오까지가 아침 나절이다"[11]라고 하였다. 내가 생각하기에는 (사람에게) 경박하고 조급한 병이 있으면 반드시 급하고 난폭한 행동을 하게 되니, 갑자기 화를 내는 자에게 반드시 후회가 있게 되는 것부터 갑자기 부자가 되거나 귀해진 자에게 반드시 뒤에 화가 있게 되는 것까지 모두가 영원한 도가 아니다.

董氏曰: "狂疾之風, 急暴之雨, 此陰陽擊搏, 忽然之變, 故不能久. 自朝至中, 爲終朝.” 愚按, 有輕躁之病, 則必有急暴之行, 暴怒者, 必有後悔, 以至暴富暴貴者, 必有後禍, 皆非長久之道也.

위의 것이 20장으로, 군자는 고요함과 무거움을 주로 하여 외물 때문에 움직이지 않는다는 것을 말하였으니, (이) 또한 '절제'의 뜻이다.

右第二十章. 言君子主乎靜重, 而不動於外物, 亦嗇之義也.

1) "본문의…… 같다": 『道德眞經集解』, 26장 주, "重, 直用切, 輕, 起政切.……輜, 莊持切, 大車也. 君子之道, 以靜重爲主, 不可須臾離也, 如輜車之重, 不敢容易其行."

2) 不可: 원본에 '可不'로 되어 있으면서 두 글자가 서로 바뀌어야 한다는 정정 표시가 있으므로 이와 같이 수정하였다.

3) "화려하게…… 없다": 『道德眞經集解』, 26장 주, "觀, 古亂切.……夫榮觀在物, 燕處在己, 惟不以物易己. 故遊觀榮樂, 無所係著, 而超然自得於物外也.

4) 榮觀: 원문에 '觀榮'으로 되어 있으면서 두 글자가 서로 바뀌었다는 정정 표시가 있고, 『道德眞經集解』에도 '榮觀'으로 되어 있어 이와 같이 수정하였다.

5) 奈: 『道德眞經集解』에는 '如'로 되어 있다.

6) 重爲輕根……躁則失君: 이 부분은 『道德眞經集解』의 26장이다.

7) "존귀한…… 움직였기 때문이다": 『道德眞經集解』, 6장 주, "乘, 去聲, 身, 輕, 如字. 謂萬乘之尊, 不可縱所欲之私, 而不顧天下之重也. 輕則妄動, 故失助於臣, 躁則擾民, 故失其爲君之道. 或云: '君輕則失助於臣, 臣躁則失任於君矣.'"

8) 終: 원본에는 '從'으로 되어 있다. 『道德眞經集解』에도 '終'으로 되어 있는 것으로 보아 잘못 기록한 것 같다.

9) 天地尙不能久: 『道德眞經集解』에는 이 구절 앞에 "孰爲此者? 天地"가 더 있다.

10) 飄風不終朝……而況於人乎: 이 구절은 『道德眞經集解』의 23장이다.

11) "미친 듯이…… 아침 나절이다": 『道德眞經集解』, 23장 주, "飄風者, 狂疾之風, 驟雨者, 急暴之雨, 此陰陽擊搏, 或然之變也. 然終不能勝淸寧之自然, 故不能久. 自旦至中, 爲終朝. 自旦至暮, 爲終日."

• 21장 •

(겨울엔) 조급하게 움직여야 한기를 이기고 (여름엔) 가만히 있어야 열기를 이겨 내지만, 맑고 고요한 것이 천하의 바름이 된다.

躁勝寒ᄒᆞ고 靜勝熱이어니와 淸靜이 爲天下正[1]이니라

동씨는 "움직임은 양陽이고, 고요함은 음陰이다. 그러므로 (겨울엔) 조급하게 움직여야 한기를 이기고 (여름엔) 가만히 있어야 열기를 이겨 내는 것은 모두 한쪽에 치우침을 면하지 못한다. '맑고 고요한 것'이란 움직임과 고요함이 일치가 된 것이므로 천하의 바름이 된다"[2]라고 하였다. 내가 생각하기에 '맑고 고요한 것'이란 고요히 외부의 유혹으로부터 오는 장애가 없어 움직임과 고요함이 모두 안정된 것이다.

董氏曰: "動屬陽, 靜屬陰. 故躁勝寒, 靜勝熱, 皆未免於一偏也. 淸靜者, 動靜一致, 故爲天下正." 愚按淸靜者, 泊然無外誘之累, 而動靜皆定者也.

위의 것이 21장이다. 20장에 있는 '조급함'과 '고요함'의 의미로 인하여 '맑고 고요한 것'의 바름을 설명했으니, 사람들이 고요함에만 치우칠까 염려했기 때문이다.

右第二十一章. 因上章躁靜之義, 而言淸靜之正, 恐人之偏於靜也.

1) 躁勝寒……爲天下正: 이 구절은 『道德眞經集解』의 45장이다.

2) "움직임은…… 바름이 된다": 『道德眞經集解』, 45장 주, "動屬陽, 靜屬陰. 故躁勝寒, 靜勝熱, 然皆未免於一偏, 而有所對待. 若夫淸靜者, 則御六炁之卞, 乘天地之正, 動未嘗動, 靜未嘗靜, 而動靜一致矣. 故爲天下正."

• 22장 •

아는 자는 말하지 않고 말하는 자는 알지 못하니

知者는 不言ᄒᆞ고 言者는 不知니

도를 아는 자는 묵묵히 받아들이니, 아는 것이 있을 때마다 말하는 자는 도를 아는 사람이 아니다.

知道者, 默而識之, 有知輒言, 非知道者也.

(도를 아는 자는) 즐거움을 내색하지 않고 말을 함부로 하지 않으며

塞其兌ᄒᆞ며 閉其門ᄒᆞ며

본문의 '태兌'는 '기뻐하다'의 뜻이니, "즐거움을 내색하지 않는다"는 것은 '의욕意慾'을 막아 버리는 것이다. '문門' 자는 입을 말하니, "말을 함부로 하지 않는다"는 것은 묵묵히 입다물고 있는 것을 말한다.

兌, 說也. 塞其兌者, 防窒意慾也. 門, 口也. 閉其門者, 淵默自守也.

자신의 날카로운 부분을 꺾고, 모든 이치가 뼈와 살처럼 얽혀 있는 것을 풀어 나가며, 자신의 빛남을 나타내지 않고, 티끌 같은 세속과 함께하는 것이 '현묘하게 함께하는 것'(玄同)이다.

挫其銳ᄒᆞ며 解其紛ᄒᆞ며 和其光ᄒᆞ며 同其塵이 是謂玄同이니라

본문의 '예銳'는 '뛰어난 재주'이니, "자신의 날카로운 부분을 꺾는다"는 것은 자신의 뛰어난 재주를 갈고 닦아 모가 없게 한다는 의미이다. '분紛'은 모든 이치

가 '뼈와 살처럼 얽혀 있는 것'(肯綮)을 말하니, "모든 이치가 뼈와 살처럼 얽혀 있는 것을 풀어 나간다"는 것은 뼈와 살이 얽혀 있는 것을 잘 살펴 칼을 가지고 자른다는 의미이다. "자신의 빛남을 나타내지 않고, 티끌 같은 세속과 함께한다"는 것은 덕과 아름다움을 내부에 깊이 품어 스스로 뭇 사람들에게 특이한 것을 빛나게 내세우지 않는 것이다. '현玄'은 묘함을 말한다. 이미 세속을 따라 잘못된 것을 익히지도 않았고 또 세속을 떠나지도 않기 때문에 본문에서 "현묘하게 함께하는 것"이라고 하였다.

銳, 英氣也. 挫其銳者, 磨礱英氣, 使無圭角也. 紛, 衆理之肯綮也. 解其紛者, 明察肯綮, 迎刃而解也. 和光同塵者, 含蓄德美於中, 而不自耀立異於衆也. 玄, 妙也. 旣不隨俗習非, 而又非離世絶俗, 故曰玄同.

그러므로 (도를 아는 사람은) 사람들이 가까이할 수도 없고 멀리할 수도 없으며, 이롭게 할 수도 없고 해롭게 할 수도 없으며, 귀하게 할 수도 없고 천하게 할 수도 없다. 그러므로 천하에서 귀한 사람이 된다.

故로 不可得而親이며 不可得而踈ㅣ며 不可得而利며 不可得而害며 不可得而貴며 不可得而賤이라 故爲天下貴[1]니라

군자는 두루 사랑하되 편당을 짓지 않으며,[2] 거슬리고 비틀어진 마음이 없으되 아첨하지 않으며,[3] 벼슬자리에 나아가거나 물러나는 것이 의리에 맞으며, 움직이거나 가만히 있는 것이 때에 적절하니, 어찌 일반 사람들이 사사로운 감정으로 가까이하거나 멀리하고 이롭게 하거나 해롭게 하며 귀하게 하거나 천하게 할 수 있는 사람이겠는가? 군자가 그러한 것은 도에 통하고 사욕이 없기 때문이다. "천하에서 귀한 사람이 된다"는 것은 하늘이 준 고귀한 지위를 말한다.

君子周而不比, 和而不同, 出處合義, 動靜隨時, 豈世人之私情, 所能親疎利害貴賤者哉? 其所以然者, 以通乎道, 而無欲故也. 爲天下貴者, 是天爵之良貴也.

위의 것이 22장으로, 앞 장을 이어 '맑고 고요한 것'과 자신을 지키는 공을 설명하고 이어서 그 효과를 말하였으니, 다음의 23장과 24장은 모두 그 효과를 미루어 설명한 것이다.

右第二十二章. 承上章而言淸靜自守之功, 而因言其效, 下二章, 皆推說其效也.

1) 知者不言……故爲天下貴: 이 부분은 『道德眞經集解』의 56장이다.
2) 군자는…… 않으며: 『論語』, 「爲政」, "子曰: '君子周而不比, 小人比而不周.'"
3) 거슬리고…… 않으며: 『論語』, 「子路」, "子曰: '君子和而不同, 小人同而不和.'"

• 23장 •

지극한 덕을 가진 사람은 갓난아기와 같으니

含德之厚는 比於赤子ㅣ니

지극한 덕을 가진 사람은 진실하고 전일하며 인위적인 것이 없으니 갓난아기의 마음과 같다.

含懷至德之人, 誠一無僞, 如赤子之心也.

독충이 쏘지 않고 맹수가 해치지 않으며 사나운 새가 낚아채지 않는다.

毒蟲이 不螫ᄒᆞ며 猛獸ㅣ 不據ᄒᆞ며 攫鳥[1]不搏[2]ᄒᆞᄂᆞ니라

동씨는 "천성을 온전하게 한 사람은 사물이 해칠 일이 없다"[3]고 하였다.

董氏曰: "全天之人, 物無害者."

위의 것이 23장이다.

右第二十三章.

1) 攫鳥: 이 다음에 주격 조사가 있어야 할 듯한데 원문에 빠져 있다.
2) 含德之厚……攫鳥不搏: 이 부분은 『道德眞經集解』의 55장이다.
3) "천성을…… 없다": 『道德眞經集解』, 55장 주, "螫, 音適.……虛船觸舟, 雖惼不怒, 全天之人, 物無害者."

• 24장 •

대개 듣자하니 섭생을 잘 하는 자는 육로로 길을 가더라도 외뿔소나 호랑이를 만나지 않고 전쟁터에 나아가더라도 창상을 입지 않아서 외뿔소가 뿔로 받을 곳이 없고 호랑이가 발톱으로 할퀼 곳이 없으며 무기가 칼날로 벨 곳이 없다고 하니 무슨 까닭인가? 그에게 죽음의 영역이 없기 때문이다.

蓋聞호니 善攝生者는 陸行不遇兕虎ᄒᆞ며 入軍不被甲兵ᄒᆞ야 兕無所投其角ᄒᆞ며 虎無所措其爪ᄒᆞ며 兵無所容其刃이니 夫何故오 以其無死地[1)]니라

섭생을 잘 하는 자는 생명의 이치를 완전하게 다하기 때문에 만나는 것이 모두 올바른 명(正命)이니 하루아침에 생기는 우환이 없다. 혹 성현도 재앙과 우환을 벗어나지 못한 경우가 있었다고 미심쩍어하면, (이에 대해) "본문의 말은 단지 이치를 말한 것일 뿐이니 혹 그런 변고라면 말할 필요가 없다"고 하겠다.

善攝生者, 全盡生理, 故所遇皆正命, 必無一朝之患也. 或疑聖賢亦有未免禍患者, 曰: "此只言其理而已, 若或然之變, 則有未暇論也."

위의 것이 24장으로, 앞 장과 함께 모두 덕을 완전하게 하는 효과를 거듭 설명하였다. 7장에서 말한 절제(嗇)로 하늘을 섬긴다는 것은 그 의미가 여기에 있다.

右第二十四章. 與前章, 皆申言全德之效. 七章所謂嗇以事天者, 其義止此.

1) 蓋聞……以其無死地: 이 구절은 『道德眞經集解』의 50장이다.

• 25장 •

대도가 확 트임이여! 왼쪽으로 갈 수도 있고 오른쪽으로 갈 수도 있으니
大道ㅣ 汎兮여 其可左右ㅣ니

동씨는 이렇게 말하였다. "본문의 '범汎'은 막힘이 없는 모양이다. 오직 하나의 사물에 얽매이지도 않고 있어야 할 곳을 벗어나지 않으면서 어떤 곳에도 있지 않음이 없고 어느 때도 그렇지 않음이 없으니, 이 때문에 왼쪽으로 가나 오른쪽으로 가나 그 근원과 만난다."[1)]

(董)[2)]氏曰: "汎, 無滯貌. 惟不麗於一物, 不離乎當處, 無處不有, 無時不然, 是以左右逢其原也."

만물이 (그것에) 의지해 생겨나지만 사양하지 않으며, 공이 이루어져도 자신의 소유라고 말하지 않으니
萬物이 恃之以生而不辭ᄒᆞ며 功成不名有[3)]ᄒᆞᄂᆞ니

만물의 시작과 생성은 이 도의 유행이 아닌 것이 없으니 사물의 체가 되어 버릴 수 없지만[4)] 그 능력을 자신의 것으로 여기지 않는다.

萬物之資始生成, 莫非此道之流行, 體物不遺, 而不自有其能也.

이 때문에 성인이 끝내 자신을 위대하다고 여기지 않는다. 그러므로 그런 위대한 일을 할 수 있다.
是以聖人이 終不爲大라 故能成其大[5)]니라

성인은 자신에게 집착하는 마음이 없이 도와 합일하기 때문에 비록 하늘이 하는 것과 같은 공을 이루어 놓더라도 끝내 자신을 위대하다고 여기는 마음이 없으니, 이런 점이 성인이 위대한 일을 할 수 있는 까닭이다.

聖人無我, 與道爲一, 故雖成如天之事功, 而終無自大之心, 此聖人之所以爲大也.

위의 것이 25장으로, 성인이 도를 체득한 위대함으로 '수기修己'의 최종 목표를 삼아 다음 장의 '치인治人'의 설을 일으켰다.

右第二十五章. 以聖人體道之大, 爲修己之極, 而起下章治人之說也.

1) "본문의…… 만난다": 『道德眞經集解』, 34장 주, "汎, 通作泛, 無滯貌. 惟不麗於一物, 不離乎當處, 無處不有, 無時不然, 是以左右逢其源也."

2) (董): 원문에는 '董' 자가 없는데, 『道德眞經集解』에 이 구절이 그대로 있으므로 첨가하였다.

3) 大道汎兮……功成不名有: 이 부분은 『道德眞經集解』의 34장이다. 『道德眞經集解』에는 '功成不名有' 구절이 '功成不居'로 되어 있다.

4) 사물의…… 없지만: 『中庸』, 16장, "視之而弗見, 聽之而弗聞, 體物而不可遺."

5) 是以……故能成其大: 이 구절은 『道德眞經集解』의 63장이다.

• 26장 •

잘 세운 것은 뽑히지 않고 잘 안고 있는 것은 품에서 벗어나지 않으니, 자손의 제사가 끊기지 않는다.

善建者는 不拔ᄒᆞ며 善抱者는 不脫이니 子孫祭祀ㅣ 不輟[1]이니라

"중심을 세우고 법도를 세운다"[2]는 것이 바로 잘 세우는 것이다. "갓난아이 보듯이 하라"[3]는 것이 잘 안고 있는 것이다. 온공은 이렇게 말하였다. "'뽑히지 않는다'는 것은 뿌리를 깊게 하고 밑동을 견고하게 하여 동요할 수 없는 것이며, '품에서 벗어나지 않는다'는 것은 백성이 진심으로 복종하여 다투어 빼앗을 수 없다는 것이다. '끊기지 않는다'는 것은 복을 누림이 영원하다는 것이 이것이다."[4]

建中建極, 是謂善建. 如保赤子, 是謂善抱. 溫公曰: "不拔者, 深根固蔕, 不可動搖, 不脫者, 民心懷服, 不可傾奪, 不輟者, 享祚長久, 是也."

자신에게서 닦음에 덕이 진실하면 집안에서 닦음에 덕이 여유 있어지고, 마을에서 닦음에 덕이 장대해지고, 나라에서 닦음에 덕이 풍부해지고, 천하에서 닦음에 덕이 넓어진다.

修之身애 其德乃眞이면 修之家애 其德乃餘ᄒᆞ고 修之鄕애 其德乃長ᄒᆞ고 修之國애 其德乃豊ᄒᆞ고 修之天下애 其德乃普[5]ㅣ니라

'진실하다'는 것은 성실하고 함부로 함이 없다는 말이다. 진실한 이치로 자신을 닦고 여력을 미루어 타인을 다스리니, 집안과 국가와 천하(를 다스리는 것)도 이것을 벗어나지 않는다. 온공은 "모두가 근본을 따라 말단을 다스리고 가까운

것으로 말미암아 먼 것에 미치는 것이다"[6]라고 하였다.

眞者, 誠實無妄之謂也. 以眞實之理, 修身, 推其餘, 以治人, 家國天下, 不外乎是而已. 溫公曰: "皆循夲以治末, 由近以及遠也."

위의 것이 26장으로, 비로소 치인의 도를 설명하면서 수신에서 근본을 추구하였다. 이 아래 여섯 장(32장까지)은 모두 이 장의 뜻을 반복하였다.

右第二十六章. 始言治人之道, 而推夲於修身. 此下六章, 皆申此章之義.

1) 子孫祭祀不輟: 『道德眞經集解』에는 '子孫以祭祀不輟'로 되어 있다.
2) "중심을…… 세운다": 『高麗史』, 118권, 「列傳31・趙浚」, "二帝三王莫不由學, 精一執中, 堯舜之學, 建中建極, 湯武之學也."
3) "갓난아기 보듯이 하라": 『大學』, 「傳之九章」, "康誥曰: '如保赤子.' 心誠求之, 雖不中不遠矣. 未有學養子而后嫁者也."; 『禮記』, 「大學」, "康誥曰: '如保赤子.' 心誠求之, 雖不中不遠矣. 未有學養子而後嫁者也."
4) "'뽑히지…… 이것이다": 『道德眞經集解』, 54장 주, "溫公曰: '不拔者, 深根固蔕, 不可動搖, 不脫者, 民心懷服, 不可傾奪, 不輟者, 享祚長久, 是也.'"
5) 善建者……其德乃普: 이 부분은 『道德眞經集解』의 54장이다.
6) "모두가…… 미치는 것이다": 『道德眞經集解』, 54장 주, "溫公曰: '皆循夲以治末, 由近以及遠也.'"

• 27장 •

위爲 자는 어떤 본에는 여與 자로 되어 있다. 성인은 아무것도 쌓아 놓지 않아서 이미 남들을 위하는 데 사용했기 때문에 자신이 더욱더 소유하게 되며 이미 남들을 돕는 데 사용했기 때문에 자신이 더욱더 많이 갖게 된다.

爲一作與 聖人은 不積ᄒᆞ야 旣以爲人이라 己愈有ᄒᆞ며 旣以與人이라 己愈多ㅣ니라

성인은 자신의 마음을 미루어 남의 마음을 헤아리니, 자신이 똑바로 서고 싶으면 남까지 세워 주고 자신이 통달하고 싶으면 남까지 통달하게 해주어서[1] 베풀기를 널리 하고 많은 사람을 구제한다.[2] 그러나 자신에게 소비되는 것이 없으니, 그 어짊은 더욱더 성대해지고 그 덕은 더욱더 외롭지 않게 된다.

聖人以己及人, 己立而立人, 己達而達人, 博施濟衆, 而於己未嘗有費, 其仁愈盛, 而其德愈不孤[3]矣.

하늘의 도는 (만물을) 이롭게 하고 해치지 않으며, 성인의 도는 (사람들을) 위하고 다투지 않는다.

天之道ᄂᆞᆫ 利而不害ᄒᆞ고 聖人之道ᄂᆞᆫ 爲而不爭[4]이니라

하늘의 도는 오직 사물을 낳는 것(生物)으로 마음을 삼기 때문에 (만물을) 이롭게 하고 해치지 않으며, 성인은 순리대로 하여 사사로움이 없기 때문에 (사람들을) 위하고 다투지 않으니, 이런 점이 성인이 하늘과 짝이 되는 까닭이다.

天道只以生物爲心, 故利而不害, 聖人順理而無私, 故有所爲而不爭, 此聖人所以與天爲徒者也.

위의 것이 27장이다.

右第二十七章.

1) 자신이…… 통달하게 해주어서: 『論語』, 「雍也」, "子曰: '……夫仁者, 己欲立而立人, 己欲達而達人. 能近取譬, 可謂仁之方也已.'"

2) 베풀기를…… 구제한다: 『論語』, 「雍也」, "子貢曰: '如有博施於民而能濟衆, 何如? 可謂仁乎?'"

3) 그 덕은…… 않게 된다: 『論語』, 「里仁」, "子曰: '德不孤, 必有鄰.'"

4) 聖人不積……爲而不爭: 이 부분은 『道德眞經集解』의 81장이다.

• 28장 •

귀신같이 가는 걸음은 지나간 흔적이 없고, 훌륭한 말은 흠 잡을 것이 없으며, 탁월한 계산은 계산 도구를 사용하지 않는다.

善行은 無轍跡[1]ᄒᆞ고 善言은 無瑕謫ᄒᆞ고 善計는 不用籌策ᄒᆞ나니

조용히 도와 일치하여 알아볼 수 있는 흔적이 없고, 말을 하면 법도가 되어 지적할 만한 흠이 없으며, 생각하지 않고도 알아 두루 응하면서도 자세한 부분까지 타당하니, 이것이 성인의 일이다.

從容中道, 而無跡可見, 發言爲法, 而無瑕可指, 不思而得, 泛應曲當, 此聖人之事也.

이 때문에 성인은 늘 사람을 잘 구제하므로 포기할 사람이 없고 늘 사물을 잘 구제하므로 버릴 물건이 없으니, 이것이 밝음을 전하는 것이다.

是以聖人은 常善救人[2]이라 故無棄人ᄒᆞ며 常善救物이라 故無棄物ᄒᆞ니 是謂襲明이니라

가르침이 있으면 부류가 없어[3] 사람들이 용납되지 않음이 없고 교화되지 않음이 없으니, 먼저 안 사람으로 아직 알지 못한 자를 깨우쳐 주고 먼저 깨달은 사람으로 아직 깨닫지 못한 자를 깨우쳐 준다.[4] 그러므로 그 밝음이 끝없이 전해진다.

有教無類, 而人無不容, 物無不化, 以先知覺後知, 以先覺覺後覺. 故其明傳襲無窮也.

그러므로 선한 사람은 선하지 못한 사람의 스승이고, 선하지 못한 사람

은 선한 사람의 바탕이다.

故善人은 不善人之師ㅣ오 不善人은 善人之資[5]ㅣ니라

그가 선하지 못하기 때문에 가르쳐 선하게 한다면 나의 어짊은 더욱더 커지고 베풂은 더욱더 넓어질 것이니, 이것을 '선한 사람의 바탕'이라고 한다. 선한 자는 내가 그것을 인정해 주고 선하지 못한 자는 내가 교화시켜 준다면 천하 사람들이 나의 어짊에 귀의할 것이다. "백성은 나의 동포이고 사물은 나와 함께 있는 것이다"[6]라는 뜻을 여기에서 볼 수 있다.

因其不善, 而敎之使善, 則我之仁愈大, 而施愈博矣, 此之謂善人之資也. 夫善者, 吾與之, 不善者, 吾敎之, 則天下歸吾仁矣. 民吾同胞, 物吾與也之義, 於此可見矣.

위의 것이 28장으로, 성인은 걸음과 말과 계산을 훌륭하게 하기 때문에 그렇지 못한 사람을 교화시킬 수 있다는 말이다. 다음 장도 이와 같다.

右第二十八章. 言聖人有善行善言善計, 故能化不善之人. 下章同此.

1) 跡: 『道德眞經集解』에는 '迹'으로 되어 있다.

2) 常善救人: 『道德眞經集解』에는 이 구절 앞에 "善閉, 無關楗而不可開, 善結, 無繩約而不可解" 구절이 더 있다.

3) 가르침이…… 없어: 『論語』, 「衛靈公」, "子曰: '有敎無類'" 朱子註, "사람의 성은 모두 선한데, 선과 악의 다른 부류가 있는 것은 기질과 습관의 물들임 때문이다. 그러므로 군자가 교화를 베풀면 사람들이 모두 선을 회복할 수 있으니, 다시 그 부류의 악함은 논하지 않아도 된다."(人性皆善, 而其類有善惡之殊者, 氣習之染也. 故君子有敎, 則人皆可以復於善, 而不當復論其類之惡矣.)

4) 먼저 안 사람으로…… 깨우쳐 준다: 『朱子語類』, 권23, 「論語五 · 爲政篇上」, "伊川說: '以先知覺後知, 以先覺覺後覺, 知是知此事, 覺是覺此理.' 亦此意."

5) 善行無轍跡……善人之資: 이 부분은 『道德眞經集解』의 27장이다.

6) "백성은…… 함께 있는 것이다": 『古文眞寶』, 張子厚, 「西銘」, "乾稱父, 坤稱母. 予玆藐焉, 乃混然中處. 故天地之塞, 吾其體, 天地之帥, 吾其性, 民吾同胞, 物吾與也."

• 29장 •

성인은 일정한 마음이 없어 백성의 마음으로 자신의 마음을 삼으니
聖人은 無常心ᄒᆞ야 以百姓心爲心ᄒᆞᄂᆞ니

성인은 천하에 대해 털끝만큼도 사심이 없이 오직 민심으로 말미암을 뿐이다.
聖人於天下, 無一毫私心, 只因民心而已.

선한 사람을 내가 선하게 보고 선하지 못한 사람도 내가 선하게 보면 (나의) 덕이 선해지며, 믿음직스러운 자를 내가 믿어 주고 믿음직스럽지 못한 자도 내가 믿어 주면 (나의) 덕이 믿음직스러워진다.

善者를 吾善之ᄒᆞ며 不善者를 吾亦善之면 德善이오 信者를 吾信之ᄒᆞ며 不信者를 吾亦信之면 德信[1]이니라

사람은 나면서부터 이런 이치를 동일하게 갖추고 있으니, 성인은 백성에 대해 그들이 선하고 믿음직스러워지기를 바라지 않은 적이 없다. 그러므로 선하고 믿음직스러운 자를 내가 인정해 주고, 그렇지 못한 자 또한 반드시 교화시켜 선하고 믿음직스러워지기를 바라니, 만약 포기하고 교화시키지 않는다면 이른바 '(나의) 덕이 선해지고 덕이 믿음직스러워진다'는 것이 아니다. 송대의 휘종은 "순舜[2] 임금이 이복동생 상象에 대해 선하게 보고 믿어 준 것이 지극하다"[3]라고 하였다.

人之有生, 同具此理, 聖人之於民, 莫不欲其善信. 故善信者, 吾旣許之, 不善不信者, 亦必敎之, 以善信爲期. 若棄而不敎, 則非所謂德善德信也. 宋徽宗曰: "舜之於象, 所以善信者至矣."

위의 것이 29장이다.

右第二十九章.

1) 聖人無常心……德信: 이 부분은 『道德眞經集解』의 49장이다.

2) 순舜: 堯 임금의 선양을 받은 고대의 성군.

3) "순舜 임금이…… 지극하다": 『道德眞經集解』, 49장 주, "御註云: '舜之於象, 所以善信者至矣.'"

• 30장 •

천하를 취해 다스리려고 하면 나는 그것이 할 수 없는 것임을 안다. 천하는 신령스러운 물건이기 때문에 다스려서는 안 되니, 천하를 다스리려는 자와 차지하려는 자는 실패하게 된다.

將欲取天下而爲之면 吾見其不得已로다 天下는 神器라 不可爲也ㅣ니 爲者敗之ᄒᆞ며 執者失之니라

천하는 신령스럽고 밝은 물건이다. 제왕이 흥기하는 것은 저절로 그런 운이 있는 것이니, 천하를 취하는 데 마음을 두어서는 안 된다. 천하를 다스리려고 하는 자와 차지하려고 하는 자는 반드시 실패하게 된다. 하·은·주 삼대 이전에 성스러운 제왕이나 명철한 왕은 모두 자신을 닦고 도를 극진하게 하여 천하의 사람들이 그들에게 귀의했으니, 천하에 욕심이 있었던 자들이 아니다. 후대의 제왕에 간혹 천하에 마음을 두어 그것을 얻은 자가 있으니, 이들 역시 천명이 있었기 때문이지 오직 지력만으로 얻은 것은 아니다.

天下, 乃神明之器也. 帝王之興, 自有曆數, 不可有心於取天下也. 欲爲天下者, 必敗, 欲執天下者, 必失矣. 三代以上, 聖帝明王, 皆修身盡道, 而天下歸之, 非有心於天下者也. 後之帝王, 或有心於天下而得之者, 此亦有天命存焉, 非專以智力求也.

그러므로 사물이 앞서 나아가기도 하고 뒤따르기도 하며, 따스하기도 하고 차갑기도 하며, 강성하기도 하고 약하기도 하며, 이루어지기도 하고 무너지기도 하니

故物이 或行或隨ᄒᆞ며 或煦或吹ᄒᆞ며 或强或羸ᄒᆞ며 或載或隳ᄒᆞᄂᆞ니

동씨는 이렇게 말하였다. "본문의 '후煦'는 '따스하다', '취吹'는 '차다', '강强'은 '성대하다', '이羸'는 '약하다', '재載'는 '이루다', '휴隳'는 '무너지다'의 뜻이다. 무엇인가 하고 있는 사물은 반드시 서로 영향을 주고받는 관계에 있으니, 줄어들고 불어나며 차고 비는 것이 서로 끝없이 반복된다."[1]

董氏曰: "煦, 暖也. 吹, 寒也. 强, 盛也. 羸, 弱也. 載, 成也. 隳, 壞也. 有爲之物, 必屬對待, 消息盈虛, 相推不已."

이 때문에 성인은 너무 심한 것과 사치한 것과 지나친 것을 제거한다.
是以聖人은 去甚去奢去泰[2]니라

본문의 '거去'는 '제거하다'의 뜻이다. 성인은 천하를 다스리는데 천하의 흐름을 따라 이롭도록 인도하고 각자의 재주를 따라 독실하게 해주며 오직 너무 심한 것을 제거할 뿐이니, 이른바 "천지의 도를 마름질하여 완성하고 천지의 마땅함을 도와 백성을 돕는다"[3]는 것이다.

去, 除也. 聖人之治天下, 因其勢, 而利導之, 因其材, 而篤焉, 只去其已甚者耳, 所謂裁成天地之道, 輔相天地之宜, 以左右民者也.

위의 것이 30장으로, '아무것도 하지 않음'으로 천하를 다스린다는 말이다.
右第三十章. 言以無事爲天下也.

1) "본문의…… 반복된다": 『道德眞經集解』, 29장 주, "煦, 暖也. 吹, 寒也. 强, 盛也. 羸, 力爲切, 弱也. 載, 成也. 隳, 許規切, 壞也. 有爲之物, 必屬對待, 消息盈虛, 相推不已. 惟抱一者, 不入其機."

2) 將欲取天下而爲之……去甚去奢去泰: 이 부분은 『道德眞經集解』의 29장이다.

3) "천지의…… 돕는다": 『易經』, 「泰卦」, "象曰: '天地交, 泰, 后以財成天地之道, 輔相天地之宜, 以左右民.'"; 『朱子語類』, 권13, "問,……天佑下民, 作之君, 作之師, 只是爲此道理. 所以作箇君師以輔相裁成, 左右民, 使各全其秉彝之良, 而不失其本然之善而已."

• 31장 •

바른 도리로 나라를 다스리고, '때를 만나지 못함'(奇)으로 군대를 움직이고, '아무 일도 하지 않음'으로 천하를 취한다.

以正治國ᄒᆞ고 以奇用兵ᄒᆞ고 以無事取天下ᄒᆞᄂᆞ니라

소씨는 이렇게 말하였다. "옛 성인은 멀리 있는 자는 부드럽게 대하고 가까이 있는 자는 능하게 해주며[1] 전쟁을 하려는 생각이 없었으니, 오직 부득이한 사정이 있은 후에야 정벌하는 일이 있었다. 그러므로 나라를 다스리는 것을 '바른 도리'로 여기고, 군대를 움직이는 것을 '때를 만나지 못함'으로 여긴다. 천하는 신령한 물건이라 다스려서는 안 된다. 이 때문에 도를 체득한 자는 천하를 취하려는 생각이 없는데도 천하의 사람들이 그에게 귀의한다."[2] 내가 생각하기에, 탕湯 임금은 천하의 부를 탐해서가 아니라 일반 백성을 위해 원수를 갚았으니 동쪽으로 정벌을 나가면 서쪽 사람들이 (먼저 자신들을 돌보지 않는다고) 원망했다[3]는 것이 이것이다.

蘇氏曰: "古之聖人, 柔遠能邇, 無意於用兵. 惟不得已, 然後有征伐之事. 故以治國爲正, 以用兵爲奇. 夫天下神器, 不可爲也. 是以體道者, 無心於取天下, 而天下歸之矣." 愚按, 成湯非富天下, 爲匹夫匹婦復讎, 而東征西怨, 是也.

세상에 꺼리고 피하는 것이 많으면 백성은 더욱 가난해지고 사람들이 권모술수가 많아지면 국가는 더욱 혼란해지며, 사람들이 기교와 솜씨가 많아지면 이상한 물건이 더욱 생겨나고 법령을 드러내면 낼수록 도둑이 많아진다.

天下애 多忌諱[4]ᄒᆞ면 而民彌貧ᄒᆞ고 人多利器ᄒᆞ면 國家滋昏ᄒᆞ고 人多伎巧ᄒᆞ면 奇物滋起ᄒᆞ고 法令滋彰ᄒᆞ면 盜賊多有ᄒᆞᄂᆞ니라

소씨는 이렇게 말하였다. "임금이 꺼리고 피하는 것이 많아 아랫사람의 실정이 위로 전달되지 못하면 백성은 빈곤하게 지내면서도 하소연할 곳이 없다. '이기利器'는 권모술수이다. 상하가 서로 지모로 속이면 백성도 권모술수가 많아져 윗사람은 더욱 어두워진다. '이상한 물건'은 기괴하고 특이한 것이다. 사람들이 본업에 충실하지 않고 말단의 재주를 추구하면 일상에 필요 없고 무익한 물건을 만들어 낸다. 사람들이 속임수를 쓰는 것을 근심하여 법령을 많이 내놓음으로써 그들을 억눌러 백성이 손발을 둘 곳이 없어지면 날로 도적의 무리가 된다."[5]

蘇氏曰: "人主多忌諱, 下情不上達, 則民貧困, 而無告矣. 利器, 權謀也. 上下相欺以智, 則民多權謀, 而上益眩而昏矣. 奇物, 奇怪異物也. 人不敦本業, 而趨末伎, 則非常無益之物作矣. 患人之詐僞, 而多出法令以勝之, 民無所措手足, 則日入於盜賊矣."

그러므로 성인은 "내가 아무 일도 하지 않았더니 백성이 저절로 감화되었고, 내가 아무것도 일삼지 않았더니 백성이 저절로 부유해졌으며, 내가 고요함을 좋아했더니 백성이 저절로 바르게 되었고, 내가 아무것도 하고자 하지 않았더니 백성이 저절로 소박해졌다"고 하셨다.

故로 聖人云ᄒᆞ샤ᄃᆡ 我無爲而民自化ᄒᆞ며 我無事而民自富[6]ᄒᆞ며 我好靜而民自正[7]ᄒᆞ며 我無欲而民自樸[8]이라ᄒᆞ시니라

동씨는 "이것이 자연스러운 감응이고, 무위로 공을 이룬 것이다"[9]라고 하였다.

董氏曰: "此自然之應, 而無爲之成功也."

그 정사가 너그럽고 어질어 세세하게 따지지 않으면 백성이 순박해지고

其政悶悶ᄒᆞ면 其民淳淳ᄒᆞ고

'민민悶悶'은 너그럽고 어질어 세세하게 따지지 않는 모양이다. 동씨는 이렇게 말하였다. "덕으로 정사를 하면 백성을 다스리는 데 있어 세세한 것까지 따지지

않으니, 세속적인 시각으로 보면 할 일을 제대로 하지 않는 것 같다. 그러나 백성은 실제로 자연스러운 교화에 감화되니, 바로 (백성이) 순박하고 조화롭게 되는 최고의 정사이다."[10)]

悶悶, 寬仁不察之象也. 董氏曰: "爲政以德, 則不察察於齊民. 以俗觀之, 若不事於事. 然民實感自然之化, 乃所以爲淳和之至治也."

그 정사가 세세한 것까지 따지면 백성이 각박해진다.

其政察察하면 其民缺缺이니라

동씨는 이렇게 말하였다. "덕을 닦는 것이 근본이 됨을 알지 못하고 오로지 재주와 지략을 숭상하며 형벌로 정사를 하여 백성을 다스리려 한다면 (백성이) 반드시 상처받는 일이 생기니 그 때문에 각박해진다."[11)]

董氏曰: "不知修德爲本, 而專尙才智, 欲以刑政齊民, 則必有所傷, 故缺缺也."

화는 복이 기대어 있는 것이고 복은 화가 엎드려 있는 것이니, 누가 그 궁극을 알겠는가?

禍兮福所倚오 福兮禍所伏이니 孰知其極[12)]이리오

한 번은 다스려지고 한 번은 어지러워지는 것, 기의 조화가 성하고 쇠하는 것, 인사가 잘 되고 못 되는 것은 반복되며 서로 이어져 있어 아무도 머물러야 할 궁극을 모르나, 오직 무위하는 자만이 잘 다스릴 수 있다.

一治一亂, 氣化盛衰, 人事得失, 反復相因, 莫知所止極, 而惟無爲者, 能治也.

위의 것이 31장으로, 앞 장을 이어 무위의 교화를 설명하였다.

右第三十一章. 承上章, 而言無爲之化也.

1) 멀리 있는 자는…… 능하게 해주며: 『毛詩』, 「大雅 · 生民之什 · 民勞」, "民亦勞止, 汔可小康. 惠此中國, 以綏四方. 無縱詭隨, 以謹無良. 式遏寇虐, 憯不畏明. 柔遠能邇, 以定我王."; 『尙書』, 「虞書 · 堯典」, "二十有八載, 帝乃殂落, 百姓如喪考妣, 三載, 四海遏密八音. 月正元日, 舜格于文祖, 詢于四岳, 闢四門, 明四目, 達四聰, 咨十有二牧, 曰: '食哉惟時, 柔遠能邇, 惇德允元, 而難任人, 蠻夷率服.'"

2) "옛 성인은…… 귀의한다": 『道德眞經集解』, 57장 주, "文定云: '古之聖人, 柔遠能邇, 無意於用兵, 惟不得已, 然後有征伐之事. 故以治國爲正, 以用兵爲奇. 夫天下神器, 不可爲也. 是以體道者, 惟廓然無事, 雖無心於取天下, 而天下歸之矣.'"

3) 탕湯 임금은…… 원망했다": 『孟子』, 「滕文公章句下」, "孟子曰: '湯居亳,……爲其殺是童子而征之, 四海之內皆曰: 「非富天下也, 爲匹夫匹婦復讎也.」 湯始征, 自葛載, 十一征而無敵於天下. 東面而征, 西夷怨; 南面而征, 北狄怨, 曰: 「奚爲後我?」'"

4) 天下多忌諱: 『道德眞經集解』에는 이 구절 앞에 '吾何以知其然哉' 구절이 더 있으며, 또 '天下' 앞에도 '夫' 자가 더 있다.

5) "임금이…… 된다": 『道德眞經集解』, 57장 주, "文定云: '人主多忌諱, 下情不上達, 則民貧困, 而無告矣. 利器, 權謀也. 在上無爲, 使民無知無欲而已. 惟上下相欺以智, 則民多權謀, 而上益眩而昏矣. 奇物, 奇怪異物也. 人不敦本業, 而趨末伎, 則非常無益之物作矣. 患人之詐僞, 而多出法令以勝之, 民無所措手足, 則日入於盜賊矣.'"

6) 富: 『道德眞經集解』에는 '正'으로 되어 있다.

7) 我好靜而民自正: 『道德眞經集解』에는 이 구절이 '我無事而民自富' 구절 앞에 있다.

8) 以正治國……我無欲而民自樸: 이 부분은 『道德眞經集解』의 57장이다.

9) "이것이…… 이루는 것이다": 『道德眞經集解』, 57장 주, "此自然之應, 而無爲之成功也."

10) "덕으로…… 정사이다": 『道德眞經集解』, 58장 주, "悶, 叶音, 莫奔切, 寬裕無爲之象. 夫有德者,……故爲政以德, 則不察察於齊民, 雖以俗觀之, 若不事於事. 然民實感自然之化, 乃所以爲淳和之至治也."

11) "덕을…… 각박해진다": 『道德眞經集解』, 58장 주, "惟不知修德以爲爲政之本, 而專尙才智, 乃欲以刑政齊民. 然民未可以遽齊, 苟務在於必齊, 則必有所傷, 故缺缺也."

12) 其政悶悶……孰知其極: 이 부분은 『道德眞經集解』의 58장이다.

• 32장 •

말없이 교화시키는 경지와 작위 없이 유익하게 하는 경지는 천하에서 도달하는 자가 거의 없다.

不言之教와 無爲之益은 天下希及之[1]니라

성인은 말은 하지 않지만 체득한 도는 숨김이 없어 하늘의 별과 함께 환하게 항상 사람들에게 보여 주니, 이것이 '말없이 교화시키는 경지'이다. 아무것도 작위하는 것이 없지만 사물이 각기 사물에 의탁해 만물이 제 있을 곳을 얻으니, 이것이 '작위 없이 유익하게 하는 경지'이다.

聖人不言, 而體道無隱, 與天象昭然, 常以示人, 此謂不言之教也. 無所作爲, 物各付物, 而萬物各得其所, 此謂無爲之益也.

위의 것이 32장으로, 앞 장 '무위'의 뜻을 거듭하다가 끝을 맺으니, 무위로 사람을 다스리는 것 또한 절제(嗇)의 의미이다. 26장의 의미를 미루어 설명한 것이 여기에 있다.

右第三十二章, 申上章無爲之義, 而結之, 夫以無爲治人, 亦嗇之義也. 推說二十六章之義者, 止此.

1) 不言之教, 無爲之益, 天下希及之: 이 구절은 『道德眞經集解』의 43장이다.

• 33장 •

도로 임금을 보좌하는 사람은 무력으로 천하에서 강자 노릇을 하지 않으니, 세상일은 행한 그대로 되돌아오기 때문이다. 군사가 거처하던 곳엔 가시나무가 자라며 대군이 지나간 다음에는 반드시 흉년이 든다.

以道佐人主者는 不以兵强[1]天下ᄒᆞᄂᆞ니 其事好還○旋[2]이라 師之所處애 荊棘生焉ᄒᆞ며 大軍之後애 必有凶年이니라

송 휘종은 이렇게 말하였다. "맹자가 말한 '(너에게서 나온 것은) 너에게로 되돌아간다'[3]는 것이니, 아래로 백성의 힘을 소모시켰기 때문에 가시나무가 자라며 위로 조화로운 기운을 침범했기 때문에 흉년이 든다."[4]

宋徽宗曰: "孟子所謂反乎爾者, 下奪民力, 故荊棘生焉, 上干和氣, 故有凶年."

그러므로 선한 자는 과감하게 사용할 뿐 감히 강자가 되려 하지 않는다.

故善者는 果而已오 不敢以取强ᄒᆞᄂᆞ니

동씨는 이렇게 말하였다. "무력은 진실로 도를 아는 사람이 취하지 않는 것이나 하늘이 다섯 가지 재료(五材)[5]를 냄에 또한 버릴 수 없는 것이니, 그것을 물과 불에 비유하면 잘 사용하는 데 달려 있다. 오직 포악함을 멈추게 하고 어려움을 구제하는 데 사용하는 것이라면 이치에 따라 과감하게 결행할 뿐 어찌 천하에서 강자가 되려고 하겠는가?"[6]

董氏曰: "兵固有道者之所不取, 然天生五材, 亦不可去, 譬水火焉, 在乎善用. 惟以止暴濟難, 則果決於理而已, 何敢取强於天下哉?"

과감하게 사용하더라도 자만하지 않고 과감하게 사용하더라도 자랑하지 않으며 과감하게 사용하더라도 교만하지 않고 과감하게 사용하더라도 어쩔 수 없었을 뿐이니, 이것이 과감하게 사용하더라도 강자가 되지 말아야 한다는 것이다.

果而勿矜ᄒᆞ며 果而勿伐ᄒᆞ며 果而勿驕ᄒᆞ며 果而不得已니 是果而勿强이니라

동씨는 이렇게 말하였다. "과감하게 사용하는 것은 이치로 이기는 것이고, 강자가 되는 것은 무력으로 이기는 것이다. 오직 과감하게 사용하는 것이라면 기필코 이기게 되는 형세가 있는 것이지 애당초 무력을 믿고 싸우고 싶었던 것은 아니다. 그러므로 일에 임하여 두려워하고 계획을 잘해 성공하지만 어쩔 수 없게 된 다음에야 대응하니, 강자가 되지 말아야 할 따름이다."[7]

董氏曰: "果以理勝, 强以力勝. 惟果, 則有必克之勢, 初非恃力好戰. 故臨事而懼, 好謀而成, 不得已而後應之, 勿强而已."

사물이 장성하면 노쇠해진다. 이는 도를 어기는 것이니, 도를 어기는 것은 오래동안 유지하지 못한다.

物壯則老ㅣ라 是謂不道ㅣ니 不道ᄂᆞᆫ 早已[8]니라

동씨는 "사물의 장성함이 극에 이르면 노쇠해지는 것과 병력의 강함이 극에 이르면 패망하게 되는 것은 모두 도에 합당한 것이 아니니 일찌감치 멈출 줄 알아야 한다"[9]고 하였다. 이 장은 도로 보좌하고 돕는다면 사람들이 마음으로 사랑하고 받들지만 무력을 사용해 강함을 다투면 사람들을 복종시키기에 부족하다는 설명이다.

董氏曰: "物壯極則老, 兵强極則敗, 皆非合道, 宜早知止." 此章謂輔相以道, 則人心愛戴, 而用兵爭强, 不足服人.

위의 것이 33장이다. 앞 장에서 이미 치인에 관한 설명을 다하였지만 무력도 나라의 형편에 따라 버릴 수 없는 경우가 있으므로, 무력을 사용하는 방법은 과감하게 사용하더라도 강자가 되려고 힘쓰지 말고 또 일찌감치 멈출 줄 알아야 한다고 말하였다. 다음 장도 이와 같다.

右第三十三章. 旣盡治人之說, 而兵亦有國之勢不能去者, 故言用兵之道, 宜果而不務强, 且宜早知止. 下章亦同.

1) 强: 『道德眞經集解』에는 '彊'으로 되어 있다. 이후에 나오는 '强' 자도 마찬가지이다.
2) 旋: 특별히 '還' 자를 '旋' 자로 주석한 것은 '되돌아오다'의 의미로 해석하라는 말이다.
3) '너에게로 되돌아간다': 『孟子』, 「梁惠王章句下」, "孟子對曰: '凶年饑歲, 君之民老弱轉乎溝壑, 壯者散而之四方者, 幾千人矣, 而君之倉廩實, 府庫充, 有司莫以告, 是上慢而殘下也. 曾子曰: 「戒之戒之! 出乎爾者, 反乎爾者也.」 夫民今而後得反之也. 君無尤焉. 君行仁政, 斯民親其上, 死其長矣'"
4) "맹자가…… 흉년이 든다": 『道德眞經集解』, 30장 주, "御註曰: '孟子所謂反乎爾者, 下奪民力, 故荊棘生焉, 上干和氣, 故有凶年.'"
5) 다섯 가지 재료(五材): 金・木・水・火・土. 또는 金・木・皮・玉・土.
6) "무력은…… 되려고 하겠는가": 『道德眞經集解』, 30장 주, "已音以下並同. 兵固有道者之所不取, 然天生五材, 亦不不去, 譬水火焉, 在乎善用. 惟以止暴濟難, 則果決於理而已. 凡義理之在我, 則所守者不屈矣……何敢取强於天下哉?"
7) "과감하게…… 아니다": 『道德眞經集解』, 30장 주, "果以理勝, 彊以力勝. 惟果, 則有隱然必克之勢, 初非恃力好戰. 故臨事而懼, 好謀而成, 不得已而後應之, 勿彊而已."
8) 以道佐人主者……不道早已: 이 부분은 『道德眞經集解』의 30장이다.
9) "사물의…… 알아야 한다": 『道德眞經集解』, 30장 주, "物壯極則老, 兵强極則敗, 故兵之恃彊, 則不可以全其善勝. 物之用壯, 適所以速其衰老, 皆非合道, 宜早知止."

• 34장 •

군대를 잘 부리는 것은 상서롭지 못한 것이다. 사람들이 싫어하는 것이기도 하니 도를 아는 자는 그런 것에 마음을 두지 않는다.

夫佳兵은 不祥之器라 物或惡之ᄒᆞᄂᆞ니 故有道者不處ㅣ니라

동씨는 이렇게 말하였다. "'가병佳兵'이란 군대를 잘 부리는 것이다. 군대는 결국 흉기가 되니, 그것으로는 난을 구제할 뿐 일상적인 것으로 삼지 않는다. 그러므로 이것에 마음을 두지 않는다."[1] 내가 생각하기에는 맹자가 "전쟁을 잘하는 자는 최상의 형벌을 받아야 한다"[2]라고 한 것도 이런 의미이다.

董氏曰: "佳兵者, 用兵之善者也. 兵終爲凶器, 惟以之濟難, 而不以爲常. 故不處心於此也." 愚按, 孟子曰: "善戰者, 服上刑", 亦此意也.

군자가 평소에 왼쪽을 높이고 전시에는 오른쪽을 높이니

君子ㅣ 居則貴左ᄒᆞ고 用兵則貴右ᄒᆞᄂᆞ니

동씨는 "왼쪽은 양陽이 되는데 양은 살리기를 좋아하고, 오른쪽은 음陰이 되는데 음은 죽이기를 주로 한다"[3]고 말하였다.

董氏曰: "左爲陽, 陽好生, 右爲陰, 陰主殺."

군대란 상서롭지 못한 기구이다. 군자의 기구가 아니니 부득이하여 사용할 때는 편안하게 함이 최상이니 승리해도 불미스럽게 여긴다.

兵者ᄂᆞᆫ 不祥之器라 非君子之器니 不得已而用之ᄂᆞᆫ댄 恬[4]惔이 爲上이니 勝

而不美니라

"승리해도 불미스럽게 여긴다"는 것은 비록 전쟁에서 승리했더라도 그것을 아름답게 여기지 않는 것이다. 동씨는 "본문의 '담惔'은 편안하게 한다는 뜻이다. 살려 주기를 좋아하고 죽이기를 싫어하여 승리에는 관심이 없다"[5]고 말하였다.

勝而不美, 雖勝戰, 而不以爲美也. 董氏曰: "惔, 安也. 好生惡殺, 而無心於勝物也."

그런데 그것을 아름답게 여기는 자는 살인을 즐기는 것이니, 살인을 즐기는 자는 하늘 아래에서 자신의 뜻을 이루지 못한다.

而[6]美之者는 是樂殺人[7]이니 夫樂殺人者는 不可得志於天之下[8]ㅣ니라

전쟁에서 승리하고 그것을 아름답게 여기는 자는 죽이기를 즐기는 자이다. 맹자가 "살인을 즐기지 않는 자가 천하를 통일할 수 있다"[9]고 한 것도 이런 의미이다.

勝戰而以爲美者, 是嗜殺者也. 孟子曰: "不嗜殺人者, 能一之", 亦此意也.

위의 것이 34장이다.

右第三十四章.

1) "'가병佳兵'이란…… 두지 않는다": 『道德眞經集解』, 31장 주, "惡, 去聲. 處, 上聲, 下同. 佳兵者, 用(兵)之善者也. 然兵終爲凶器, 凡知覺之物, 猶且惡而避之, 況有道者乎! 惟以之濟難, 而不以爲常, 故不處心於此也."

2) "전쟁을…… 받아야 한다": 『孟子』, 「離婁章句上」, "故善戰者, 服上刑, 連諸侯者, 次之, 辟草萊任土地者, 次之."

3) "왼쪽은…… 주로 한다": 『道德眞經集解』, 31장 주, "左爲陽, 陽好生. 右爲陰, 陰主殺."

4) 恬: 원본에는 '活'로 되어 있는데, 『道德眞經集解』에 '恬'으로 되어 있는 것으로 보아 잘못 기록한 것 같다.

5) "본문의…… 관심이 없다": 『道德眞經集解』, 31장 주, "惔, 杜覽切, 安也. 好生惡殺, 而無心於勝物故也."

6) 而: 『道德眞經集解』에는 '若'으로 되어 있다.

7) 人: 『道德眞經集解』에는 '人' 자 다음에 '也' 자가 더 있다.

8) 夫佳兵……不可得志於天之下: 이 부분은 『道德眞經集解』의 31장이다. 『道德眞經集解』에는 '天之下'가 '天下矣'로 되어 있다.

9) "살인을…… 통일할 수 있다": 『孟子』, 「梁惠王章句上」, "不嗜殺人者, 能一之."

• 35장 •

도로 천하를 다스리면 귀신이 신령스럽지 않으니 귀신이 신령스럽지 않기 때문이 아니다. (도로 천하를 다스리면) 신령이 백성을 해치지 않는 것이지 신령이 백성을 해치지 않기 때문이 아니다. 성인 또한 백성을 해치지 않으니, 저 양자가 서로 해치지 않으므로 덕이 서로 귀의한다.

以道莅天下[1] ㅣ면 其鬼不神ᄒᆞᄂᆞ니 非其鬼不神이라 其神이 不傷民[2]이오 非其神不傷民이라 聖人이 亦不傷民이니 夫兩不相傷이라 故로 德交歸焉[3]이니라

성인이 천하를 다스리면 사람과 귀신이 제각기 도를 얻어 음양이 조화를 이루고 만물이 다스려지니 못된 기운이 그 사이에 침범하는 일이 없다. 그러므로 귀신이 사람을 현혹하거나 기괴한 일을 일으키는 변란이 없으니, 이것이 "귀신이 신령스럽지 않다"는 것이다. 어찌 도깨비가 백성을 해치는 일이 있겠는가? 성인의 다스림은 백성을 해치지 않기 때문에 사람과 귀신이 서로 기뻐하고 모든 덕이 서로 귀의함이 이와 같다. 『열자』에서 "사물은 탈이 없고 귀신은 신령한 반응이 없다"[4]고 한 것이 이것이다. 주자는 "이처럼 왕도가 닦여 밝혀지면 부정한 기운이 모두 사라진다"[5]고 하였다. 내가 생각하기에 후세에 석가와 노자를 숭상하여 부정한 제사를 널리 지내고 사원과 도관이 즐비하게 한 것은 반드시 귀신에게 신령함이 있도록 하려 한 것이니 진실로 이 책의 죄인이다. 세상을 다스리는 자가 이미 금하지도 못하고 또 그것을 따라 사람들을 미혹시키니 어찌 도리에 어그러지지 않겠는가?

聖人之治天下, 人神各得其道, 陰陽和, 而萬物理, 無有邪氣干其間. 故鬼神無眩怪之變, 此謂其鬼不神也. 豈有鬼怪傷民者乎? 聖人之治, 不傷於民. 故人神胥悅, 衆德交歸如此. 列子曰: "物無疵癘, 鬼無靈響", 是也. 朱子曰: "若是王道修明, 則不正之氣, 都消鑠了." 愚按, 後世崇尙佛老, 廣張淫祀, 寺觀相望, 必欲使其鬼有神, 眞此書之罪人也. 治世者, 旣不能禁, 又從而惑之, 豈不悖哉?

위의 것이 35장으로, 왕도의 효과는 사람과 귀신이 각기 제자리를 얻는 데까지 이른다는 말이다. 7장에서 "절제함으로써 사람을 다스린다"고 한 것은 그 뜻이 여기에 있다.

右第三十五章. 言王道之效, 至於人神各得其所. 七章所謂嗇以治人者, 其義止此.

1) 以道莅天下: 『道德眞經集解』에는 뒤에 '者' 자가 더 있다.
2) 民: 『道德眞經集解』에는 '人'으로 되어 있다. 다음의 것도 마찬가지이다.
3) 以道莅天下……德交歸焉: 이 구절은 『道德眞經集解』의 60장이다.
4) "사물은…… 반응이 없다": 『列子』, 「黃帝」, "陰陽常調, 日月常明, 四時常若, 風雨常均, 字育常時, 年穀常豐; 而土無札傷, 人無夭惡, 物無疵癘, 鬼無靈響焉."
5) "이처럼…… 사라진다": 『道德眞經集解』, 60장 주, "文公曰: '若是王道修明, 則此等不正之氣, 都消鑠了.'"; 『朱子語類』, 권3, "問: '道理有正則有邪, 有是則有非, 鬼神之事亦然. 世間有不正之鬼神, 謂其無此理則不可.' 曰: '老子謂, 以道蒞天下者, 其鬼不神. 若是王道修明, 則此等不正之氣, 都消鑠了.'"

• 36장 •

아름드리 나무는 털끝처럼 가는 것에서 생겨나고 9층의 누대는 한 줌 흙을 쌓는 것에서 시작되며 천리 길은 한 걸음부터 시작된다.

合抱之木이 生於毫末ᄒᆞ며 九層之臺ㅣ 起於累土ᄒᆞ며 千里之行이 始於足下[1] ᄒᆞᄂᆞ니

이 구절에서는 비유를 세워 모든 큰 일은 반드시 미세한 것에서 시작한다는 것을 말하였다.

此設喩, 言凡大事必始於微細也.

쉬운 것에서 어려운 것을 도모하며 작은 것에서 큰 일을 하니, 천하의 어려운 일이 반드시 쉬운 것에서 생기며 천하의 큰 일이 반드시 작은 것에서 시작된다.

圖難於其易ᄒᆞ며 爲大於其細니 天下之難事ㅣ 必作於易ᄒᆞ며 天下之大事ㅣ 必作於細니라

선과 악은 모두 조금씩 축적되어 이루어진다. 만약 작은 일을 미미하다고 여겨 소홀히 하고 쉬운 일을 해가 없다고 여겨 삼가지 않는다면 작은 것이 반드시 커지고 쉬운 것이 반드시 어려워지니, 시작부터 조심하여 그것이 어떻게 끝나게 될지 생각해야 한다는 말이다.

善惡, 皆由積漸而成. 若以細事爲微而忽之, 以易事爲無傷而不愼, 則細必成大, 易必成難, 言當愼之於始, 而慮其所終也.

가볍게 허락하면 반드시 믿음이 적고, 쉬운 것이 많으면 반드시 어려움이 많이 생기니

夫輕諾이면 必寡信[2]ᄒᆞ고 多易면 必多難이니

처음부터 조심하지 않으면 뒤에 반드시 후회가 있게 된다.

不愼於始, 則後必有悔.

이 때문에 성인은 무슨 일이든 오히려 어렵게 여기므로 끝내 어려움이 없다.

是以聖人은 猶難之라 故終無難[3]이니라

성인은 쉬운 일에 대해 오히려 어렵게 여기고 조심하므로 끝내 하기 어려운 일이 없다.

聖人於易事, 猶難愼, 故終無難濟之事也.

편안한 것은 지키기 쉽고 아직 조짐도 싹트지 않은 것은 도모하기 쉬우며 무른 것은 깨뜨리기 쉽고 미미한 것은 흩뜨리기 쉬우니, 생기기 전에 대비하며 어려워지기 전에 다스린다.

其安은 易持며 其未兆는 易謀ㅣ며 其脆는 易破[4]ㅣ며 其微는 易散이니 爲之於未有ᄒᆞ며 治之於未難[5]이라

모든 일은 처음부터 조심하면 끝내 반드시 우환이 없으니, 이를 자신을 닦는데 적용하면 "멀리 벗어나지 않아 되돌아온다"[6]는 뜻이 되고 나라를 다스리는데 적용하면 "하늘에서 비가 오기 전에 둥지의 입구를 수리한다"[7]는 뜻이 된다.

凡事愼始, 則終必無患, 在修己, 則爲不遠而復, 在爲國, 則爲迨天未雨, 綢繆牖戶之意.

위의 것이 36장이다. 처음부터 조심하여 끝맺음을 잘하라는 의미를 설명함으로써 수기와 치인의 도를 극진하게 했으니, 대개 아직 부족한 것을 충분하게 하라는 뜻이다.

右第三十六章. 言愼始善終之意, 以盡修己治人之道, 蓋足其未足之義也.

1) 合抱之木……始於足下: 이 구절은『道德眞經集解』의 64장이다.

2) 夫輕諾, 必寡信:『道德眞經集解』에는 이 구절 앞에 "是以聖人終不爲大, 故能成其大" 구절이 더 있다.

3) 圖難於其易……故終無難: 이 부분은『道德眞經集解』의 63장이다.

4) 破:『道德眞經集解』에는 '泮'으로 되어 있다.

5) 其安易持……治之於未難: 이 구절은『道德眞經集解』의 64장이다.『道德眞經集解』에는 '難'이 '亂'으로 되어 있다.

6) "멀리…… 되돌아온다":『易經』,「復卦」, "初九曰: '不遠復, 无祇悔, 元吉.'"「傳」, "復者, 陽反來復也. 陽, 君子之道, 初, 剛陽復來, 處卦之初, 復之最先者也, 是不遠而復也.";『近思錄』, 권5,「克己類」, "復之初九曰: '不遠復, 无祇悔, 元吉.' 傳曰: '陽, 君子之道, 故復爲反善之義. 初復之最先者也, 是不遠而復也.'"

7) "하늘에서…… 수리한다":『詩經』,「豳風·鴟鴞」, "迨天之未陰雨, 徹彼桑土, 綢繆牖戶. 今女下民, 或敢侮予?";『孟子』,「公孫丑章句上」, "詩云: '迨天之未陰雨, 徹彼桑土, 綢繆牖戶. 今此下民, 或敢侮予?' 孔子曰: '爲此詩者, 其知道乎! 能治其國家, 誰敢侮之?'"

• 37장 •

과감한 데 결단성이 있으면 죽고 과감하지 않은 데 결단성이 있으면 살지만, 이 두 가지는 이롭기도 하고 해롭기도 하니 하늘이 미워하는 바를 누가 그 까닭을 알겠는가? 이 때문에 성인이니[1] 오히려 어렵게 여기신다.

勇於敢則殺이오 勇於不敢則活이로되 此兩者ㅣ 或利或害ᄒᆞᄂᆞ니 天之所惡를 孰知其故ㅣ리오 是以聖人이니 猶難之니라

굳세고 강한 것은 죽을 무리이고 부드럽고 약한 것은 살 무리이니, 이는 항상된 이치이다. 그런데 때로는 항상된 이치와 반대로 강한 것이 이롭고 약한 것이 해를 당하는 경우가 있으니, 곧 하늘이 미워하는 바는 그 까닭을 알기 어려운지라 성인도 오히려 무엇이라 설명하기 어려워하신다. 비록 그렇기는 하지만 그 종말을 따져보면 처음부터 조금의 잘못도 없으니, 그러므로 다음 구절에서 차례차례 그것에 대해 진술하였다.

剛强者, 死之徒, 柔弱者, 生之徒, 是常理也. 或有時而反常, 强利弱害, 則天之所惡, 難曉其故, 聖人猶難言也. 雖然要其終, 則未始少失, 故下文歷陳之.

하늘의 도는 다투지 않는데도 잘 이기며

天之道ᄂᆞᆫ 不爭而善勝ᄒᆞ며

온공은 "(하늘의 도는) 사물에 맡겨 저절로 그러하여 어느 사물도 그것을 어길 수 없다"[2]고 하였다.

溫公曰: "任物自然, 而物莫能違."

말하지 않는데도 잘 대응하며

不言而善應ᄒᆞ며

동씨는 이렇게 말하였다. "하늘이 무슨 말을 하겠는가? 사시가 운행되며[3] 선한 것에 복을 주고 지나친 것에 화를 내리는 데는 진실로 어긋남이 없다"[4]

董氏曰: "天何言哉? 四時行焉, 其於福善禍淫之應, 信不差矣."

부르지 않는데도 저절로 오게 하니

不召而自來ᄒᆞᄂᆞ니

동씨는 "신이 이르는 것[5]은 본시 앞뒤가 없어서 여름이 가면 겨울이 오는 것과 같으니, 어찌 부른 이후에 이르는 것이겠는가?"[6]라고 하였다.

董氏曰: "神之格思, 本無向背, 如暑往則寒來, 夫豈召而後至哉?"

하늘의 그물은 넓고 넓어 엉성하지만 아무것도 놓치지 않는다.

天網恢恢[7]ᄒᆞ야 疎而不失[8]ᄒᆞᄂᆞ니라

동씨는 "종말을 헤아려 보고 변화를 다한 후에야 하늘의 그물이 비록 광대하지만 미세한 것도 놓치지 않는다는 것을 안다"[9]고 하였다.

董氏曰: "要終盡變然後, 知其雖廣大, 而微細不遺也."

백성이 (하늘의 도를) 두려워하지 않으면 큰 두려움이 닥친다.

民不畏威면 則大威至[10]ᄒᆞᄂᆞ니라

백성은 질병을 두려워하듯이 (하늘의 도를) 두려워해야 하니, 만약 두려워하지 않는다면 반드시 두려워할 만한 큰 두려움이 닥친다. 하늘의 도를 무지한 것으로 여겨서는 안 된다.

民當畏威如疾, 若不畏威, 則必有可畏之大威至矣, 不可以天道爲無知也.

위의 것이 37장으로, 하늘의 도가 선한 것에 복을 주고 지나친 것에 화를 내리는 이치를 설명하여 경계로 삼았다. 다음 장도 이와 같다.

右第三十七章. 言天道福善禍淫之理, 以爲戒. 下章同此.

1) 성인이니: 원문에 '聖人이니'라고 토가 있어 이를 따랐으나, '성인이'라고 주어로 해석하는 것이 자연스러울 듯하다.

2) "사물에…… 어길 수 없다": 『道德眞經集解』, 73장 주, "溫公曰: '任物自然, 而物莫能違.'"

3) 하늘이…… 운행되며: 『論語』, 「陽貨」, "子曰: '天何言哉? 四時行焉, 百物生焉, 天何言哉?'"

4) "하늘이…… 어긋남이 없다": 『道德眞經集解』, 73장 주, "天何言哉? 四時行焉, 其於福善禍淫之應, 信不差矣."

5) 신이 이르는 것: 『毛詩』, 「大雅 · 蕩之什 · 抑」, "視爾友君子, 輯柔爾顔, 不遐有愆. 相在爾室, 尙不愧于屋漏. 無曰不顯, 莫予云覯. 神之格思, 不可度思, 矧可射思."; 『中庸章句』, 16장, "詩曰: '神之格思, 不可度思, 矧可射思.'"

6) "신이…… 이르겠는가?": 『道德眞經集解』, 73장 주, "神之格思, 本無向背, 如暑往則寒來, 夫豈待召而後至哉?"

7) 天網恢恢: 『道德眞經集解』에는 이 구절 앞에 '坦然而善謀' 구절이 더 있다.

8) 勇於敢則殺……疎而不失: 이 부분은 『道德眞經集解』의 73장이다.

9) "종말을…… 안다": 『道德眞經集解』, 73장 주, "盖要終盡變然後, 知其雖廣大, 而微細不遺也. 失, 或作漏."

10) 民不畏威, 則大威至: 이 구절은 『道德眞經集解』의 72장이다.

• 38장 •

하늘의 도가 활시위를 당기는 것과 같구나! 시위가 높은 것은 낮추고 낮은 것은 올리며 너무 여유 있는 것은 줄이고 부족한 것은 늘여 주니, 하늘의 도는 충분한 것을 덜어내 부족한 것에 더해 준다.

天之道ㅣ 其猶張弓乎ㄴ뎌 高者抑之ᄒᆞ고 下者擧之ᄒᆞ며 有餘者損之ᄒᆞ고 不足者與[1]之ᄒᆞᄂᆞ니 天之道ᄂᆞᆫ 損有餘而補不足[2]이니라

동씨는 이렇게 말하였다. "하늘의 도는 사사로움이 없어 항상 중도中道에 맞으니, 그러므로 가득 찬 것은 덜어지고 겸손한 것은 더해져 때에 알맞은 것이 바로 하늘의 도이다."[3]

董氏曰: "天道無私, 常適乎中. 故滿招損, 謙受益, 時乃天道."

하늘의 도는 가까이하는 것이 없어 항상 선인과 함께한다.

天道無親ᄒᆞ야 常與善人[4]ᄒᆞᄂᆞ니라

『상서』에서 "하늘은 가까이하는 것이 없어 능히 공경하는 자를 가까이할 뿐이다"[5]라고 하였으니, 바로 이러한 뜻이다.

書曰: "皇天無親, 克敬惟親", 卽此意也.

위의 것이 38장이다. 앞 장과 함께 모두 하늘의 도를 설명하였는데, 하늘의 도는 차 있는 것에서 덜어내 겸손한 것에 더해 줄 뿐이니 역시 '절제'(嗇)의 의미를 벗어나지 않는다.

右第三十八章. 與上章, 皆言天道, 而天道虧盈益謙[6]而已, 亦不出嗇之義也.

1) 與: 『道德眞經集解』에는 '補'로 되어 있다.

2) 天之道……損有餘而補不足: 이 구절은 『道德眞經集解』의 77장이다.

3) "하늘의…… 도이다": 『道德眞經集解』, 77장 주, "天道無私, 常適乎中, 故滿招損, 謙受益, 時乃天道."

4) 天道無親, 常與善人: 이 구절은 『道德眞經集解』의 79장이다.

5) "하늘은…… 가까이할 뿐이다": 『尙書』, 「商書 · 太甲下」, "惟天無親, 克敬惟親."; 「周書 · 蔡仲之命」, "皇天無親, 惟德是輔, 民心無常, 惟惠之懷."

6) 謙: 원본에는 '兼'으로 되어 있는데 이는 잘못된 것이다. 40장 이후 『순언』을 전체적으로 설명한 글에서 "三十七章八章言天道福善禍淫虧盈益謙之理"라고 한 구절을 보면 알 수 있다. 글자를 수정하지 않을 경우 "하늘의 도는 덜어내고 채워 주는 것을 더욱더 겸하고 있을 뿐이니"(天道虧盈益兼而已)로 해석해야 한다.

• 39장 •

나의 말이 아주 알기 쉽고 행하기 쉬운데 천하에서 아무도 알지 못하고 행하지 못한다.

吾言이 甚易知며 甚易行이로되 而天下ㅣ 莫能知ᄒᆞ며 莫能行ᄒᆞᄂᆞ니

본성은 본래 고유한 것이고 도는 사람을 멀리하지 않으니[1] (내가) 이것을 가리켜 사람들에게 보여 주면 당연히 쉽게 알고 쉽게 행할 것 같은데 현명하고 지혜로운 사람은 그 이상으로 나아가고 어리석고 못난 사람은 미치지도 못하니, 아무도 알지 못하고 행하지 못하는 까닭이다.

性夲固有, 道不遠人, 指此示人, 宜若易知易行, 而賢智過之, 愚不肖不及, 所以莫能知莫能行也.

말에는 근본 되는 것이 있고 일에는 으뜸 되는 것이 있는데

言有宗이오 事有君이어늘

말을 함으로써 도를 밝히고 일을 함으로써 도를 행하여 말과 일에 따라 각기 천연스럽게 저절로 있는 중도가 있으니, 바로 이른바 (『대학』의) 지극한 선[2]으로 말의 근본이고 일의 으뜸이다.

言以明道, 事以行道, 隨言隨事, 各有天然自有之中, 乃所謂至善而言之宗也, 事之君也.

오직 무지할 뿐이다. 이 때문에 나를 알아보지 못한다.

夫惟無知라 是以不我知니라

일반 사람들은 도에 대한 식견이 없기 때문에 끝내 나를 알아보지 못한다.

衆人於道無識見, 故終莫我知也.

나를 알아보는 자가 별로 없으며 나를 본받는 자가 희귀하니

知我者希하며 則我者貴니

온공은 "도는 위대하기 때문에 아는 자가 드물다"[3]고 하였다.

溫公曰: "道大, 故知者鮮也."

이 때문에 성인은 겉모습이 초라하나 가슴속에는 옥을 품고 있다.

是以聖人은 被褐懷玉[4]이니라

마음속에 지극한 덕을 온축하고 있으면서 남들이 알아주기를 구하지 않으니, 초라한 옷을 입고 있지만 가슴속에 보옥을 품고 있는 것과 같다.

內蘊至德, 而不求人知, 如被褐衣, 而懷寶玉也.

위의 것이 39장이다. 남들이 자신을 알아보지 못함을 탄식하고 사람들이 도를 행하기 어려움을 슬퍼했으니, 바로 마지막 편의 간절히 사람들을 위한다는 의미이다.

右第三十九章. 歎人之莫知, 而悼道之難行, 是終篇惓惓爲人之意也.

1) 도는…… 않으니: 『中庸』, 13장, "子曰: '道不遠人. 人之爲道而遠人, 不可以爲道.'"

2) 지극한 선: 『大學』, "大學之道, 在明明德, 在親民, 在止於至善."

3) "도는…… 드물다": 『道德眞經集解』, 70장 주, "溫公曰: '道大, 故知之者鮮.'"

4) 吾言……被褐懷玉: 이 부분은 『道德眞經集解』의 70장이다.

• 40장 •

큰 길이 아주 평탄한데도 사람들이 지름길을 좋아한다.

大道ㅣ 甚夷어늘 而民이 好徑[1]ᄒᆞᄂᆞ니라

도는 큰길과 같으니 어찌 알기 어렵고 행하기 어렵겠는가? 단지 백성의 정이 사사로운 뜻에 이끌려 지름길을 찾고 큰길을 따라가지 않고 있을 뿐이다.

道若大路, 豈難知而難行哉? 只是民情牽於私意求捷徑, 而不遵大路耳.

위의 것이 40장으로, 앞 장을 이어 사람들이 (도를) 알 수 없고 행할 수 없는 것은 천성을 따르는 길을 알지 못해 제멋대로 지름길을 찾기 때문임을 설명하였다. 굴원屈原[2]이 "오직 지름길로 걸음을 재촉했기 때문이네"[3]라고 한 것도 이런 의미이다.

右第四十章. 承上章, 而言人之不能知不能行者, 由不知率性之道, 而妄求捷徑故也. 屈原曰: "夫惟捷徑而窘步", 亦此意也.

1) 大道甚夷, 而民好徑: 이 구절은 『道德眞經集解』의 53장이다.

2) 굴원屈原: 전국 시대 楚나라의 大夫이자 문학가. 字는 平. 懷王의 신임을 받다가 참소를 당해 소원해지게 되었다. 이에 「離騷」를 지어 충심으로 간하였으나 받아들여지지 않자 汨羅水에 몸을 던져 자살하였다.

3) "오직…… 때문이네": 『古文眞寶』, 屈原, 「離騷經」, "요순의 현명하고 지조 있음이여! 이미 도를 따라 길을 얻었기 때문이네. 어째서 걸주가 그리도 서둘렀는가? 오직 지름길로 걸음을 재촉했기 때문이네."(彼堯舜之耿介兮, 旣遵道而得路. 何桀紂之昌披兮, 夫唯捷徑以窘步.)

여기까지가 『순언』 40장이다. 처음 3장은 도체를 설명했고, 4장은 심체를 설명했으며, 5장은 수기와 치인의 처음과 끝을 총괄적으로 설명하였다. 6장과 7장은 '덜어냄'(損)과 '절제'(嗇)를 수기와 치인의 요지로 삼았으며, 8장부터 12장까지는 모두 그 의미를 미루어 넓혔다. 13장은 '절제'(嗇)라는 글자를 가지고 '삼보三寶'에 대한 설을 부연하여 이끌어냈으며, 14장부터 19장까지는 그 의미를 거듭 설명하였다. 20장은 가벼움과 조급함에서 생기는 실책을 설명했고, 21장은 청정의 바름(淸靜之正)을 설명하였다. 22장은 공부(用功)하는 요점을 미루어 설명하였다. 23장과 24장은 하늘을 온전하게 한 공효를 거듭 설명하였고, 25장은 도를 체득한 공효를 설명했으며, 26장부터 35장까지는 치인의 방법과 그 공효를 설명하였다. 36장은 시작부터 조심하여 끝맺음을 생각해야 함을 설명했으니 미연에 방지하라는 의미이다. 37장과 38장은 하늘의 도가 선한 것에 복을 주고 지나친 것에 화를 내리며 충만한 것은 덜어내고 겸손한 것은 더해 주는 이치를 설명하였다. 39장과 40장은 사람들이 아무도 도를 행하지 못하는 것을 한탄하면서 책을 마쳤다.

대체로 이 책은 무위를 근본으로 하지만 그 효용은 하지 못하는 것이 없으니, 역시 허무에 빠진 것은 아니다. 다만 여기서 하는 말이 대부분 (학자들이) 도달해야 할 것이기는 하지만 걸핏하면 성인을 칭하면서 위로 천리에 달하는 논의가 대부분이고 아래로 인사에 대해 배우는 논의는 적으니,[1] 최상의 자질을 가진 선비가 보기에는 마땅하지만 중간 이하의 자질을 가진 선비라면 손대기조차 곤란하다. 다만 자신의 사욕을 극복하여 인욕을 막고 고요함과 무거움으로 자신을 지키며 겸허로 자신을 기르고 자애와 간략함으로 백성을 다스린다는 뜻에 대한 설명은 모두 친절하고 재미가 있어 배우는 자들에게 유익하니, 성인이 남긴 책이 아니라고 하여 아무도 보지 않아서는 안 된다.

순언을 마치다.

右醇言, 凡四十章. 首三章言道體, 四章言心體, 第五章摠論治己治人之始終. 第六章七章, 以損與嗇爲治己治人之要旨, 自第八章止十二章, 皆推廣其義. 第十三章因嗇字, 而演出三寶之說, 自十四章止十九章, 申言其義. 二十章言輕躁之失, 二十一章言淸靜之正. 二十二章推言用功之要. 二十三章四章申言其全天之效, 二十五章言體道之效, 二十六章止三十五章言治人之道及其功效. 三十六章言愼始慮終, 防於未然之義. 三十七章八章言天道福善禍淫虧盈益謙之理. 三十九章四十章歎人之莫能行道以終之.

大抵此書以無爲爲宗, 而其用無不爲, 則亦非溺於虛無也. 只是言多招詣, 動稱聖人, 論上達處多, 論下學處少, 宜接上根之士, 而中人以下, 則難於下手矣. 但其言克己窒慾, 靜重自守, 謙虛自牧, 慈簡臨民之義, 皆親切有味, 有益於學者, 不可以爲非聖人之書, 而莫之省也.

醇言終.

1) 위로…… 적으니: 『論語』, 「憲問」, "子曰: '不怨天, 不尤人, 下學而上達. 知我者其天乎!'" 구절의 朱子註, "……又曰: '下學上達, 意在言表.' 又曰: '學者須守下學上達之語, 乃學之要, 蓋凡下學人事, 便是上達天理, 然習而不察, 則亦不能以上達矣.'"

발문

율곡 선생께서 일찍이 노자의 글 가운데 유학에 가까운 2098자를 가려내 『순언醇言』이라는 책 한 편을 짓고 이어 그 주해와 구결을 달았다. 옛날에 한유韓愈[1]는 『순자荀子』[2]에 대해 아주 순수하지만 조금 흠이 있다고 여겨 도에 합치하지 않는 부분을 삭제하고 성인의 전적 속에 부가하고자 하면서 "순자의 글도 공자의 뜻이다"[3]라고 하였다. (율곡) 선생께서 책을 엮고 제목을 붙인 뜻도 아마 이런 점을 취한 것이리라.

내[4]가 본문을 살펴보니 (『노자』에서) 상도와 도리에 어긋난 것을 (선생께서) 버린 것이 거의 다섯에 셋이며, 취한 것은 그것을 순수하다고 말하는데 진실로 해가 되지 않는다. 취하고 버림이 마치 저울질하는 것 같고 등불에 비춰보는 것 같았으며, 주해 또한 명백하고 타당하여 반드시 (노자의 말을) 끌어다 유학으로 귀결시켰다. 그러니 식자들은 글을 분명하게 보는 선생의 능력이 아니라면 아무도 할 수 없는 일이라고 생각하였다.

이단이 유학에 어긋나는 것은 그 잘못됨 때문이다. 그러나 잘못되지 않은 것은 진실로 취할 만한 것이 없지 않으니, 잘못된 것을 제거하면 순수해진다. 고명한 선비가 (이단에) 빠져들어 깨닫지 못하는 것은 순수한 것만 보고 순수하지 못한 것을 잊었기 때문이다. 만약 선생 같은 대단한 공평함과 지극한 밝음이 없어서 잘못된 것인데도 아름다운 것인 줄 안다면, 순수한 것과 잘못된 것이 서로 뒤섞여 사용할 수 있는 것을 마침내 사용할 수 없는 것으로 돌려놓고 사용할 수 없는 것을 혹 사용할 수 있는 것으로 생각하니, 그 피해는 무엇으로도 대가를 치를 수 없다. (일반 사람들이) 어떻게 순수한 것과 그렇지 못한 것을 구별하여 사용할 수 없는 것을 제거하고 사용할 수 있는 것을 보존할 수 있겠는가?

선생께서 이 책을 지을 때 구봉 송 선생[5]께서 "노자 본래의 의미가 아니니 구차하게 (유학에) 일치시키려는 혐의가 있습니다"라며 만류하셨으니, 그 말씀 역시 한마디로 잘라서 잘 표현하신 것이다. 그러나 선생 같은 학문적 범위나 세밀한 성취에서는 비록 이단이나 그 밖의 학문이라도 사용할 수 있는 것이 사용할 수 없는 것으로 뒤섞여 귀속됨을 오히려 안타깝게 여기고 반드시 순수하지 못한 것을 제거하여 순수한 것에 귀속되도록 하였다. 오랜 세월이 지난 후에야 진실로 그런 마음을 알 수 있을 것이니, 아! 지극하다 하겠구나.

내가 호서 지방을 둘러보면서 연산連山[6]을 지나다가 우연히 신재 김 선생[7]의 후손에게서 이 책을 보게 되었는데, 김 선생이 손수 필사한 것이었다. 혹 없어질지도 모른다는 염려 때문에 활자로 몇 권 간행해 두면서 이에 지금까지 말한 것처럼 그 전말을 기록하였다.

경오년(1750) 정월 상순에
후학 홍계희가 삼가 쓰다

跋[8]

栗谷先生, 嘗鈔老氏之近於吾道者二千九十有八言, 爲醇言一編, 仍爲之註解口訣. 昔韓愈以荀氏爲大醇而少疵, 欲削其不合者, 附於聖人之籍, 曰: "亦孔子之志歟." 先生編書命名之意, 或取於此耶.

啓禧攷本文, 蓋去其反經悖理者五之三尒, 其取者, 誠不害乎謂之醇也. 去取如衡稱燭照, 註解又明白亭當, 必援而歸之於吾道. 識者以爲非先生知言之明, 莫能爲也.

異端之所以倍於吾道者, 以其駁也. 不駁者, 固不無可取, 去其駁, 則醇矣. 高明之士, 墮落而不悟者, 特見其醇而忘其駁也. 苟無如先生之大公至明, 惡而知其美, 則醇駁相混, 可用者, 卒歸於不可用, 而不可用者, 或以爲可用, 其爲害不貲. 曷若區別醇駁, 去其不可用, 而存其可用哉?

當先生之編此也, 龜峯宋先生止之曰: "非老子之本旨, 有苟同之嫌." 其言亦直截可喜. 而至若先生之範圍曲成, 雖於異端外道, 尙惜其可用者, 混歸於不可用, 必欲去其駁, 而俾歸乎醇. 百世之下, 眞可以見其心矣. 於乎至哉!

啓禧按湖西巡過連山, 偶得此編於愼齋金先生後孫, 乃金先生手筆也. 或恐泯沒, 以活字印若干本, 仍識其顚末如右云

庚午正月上澣

後學洪啓禧謹書

1) 한유韓愈: 唐 중기의 유학자이자 문장가. 唐宋八大家의 한 사람이다. 字는 退之. 鄧州 南陽 사람. 벼슬은 國子監 四門博士, 國子博士 등을 거쳐 吏部侍郎에 이르렀다. 그의 문장은 古文을 모범으로 삼아 웅장하고 아름다우며 광대하고 심원하여 후세의 귀감이 되었다. 『韓昌黎集』 50권이 전한다.

2) 『순자荀子』: 荀況의 저서. 총 20권으로, 周公과 孔子의 가르침을 밝히고 禮學을 권장하였다. 荀況은 전국 시대 趙나라의 유학자로서 특히 예학을 역설하여 孟子의 성선설을 부정하고 성악설을 주창하였다. 당시 사람들은 荀 또는 孫이라 일컬어 존경하는 뜻으로 荀卿 또는 孫卿이라고도 하였다.

3) "순자의…… 뜻이다": 『唐宋八家文』, 권1, 「讀荀子」, "孔子刪詩書, 筆削春秋, 合於道者著之, 離於道者, 黜去之, 故詩書春秋無疵. 余欲削荀氏之不合者, 附於聖人之籍, 亦孔子之志歟! 孟氏醇乎醇者也, 荀與揚大醇而小疵."

4) 내: 洪啓禧. 1703(숙종 29)~1771(영조 47). 조선 영조 때 문신. 자는 純甫, 호는 淡窩이다. 1737년(영조 13) 문과에 장원 급제, 正言·修撰을 거쳐 1743년 北道別遣御史가 되어 北路의 지형을 자세히 살피고 復命하였다. 그 공으로 工曹參議에 특진한 그는 通信使로 일본에 다녀와 1749년 충청도 관찰사가 되었으며, 이듬해 병조판서로서 均役法 실시에 힘썼다. 이후 이조판서와 漢城府判尹을 역임하며, 1757년 編輯堂上으로 『列聖誌』를 증보하고 왕명으로 『海東樂』을 지었다. 1762년(영조 38)에는 경기도 관찰사로 金漢耉·尹汲 등과 공모하여 羅景彦의 上變 사건을 일으킴으로써 영조가 思悼世子를 죽이게 하는

데 박차를 가했다. 그 후 判中樞府事가 되고 奉朝賀에 이르렀다. 글씨를 특히 잘 썼으며, 시호는 文簡公이다. 1777년(정조 1) 아들 述海와 손자 相簡이 大逆의 혐의를 받고 사형되면서 그의 관직도 모두 追奪당했다.

5) 송 선생: 宋翼弼. 1534(중종 29)~1599(선조 32). 조선의 학자. 字는 雲長, 호는 龜峯 또는 玄繩이다. 본관은 礪山이며 祀連의 아들이다. 서출로서 벼슬은 하지 못했으나, 李珥·成渾 등과 교제하며 성리학을 논하여 통달했고 禮學에도 뛰어났다. 문장에도 능하여 李山海·崔慶昌·白光弘·崔岦·李純仁·尹卓然·河應臨 등과 함께 8문장의 한 사람으로 꼽혔으며, 시와 글씨에도 일가를 이루었다. 高陽의 龜峯山 기슭에서 후진을 양성, 문하에서 金長生·金集·鄭曄·徐渻·鄭弘溟·金槃 등 많은 학자가 배출되었다. 특히 金長生은 그의 예학을 이어 대가가 되었다. 사후 持平에 추증되었으며, 시호는 文敬이다.

6) 연산連山: 충청남도 논산군 연산면·부적면·벌곡면·양촌면·두마면 일대에 있던 옛 고을.

7) 김 선생: 金集. 1574(선조 7)~1656(효종 7). 조선 인조 때의 문신·학자. 이이의 수제자 金長生의 아들로, 자는 士剛, 호는 愼獨齋이다. 18세에 進士가 되고 1610년 參奉이 되었다가 광해군의 문란한 정치로 은퇴하였다. 1623년 仁祖反正 이후 工曹參議 등을 지내다가 功西가 집권하자 다시 퇴직했는데, 효종이 즉위하여 功西의 영의정 金自點 등이 파직되자 淸西의 金尙憲 등과 등용, 대사헌을 거쳐 이조판서로서 효종과 함께 북벌을 계획하였다.(인조반정 때 西人 중에서 적극적으로 공을 세운 사람들을 功西, 소극적으로 참여한 사람들을 淸西라고 부른다.) 이 때 실각한 金自點이 청나라에 북벌 계획을 밀고함에 따라 청나라의 문책으로 정국이 어수선해지자 사임했다가 그 후 判中樞府事로 죽었다. 그는 아버지의 학문을 계승, 더욱 깊이 연구하여 禮學의 체계를 세웠다. 시호는 文敬公이다.

8) 跋: 문체의 하나로, 책의 끝에 그 내용과 그에 관계되는 사항을 간단하게 적은 글.

부 록

『순언』에 대한 홍계희의 입장

Ⅰ. 서문

『순언』은 조선의 대표적 성리학자 이이(1536: 중종 31～1584: 선조 17)의 작품이다. 그는 대부분의 성리학자들과 달리 노자의 사상을 비판 일변도로 보지 않고 성리학적 시각에서 적극적으로 수용하고자 하였다. 곧 이전의 학자들이 대부분 노자의 도를 기氣로 간주하거나 인륜과 무관한 자연의 리理로 본 것과 시각을 달리한다. 그는 동사정董思靖이 『도덕진경집해道德眞經集解』에서 인용한 주희의 해석을 빌려[1] 노자의 도를 태극으로 보았는데,[2] 이는 노자의 사상을 유학의 이념인 수기치인으로 해석하기 위한 것이다. 이이의 이런 작업은 이후 조선 유학자들의 『도덕경』 연구에 선구적인 역할을 하였다.

도가 사상이 학문적으로 다루어지기 시작한 것은 조선 초기의 일이라고 할 수 있다. 그러나 당시의 도가 사상은 '벽이단'의 대상으로서 관심이 집중된 것이었기 때문에 학문적 목적보다는 정치적 목적 아래 연구되었다. 순수하게 학문적 관심으로 도가 철학이 비로소 연구되기 시작한 것이 바로 이

1) 『道德眞經集解』, 42장 주, "朱文公曰: '道卽易之太極, 一乃陽之奇, 二乃陰之耦, 三乃奇耦之積. 其曰二生三, 猶所謂二與一爲三也……'"

2) 『醇言』, 1장 주, "朱子曰: '道卽易之太極, 一乃陽之奇, 二乃陰之耦, 三乃奇耦之積. 其曰二生三, 猶所謂二與一爲三也. 其曰三生萬物, 卽奇耦合而萬物生也.'"

이의 『순언』이다. 이후 이런 작업은 박세당朴世堂(1629~1703)의 『신주도덕경新註道德經』을 거쳐 서명응徐命膺(1716~1787)의 『도덕지귀道德指歸』, 이충익李忠翊(1744~1816)의 『담노談老』,[3] 홍석주洪奭周(1774~1842)의 『정노訂老』로 이어졌다.

이이는 『도덕경』 81장 가운데 필요한 구절을 가려내어 자신의 성리학적 체계에 따라 40장으로 재편집하고 이를 『순언』이라고 하였다. 『순언』의 발문跋文을 지은 홍계희洪啓禧(1703: 숙종 29~1771: 영조 47)는 이이가 『도덕경』의 내용 가운데 유학에 어긋나지 않는 순수한 구절을 골라 『순언』으로 이름지었을 것이라고 하였다.[4] 『순언』은 오래 전에 한글로 이미 번역되었으며,[5] 그에 대한 논문도 몇 편 발표되었다.[6] 그 가운데 탁월함을 보이는 김석중의 석사학위 논문은 『순언』이 이이 자신의 성리학적 사유 체계에 따라 편집되었음을 자세하게 밝히고, 또한 『도덕경』에서 유학에 일치하는 순수한 내용만으로 『순언』을 편집했다는 홍계희의 견해가 잘못된 것임을 논증하였다.

김석중은 율곡이 『순언』에 싣지 않은 부분을 ① 유학에 어긋나는 것,[7] ② 유학에 일치될 수 있는 것, ③ 중복되거나 불필요한 것으로 나누었다. 그는 『도덕경』에서 유학의 덕목인 인의나 충효, 성지聖智, 학學 등을 부정하

---

3) 『談老』는 최근까지 「談老後序」만 전해 오다가 얼마 전 책 전체가 발견되었고 한다.

4) 『醇言』, 「跋」, "栗谷先生, 嘗鈔老氏之近於吾道者二千九十有八言, 爲醇言一編, 仍爲之註解口訣. 昔韓愈以荀氏爲大醇而少疵, 欲削其不合者, 附於聖人之籍, 曰: '亦孔子之志歟.' 先生編書命名之意, 或取於此耶."

5) 『醇言』은 이주행에 의해 번역되어 1993년 '인간과 사랑'에서 원제대로 출판되었다.

6) 金吉煥, 「栗谷의 老子觀」, 『한국학보』 5집(1976년 겨울); 宋恒龍, 「栗谷 李珥의 老子研究와 道家哲學」, 『韓國道敎哲學史』(成均館大 大東文化研究院: 1987); 金洛必, 「栗谷 李珥의 『醇言』에 나타난 儒·道 交涉」, 『圓佛敎思想』 제20집; 金碩中, 「『醇言』을 통해 본 栗谷의 老子理解」(延世大學校 敎育大學院 碩士學位論文, 1994).

7) 김석중은 5장의 "天地不仁, 以萬物爲芻狗, 聖人不仁, 以百姓爲芻狗" 구절, 18장의 "大道廢, 有仁義, 慧智出, 有大僞, 六親不和, 有孝慈, 國家昏亂, 有忠臣" 전문, 19장의 "絶聖棄智, 民利百倍, 絶仁棄義, 民復孝慈, 絶巧棄利, 盜賊無有, 此三者以爲文不足" 구절, 20장의 "絶學無憂, 唯之與阿, 相去幾何, 善之與惡, 相去若何" 구절, 38장의 "故失道而後德, 失德而後仁, 失仁而後義, 失義而後禮" 구절이 여기에 속하는 것으로 보았다.

거나 그것과 관련된 구절만이 유학에 어긋나기 때문에 실리지 않았고 그 나머지는 대부분 유사하거나 중복되었기 때문에 실리지 않았다고 추측하고 있다.[8] 김석중의 이런 입장은 이미 송항룡에 의해 어느 정도 언급된 것이다. 송항룡은 이이가 『도덕경』의 내용 중 난해한 요체만을 뽑아 일반인이 이해하기 쉽도록 풀이한 것이 『순언』일 것이라고 말한 바 있다.[9]

필자가 보기에 김석중이 『순언』에 실리지 않은 『도덕경』의 부분을 3가지로 나누어 분석하면서 5장부터 12장까지의 주의 내용이 『성학집요』의 「수기修己」편 13종목의 내용과 거의 일치하거나 유사하다고 밝힌 것은 탁견이다. 그런데 그의 논문에는 홍계희의 말을 미처 살피지 못하고 간과한 부분이 있다. 『순언』 발문에서 "내(홍계희)가 본문을 살펴보니 (『노자』에서) 상도와 도리에 어긋난 것을 (선생께서) 버린 것이 거의 다섯에 셋이었다"[10]라고 하고, 또 "선생께서 이 책을 지을 때 구봉 송 선생께서 '노자 본래의 의미가 아니니 구차하게 (유학에) 일치시키려는 혐의가 있습니다'라고 만류하였으니, 그 말씀 역시 한마디로 잘라서 잘 표현하신 것이다"[11]라고 한 것은, 『도덕경』에서 유학의 덕목을 부정한 구절도 유학의 입장으로 소화되어 『순언』에 실려 있다는 근거가 되기 때문이다. 물론 『순언』에 실린 『도덕경』의 모든 구절이 유학의 입장에서 소화된 것임은 틀림없다. 그러나 홍계희가 생각하기에 『순언』에는 거의 유학과 양립할 수 없는 구절마저도 유학의 시각으로 주석되어 있다는 것인데, 김석중은 이에 대해 미처 주의를 기울이지 못한 것으로 보인다.

필자는 김석중의 견해에 거의 대부분 찬동한다. 따라서 이 글에서는 홍계희가 『순언』의 어느 구절에 대해 유학의 덕목에 어긋나는 것으로 볼 수

---

8) 金碩中, 「『醇言』을 통해 본 栗谷의 老子理解」, 85~100쪽.
9) 宋恒龍, 「栗谷 李珥의 老子硏究와 道家哲學」, 『韓國道敎哲學史』, 122쪽.
10) 『醇言』, 「跋」, "啓禧攷本文, 盖去其反經悖理者五之三尒."
11) 같은 책, 같은 글, "當先生之編此也, 龜峯宋先生止之曰: '非老子之本旨, 有苟同之嫌.' 其言亦直截可喜."

있었는지 주로 살펴보면서 김석중의 논문에서 나타나는 소소한 미비점 몇 가지를 보충하고자 한다. 그런데 필자의 이런 입장에 나타나는 가장 큰 문제점은 홍계희가 『순언』에서 어떤 구절을 유학에 어긋나는 것으로 보았는지 분명히 알 수 없다는 것이다. 필자는 이 때문에 『도덕경』 해석의 고전인 왕필주와 하상공주 그리고 조선 유학자들이 애독한 주석서 몇 권을 기준으로 『순언』에서 특히 유학에 어긋나는 몇 구절을 찾아보았다.

Ⅱ. 『순언』에서 유학의 일반적 시각을 벗어난 구절

1. "爲學日益, 爲道日損" 구절

『도덕경』 48장에 있는 "爲學日益, 爲道日損, 損之又損, 以至於無爲" 구절은 정통 도교나 도가의 입장 곧 하상공의 주[12]나 왕필의 주[13]로 볼 때 학學을 부정한 것이기 때문에 유학자의 입장에서 쉽게 주석할 수 있는 부분이 아니다. 『순언』의 저본이 되는 동사정의 주에서는 "개원開元의 주에서 '더하는 것으로 말미암아 공을 쌓고 공을 잊음으로 도를 체득한다'고 하였다."[14]라고 주석을 끝냄으로써 학에 대해 그다지 긍정적으로 보지 않았고, 조선 유학자들이 즐겨 읽던 소철의 주[15]나 임희일의 주[16] 역시 이와 마찬

12) 『道德經』, 48장, 河上公注, "爲學日益" 구절, "學은 政敎와 禮樂에 관한 學을 말한다. '日益'이란 정욕과 문식을 날마다 더해 많아지게 하는 것이다."(學謂政敎禮樂之學也. 日益者, 情欲文飾日以益多.); "爲道日損" 구절, "道는 自然의 道를 말한다. '日損'이란 정욕과 문식을 날마다 소멸시켜 덜어내는 것이다."(道謂自然之道也. 日損者, 情欲文飾日以消損.); "損之又損" 구절, "정욕을 덜어내고 또 덜어내는 것은 더욱더 제거하려는 까닭이다."(損情欲, 又損之, 所以漸去.); "以至於無爲" 구절, "아이처럼 마음이 담박해 조작하는 것이 없다."(當恬惔如嬰兒, 無所造爲也.)

13) 『道德經』, 48장, 王弼注, "爲學日益" 구절, "힘써 능한 것에 나아가고 익힐 것을 더하고자 한다."(務欲進其所能, 益其所習.); "爲道日損" 구절, "힘써 '비어 있음'으로 돌아가고자 한다."(務欲反虛無也.); "損之又損, 以至於無爲, 無爲而無不爲" 구절, "무엇인가 함이 있으면 잘못됨이 있다. 그러므로 아무것도 함이 없어야 하지 못함이 없다."(有爲則有所失. 故無爲乃無所不爲也.)

14) 『道德眞經集解』, 48장 주, "開元註云: '因益以積功, 忘功而體道.'"

15) 『老子解』, 48장 주, "爲學日益" 구절, "도를 알지 못하고 학에 힘쓰면 견문은 날로 많아지지만 일이관지할 방법이 없어 누추해짐을 면하지 못한다."(不知道而務學, 聞見日多, 而無以一之, 未免爲累也.); "爲道日損" 구절, "진실로 어느 날 도에 대해 알아 만물이 하나도 망령되지 않은 것이 없음

가지였다. 그런데 이이는 『순언』 6장에서 "爲學은 日益ᄒᆞ고 爲道ᄂᆞᆫ 日損이니 損之又損ᄒᆞ야 以至於無爲니라"라고 토를 달면서 학에 대해 다음과 같이 긍정하였다.

> '학문'은 지식(知)을 기준으로 말하고 '도'는 실천(行)을 기준으로 말한 것이다. 지식은 글로 넓히기 때문에 사람들은 날마다 그것이 늘어나기를 바라고, 실천은 예禮로 단속하기 때문에 사람들은 날마다 그것이 줄어들기를 바란다. 사람의 본성에는 모든 선이 저절로 충족되어 있어 선을 더 보탤 도리가 없으니, 그저 기품氣稟과 물욕物欲 때문에 생기는 장애만 제거하면 될 따름이다. 사람들이 그런 장애를 덜어내고 또 덜어내 더 덜어낼 것이 없는 경지에 이르면 '본래부터 있는 성품'(本然之性)을 회복하게 된다.[17]

이이의 이 주석은 매우 특이하고 탁월한 것으로서[18] 유학의 지행관知行觀으로 학學과 도道를 풀이한 것이다. 이이는 수양을 지知와 행行으로 나누

을 반성할 수 있다면 망령된 것을 제거함으로써 본성 회복하기를 구할 것이니, 이를 덜어내는 것이라고 한다."(苟一日知道, 顧視萬物無一非妄, 去妄以求復性, 是謂之損.); "損之又損, 以至於無爲, 無爲而無不爲" 구절, "망령됨을 제거함으로써 본성의 회복을 구하면 덜어냈다고 할 수는 있지만 망령됨을 제거하려는 마음은 여전히 있으니, 이런 마음마저 아울러 잊어버려 본성을 순수하게 하고 그 나머지가 없게 된 후라야 하지 않는 바가 없어도 무위에서 벗어나지 않는다."(去妄以求復性, 可謂損矣, 而去妄之心猶存, 及其兼忘此心, 純性而無餘, 然後無所不爲, 不失于無爲矣.)

16) 『道德眞經口義』, 48장 주, "학을 하면 날마다 자신에게 더하기를 구하고, 도를 행하면 날마다 자신에게 덜어내기를 구한다. 그러므로 앞 장에서 학을 끊으면 근심이 없다고 하였으니, 대개 도는 보고 듣는 데 있지 않다는 말이다. 大慈는 '책을 많이 읽은 사람일수록 無明이 더욱 많아진다'고 하였으니, 역시 이런 의미이다."(爲學則日日求自益, 爲道則日日求自損. 故前言絶學無憂, 蓋言道不在於見聞也. 大慈云: "讀書多者, 無明愈多", 亦此意也.)

17) 『醇言』, 6장 주, "學以知言, 道以行言. 知是博之以文, 故欲其日益, 行是約之以禮, 故欲其日損. 蓋人性之中, 萬善自足, 善無加益之理, 只當損去其氣稟物欲之累耳. 損之又損之, 以至於無可損, 則復其本然之性矣."

18) 『漢文大系』 9권 『老子翼』의 黃茂材 주를 주목할 필요가 있다. 黃茂材는 "알지 못하는 것이 없게 된 다음에 學이라고 말할 수 있으니, 그러므로 학은 날로 더하려 하는 것이다. 더한 것이 이미 體化된 다음에 道라고 말할 수 있으니, 그러므로 도는 날로 덜어내려 하는 것이다. 그러나 더하는 것은 나아가게 할 수 있지만 덜어내는 것은 억지로 덜어낼 수 없으니, 함께 잊을 수 없다면 덜어내는 것이 덜어내는 것이 아니게 된다"(無所不知, 而後可以言學, 故學欲日益. 益者已化, 然後可以言道, 故道欲日損. 然益者可以進, 損者不可彊損, 而未能兼忘, 其損未爲損也)라고 함으로써 앞 구절에서 學과 道의 상보적 관계를 언급하였는데, 이는 이이와 부분적으로 비슷한 점이다. 그러나 黃茂材는 결국 뒤에서 兼忘을 강조함으로써 유학의 관점을 벗어나고 있다.

어서 보았는데,[19] 이러한 관점은 『중용』의 "博學之, 審問之, 愼思之, 明辨之, 篤行之" 구절을 주희가 지와 행으로 분류한 것[20]과 일맥상통하는 유학의 기본 관점이다. 노자가 말한 "爲學日益"의 본의는 학을 부정하기 위한 것이다. 곧 그는 분별지를 강화하고 문식이나 정욕을 보태는 것으로 학을 보았던 것이다. 그런데 이이는 원래의 의미와 상반되게 이 구절에 유학의 지행관을 적용함으로써 긍정적으로 해석하였다. 이러한 해석은 이후의 박세당의 『신주도덕경』과 서명응의 『도덕지귀』에 일정한 영향을 미쳤다.[21]

2. "毒蟲不螫, 猛獸不據" 구절

『도덕경』 55장에 있는 "(含德之厚, 比於赤子) 毒蟲不螫, 猛獸不據, 攫鳥不搏" 구절은 하상공의 주[22]나 왕필의 주[23]로 볼 때, 일반적으로 덕을 깊이 체득한 자는 사물을 해치지 않기 때문에 사물도 그를 해치지 않는다는 의미를 담고 있다. 동사정 역시 그렇게 주석하였고,[24] 이이도 그것을 받아들

---

19) 『栗谷全書』, 권20, 『聖學輯要』, 「摠論修己第一」, "신이 생각해 보니, 수기 공부에는 지와 행이 있습니다. 지는 선을 밝히는 것이고, 행은 자신을 진실하게 하는 것입니다. 이제 지와 행을 취합하여 첫머리에 드러냈습니다."(臣按, 修己工夫, 有知有行. 知以明善, 行以誠信. 今取合知行而言者, 著于首.)

20) 『中庸』, 朱子註, "此誠之之目也. 學問思辨, 所以擇善而爲持, 學而知也. 篤行, 所以固執而爲仁, 利而行也."

21) 金學睦, 「朴世堂의 『新註道德經』 硏究」(건국대학교 박사학위 논문, 1998), 36~42쪽.

22) 『道德經』, 55장, 河上公注, "含德之厚" 구절, "도덕을 품은 것이 두텁다는 말이다."(謂含懷道德之厚也.); "比於赤子" 구절, "신명이 덕을 품고 있는 사람을 돕는 것은 부모가 갓난아기에게 하는 것과 같다."(神明保祐含德之人, 若父母之於赤子也.); "毒蟲不螫" 구절, "벌이나 전갈, 뱀, 살무사가 물거나 쏘지 않는다."(蜂蠆蛇虺不螫.); "猛獸不據, 攫鳥不搏" 구절, "갓난아기는 사물을 해치지 않으니 사물도 그를 해치지 않는다. 그러므로 태평한 세상에서는 사람들에게 귀천의 마음이 없다. 침이 있는 사물은 그 근본을 돌이키고 독이 있는 벌레는 사람을 해치지 않는다."(赤子不害於物, 物亦不害之. 故太平之世, 人無貴賤之心. 有刺之物, 還反其本, 有毒之蟲, 不傷於人.)

23) 『道德經』, 55장, 王弼注, "含德之厚, 比於赤子, 蜂蠆虺蛇不螫, 猛獸不據, 攫鳥不搏" 구절, "갓난아기는 구하는 것이 없고 바라는 것이 없어 모든 것을 범하지 않는다. 그러므로 독충 같은 것들이 범함이 없는 사람이다. 덕을 깊이 터득한 자는 사물을 범하지 않는다. 그러므로 어떤 것도 그 온전함을 훼손하지 않는다."(赤子無求無欲, 不犯衆物. 故毒蟲之物, 無犯之人也. 含德之厚者, 不犯於物, 故無物以損其全也.) 본문이 『순언』과 다소 다르다.

24) 『道德眞經集解』, 55장 주, "含德之厚, 比於赤子" 구절, "지극한 덕을 품고 있으면 아이와 같다."(含懷至德, 如嬰兒然.); "毒蟲不螫, 猛獸不據, 攫鳥不搏" 구절, "빈배가 자신이 타고 있는 배에 부

여 『순언』에 그대로 인용하고 더 이상의 주석을 하지 않았다.[25] 그런데 이런 해석은 유학에서 그대로 받아들이기는 어렵다. 이이도 이런 점을 인정하고 있다. 곧 그는 이어지는 『순언』 24장 "蓋聞善攝生者, 陸行不遇兕虎,……兵無所容其刃, 夫何故, 以其無死地" 구절의 주에서 이런 경우에 대해 언급하고 있다.

> 섭생을 잘 하는 자는 생명의 이치를 완전하게 다하기 때문에 만나는 것이 모두 올바른 명(正命)이니, 하루아침에 생기는 우환이 없다. 혹 성현도 재앙과 우환을 벗어나지 못한 경우가 있었다고 미심쩍어하면 (이에 대해) "본문의 말은 단지 이치를 말한 것일 뿐이니 혹 그런 변고라면 말할 필요가 없다"고 하겠다.[26]

혹 성현도 갑작스런 재앙과 우환을 벗어나지 못하는 경우가 있다고 하면서 이치가 그럴 뿐 사실에서는 그렇지 않다고 말함으로써 이이는 본문 주석의 어려움을 비껴갔다. 그런데 위 인용문은 다른 구절 곧 "爲學日益, 爲道日損……"이나 "受國之垢, 是爲社稷主……" 구절의 해석과 달리 유학의 입장으로 해석하기 어려운 부분을 유학의 관점에서 해석했음을 이이의 말을 통해 직접 확인할 수 있는 부분이다. 아울러 별도로 언급하지 않더라도 위 24장의 구절도 유학의 관점에 어긋나는 구절에 속함을 밝혀 둔다.

3. "受國之垢, 是爲社稷主" 구절

『도덕경』 78장의 "是以聖人言, 受國之垢, 是爲社稷主, 受國不祥, 是爲天下王" 구절에 대해 왕필은 주석을 달지 않았고 하상공은 더러움을 받아들이는 것으로 주석하였다.[27] 그런데 이이는 다소 어색하게 세상을 인仁으로

닺힐 경우 소견이 좁은 사람이라도 화를 내지 않는다. 천성을 온전하게 한 사람은 사물이 해치는 일이 없다."(虛船觸舟, 雖惼不怒. 全天之人, 物無害者.)

25) 『醇言』, 23장 주, "董氏曰: '全天之人, 物無害者.'"

26) 같은 책, 24장 주, "善攝生者, 全盡生理, 故所遇皆正命, 必無一朝之患也. 或疑聖賢亦有未免禍患者, 曰: '此只言其理而已, 若或然之變, 則有未暇論也.'"

모두 감화시키는 것으로 주석하고 있다.

> 온공은 "더러움을 받아들였기에 그처럼 위대한 것을 이루었다"고 하였다. 내가 생각하기에 어짊의 감화가 세상을 덮음은 하늘과 같아서 어떤 사물도 받아들이지 못하는 것이 없으니, 이것이 더러운 것과 상서롭지 못한 것을 계승하는 것이다.[28]

인용문에 나타나듯이 이이는 하상공의 그것과 비슷한 사마광의 입장을 동사정의 주에서 재인용하면서도 다시 유학의 관점을 적용해 해석하였다. 소철의 주[29]나 임희일의 주[30]에도 이러한 입장은 보이지 않는데, 이것은 이이가 일반적인 입장과 달리 유학의 입장으로 재해석한 구절에 속한다.

Ⅲ. 『순언』 발문에 나타난 홍계희의 입장

이상에서 살펴보았듯이 『순언』에는 홍계희의 말처럼 유학에서 수용하기 어려운 구절이 다소 있다. 물론 명확한 근거가 없다는 점에서 필자의 논의

---

27) 『道德經』, 78장, 河上公注, "受國之垢, 是謂社稷主" 구절, "강과 바다가 지류에 역행하지 않듯이 임금이 국가의 더럽고 혼탁한 것을 받아들일 수 있다면, 사직을 길이 보전하여 한 나라의 군주가 될 수 있다."(君能受國垢濁者, 若江海不逆小流, 則能長保其社稷, 爲一國君主也.); "受國不祥, 是爲天下王" 구절, "임금이 (남의) 잘못을 가져다 스스로 함께하고 백성을 대신해 좋지 못한 재앙을 받아들일 수 있다면, 왕이 되어 천하를 소유할 수 있다."(君能引過自與, 代民受不祥之殃, 則可以王有天下.)

28) 『醇言』, 14장 주, "溫公曰: '含垢納汚, 乃能成其大.' 愚按, 仁覆如天, 無物不容, 是謂受垢與不祥也."

29) 『老子解』, 78장 주, "바른 말은 도에 합치하나 세속과는 상반되니, 세속에서는 더러움을 받아들이는 것을 욕으로 여기고 상서롭지 못함을 받아들이는 것을 재앙으로 여기기 때문이다."(正言合道而反俗, 俗以受垢爲辱, 受不祥爲殃故也.)

30) 『道德眞經口義』, 78장 주, "지극한 도는 유약하게 할 수 있는 것에 있으니, 아무도 행하지 못한다. 그러므로 옛날의 성인께서는 항상 '한 나라의 더러움을 받아들일 수 있으면 사직의 주인이 될 수 있고, 한 나라의 상서롭지 못함을 받아들일 수 있으면 천하의 왕이 될 수 있다'고 하셨으니, 이는 곧 영화로움을 알면서도 욕됨을 지킨다는 뜻이다."(至道在於能柔能弱者, 莫之能行也. 故古之聖人常有言, 曰: "能受一國之垢者, 方可爲社稷主, 能受一國之不祥者, 方可以天下王." 此卽知其榮, 守其辱之意.)

가 문제가 될 수도 있겠지만, 홍계희의 말을 일반적 관점으로 볼 때 크게 문제될 것은 없을 듯하다. 홍계희의 다음 말에서 이 점을 확인할 수 있다.

> 내가 본문을 살펴보니 (『노자』에서) 상도와 도리에 어긋난 것을 (선생께서) 버린 것이 거의 다섯에 셋이며, 취한 것은 그것을 순수하다고 말하는 데 진실로 해가 되지 않는다. 취하고 버림이 마치 저울질하는 것 같고 등불에 비춰보는 것 같았으며, 주해 또한 명백하고 타당하여 반드시 (노자의 말을) 끌어다 유학으로 귀결시켰다. 그러니 식자들은 글을 분명하게 보는 선생의 능력이 아니라면 아무도 할 수 없는 일이라고 생각하였다.31)

"『노자』에서 상도와 도리에 어긋난 것을 버린 것이 다섯에 셋"이라는 말은 『도덕경』 가운데 유학에 어긋나는 부분이 『순언』에 많지는 않지만 어느 정도는 실렸다는 의미로 보아야 한다. 또 "순수한 구절을 취해 자로 재듯이 유학에 귀결시켰다"고 하면서 "선생 같은 능력이 아니면 아무도 할 수 없는 일"이라고 홍계희가 말한 것은, 일반적 시각에서 볼 때 유학에 어긋나는 구절을 이이가 유학의 관점으로 소화하여 주석했다는 의미로 보아야 한다.

이이가 노자 주석서를 내면서 『순언』이라고 제목을 붙인 데 대해 아마도 『도덕경』의 순수한 부분만을 취했기 때문인 것 같다고 한 홍계희의 추측은 그다지 큰 의미는 없는 것 같다.

> 율곡 선생께서 일찍이 노자의 글 가운데 유학에 가까운 2098자를 가려내 『순언』이라는 책 한 편을 짓고 이어 그 주해와 구결을 달았다. 옛날에 한유는 『순자』에 대해 아주 순수하지만 조금 흠이 있다고 여겨 도에 합치하지 않는 부분을 삭제하고 성인의 전적 속에 부가하고자 하면서 "순자의 글도 공자의 뜻이다"라고 하였다. (율곡) 선생께서 책을 엮고 제목을 붙인 뜻도 아마 이런 점을 취한 것이리라.32)

31) 『醇言』, 「跋」, "啓禧攷夲文, 盖去其反經悖理者五之三尒, 其取者, 誠不害乎謂之醇也. 去取如衡稱燭照, 註解又明白亭當, 必援而歸之於吾道, 識者以爲非先生知言之明, 莫能爲也."

이상으로 볼 때 『순언』에 대한 홍계희의 입장은 일반적으로 유학에서 받아들이기 어려운 구절까지 유학의 관점에서 풀이했다고 보는 것인데, 이는 서문에서도 어느 정도 언급한 점으로서 다음 구절에 잘 나타나 있다.

> 선생께서 이 책을 지을 때 구봉 송 선생께서 "노자 본래의 의미가 아니니 구차하게 (유학에) 일치시키려는 혐의가 있습니다"라며 만류하였으니, 그 말씀 역시 한마디로 잘라서 잘 표현하신 것이다. 그러나 선생의 학문적 범위나 세밀한 성취에서는 비록 이단이나 그 밖의 학문이라도 사용해야 할 것이 사용해서는 안 될 것으로 뒤섞여 귀속됨을 오히려 안타깝게 여기고 반드시 순수하지 못한 것을 제거하여 순수한 것에 귀속되도록 했다. 오랜 세월이 지난 후에야 진실로 그런 마음을 알 것이니, 아! 지극하다 하겠구나.[33)]

일단 위 인용문에서 홍계희는 송익필이 이이의 『순언』을 보고 노자의 본지에 어긋난다면서 만류한 것에 대해 적절한 지적이라고 평가하였다. 그리고 이어서 이단의 학에서 사용할 수 있는 것이 사용해서는 안 될 것으로 귀속됨을 이이가 안타깝게 보았기 때문에 순수하지 못한 것을 제거하여 순수한 것에 귀속되도록 했다고 하면서, 이는 오랜 세월이 지난 후에나 사람들이 알게 될 일이라고 평가하였다. 여기서 주목할 부분은 사용할 수 있는 것이 사용해서는 안 될 것으로 귀속됨을 이이가 안타깝게 여겼다는 것과 오랜 세월이 지난 후에나 사람들이 알게 될 일이라고 한 것이다. 일반적으로 유학의 관점에서 쉽게 소화할 수 있는 구절이라면 홍계희가 이런 평가를 하지 않았을 것이기 때문이다. 곧 그가 보기에 『순언』의 일부는 유학의 관점에서 받아들이기 어려운 부분을 유학의 관점으로 소화하고 있는 것이다.

---

32) 같은 책, 같은 글, "栗谷先生, 嘗鈔老氏之近於吾道者二千九十有八言, 爲醇言一編, 仍爲之註解口訣. 昔韓愈以荀氏爲大醇而少疵, 欲削其不合者, 附於聖人之籍, 曰: '亦孔子之志歟.' 先生編書命名之意, 或取於此耶."

33) 같은 책, 같은 글, "當先生之編此也, 龜峯宋先生止之曰: '非老子之本旨, 有苟同之嫌.' 其言亦直截可喜, 而至若先生之範圍曲成, 雖於異端外道, 尙惜其可用者, 混歸於不可用, 必欲去其駁, 而俾歸乎醇. 百世之下, 眞可以見其心矣. 於乎至哉!"

Ⅳ. 결론

필자가 보기에 『순언』은 『도덕경』의 핵심적인 부분으로 구성되어 있다. 물론 여기에 유학과 정면으로 대립하는 핵심부는 빠져 있다. 그러나 간혹 일반적으로 보기에 유학에 어긋나는 부분도 유학의 관점에서 소화되어 있는데, 그 대표적인 것이 48장의 "爲學日益, 爲道日損……" 구절과 50장의 "蓋聞善攝生者, 陸行不遇兕虎,……兵無所容其刃, 夫何故, 以其無死地" 구절, 55장의 "(含德之厚……)毒蟲不螫, 猛獸不據……" 구절, 78장의 "受國之垢, 是爲社稷主……" 구절이다. 이 밖에도 다른 구절이 더 있을 것이지만, 굳이 논증할 필요는 없다고 본다. 사실 위의 구절도 대부분 명확한 근거가 있는 것이 아니기 때문에 홍계희의 발문과 일반적인 『도덕경』 주석을 근거로 그렇게 추리했을 뿐이다.

필자는 이상의 고찰을 바탕으로 김석중의 견해에 부분적으로 수정을 가하고자 한다. 곧 김석중은 이이가 『순언』에 싣지 않은 부분을 ① 유학에 어긋나는 것, ② 유학에 일치될 수 있는 것, ③ 중복되거나 불필요한 것으로 나누었는데, 여기서 ①에 부분적인 수정을 가하고자 한다. 홍계희의 표현과 이상의 고찰로 볼 때, 『순언』에 실린 것 중 일정 부분은 유학의 일반적인 시각에 어긋나는 구절도 있다. 유학의 일반적인 시각으로 볼 때 『도덕경』에서 유학에 어긋나는 구절은 대부분 『순언』에 실리지 않았지만, 일정 부분은 이이의 관점으로 소화되어 실려 있다. 따라서 『순언』을 연구하는 사람들은 이런 점을 간과하지 않았으면 한다.

필자가 『순언』을 간략하게 살펴보면서 특정인의 논문 곧 김석중의 논문을 주로 거론한 것은 그의 견해를 비판하기 위한 것이 아님을 밝혀 두고자 한다. 필자가 보기에 김석중의 논문은 비록 석사학위 논문이지만 『순언』의 모든 내용을 치밀하게 분석한 훌륭한 논문이다. 이상에서 살펴본 것처럼 약간 수정해야 할 부분이 있기는 하지만, 이런 점은 『순언』 연구에서 주된 문제가 아니라 부수적으로 보완할 문제이다. 오해가 없기를 바란다.

참고문헌

1. 원전

董思靖, 『道德眞經集解』

林希逸, 『道德眞經口義』

李珥, 『醇言』

──, 『栗谷全書』

王弼, 『老子注』

蘇轍, 『老子解』

河上公, 『老子道德經』

『中庸』

2. 연구 논문

金吉煥, 「栗谷의 老子觀」, 『한국학보』 5집(1976년 겨울)

金洛必, 「栗谷 李珥의 『醇言』에 나타난 儒·道 交涉」, 『圓佛敎思想』 20집

金碩中, 「『醇言』을 통해 본 栗谷의 老子理解」(延世大學校 敎育大學院 碩士學位論文, 1994)

金學睦, 「朴世堂의 『新註道德經』 硏究」(建國大學校 博士學位論文, 1998)

宋恒龍, 「栗谷 李珥의 老子硏究와 道家哲學」, 『韓國道敎哲學史』(成均館大學校 大東文化硏究院, 1987)

38장

최상의 덕은 (덕과 하나가 되어) 덕을 행하지 않으니, 이 때문에 덕이 있다. 하급의 덕은 (덕과 하나가 되지 못해) 덕을 잃지 않으려 하니, 이 때문에 덕이 없다. 최상의 덕은 덕을 행하지 않는다. 그런데 행하지 않음으로써 덕을 행한다. 하급의 덕은 덕을 행한다. 그런데 행함으로써 덕을 행한다. 최상의 어짊은 어짊을 행한다. 그런데 행하지 않음으로써 어짊을 행한다. 최상의 의는 의를 행한다. 그런데 행함으로써 의를 행한다. 최상의 예는 예를 행한다. 그런데 아무도 응하지 않으면 소매를 걷어올리고 강요한다.

그러므로 도를 잃은 다음에 덕이라 하고 덕을 잃은 다음에 어짊이라 하며, 어짊을 잃은 다음에 의로움이라 하고 의로움을 잃은 다음에 예라고 한다. 예란 충忠과 신信이 얄팍해진 것이고 어지러움의 시작이다. 먼저 아는 것은 도의 화려함이지만 어리석음의 시작이다. 이 때문에 대장부는 두터운 것에 거하고 얄팍한 것에 거하지 않으며, 실속 있는 것에 거하고 화려한 것에 거하지 않는다. 그러므로 저것을 버리고 이것을 취한다.

上德不德, 是以有德. 下德不失德, 是以無德. 上德無爲, 而無以爲. 下德爲之, 而有以爲. 上仁爲之, 而無以爲. 上義爲之, 而有以爲. 上禮爲之, 而莫之應, 則攘臂而仍之.

故失道而後德, 失德而後仁, 失仁而後義, 失義而後禮. 夫禮者, 忠信之薄, 而亂之首也. 前識者, 道之華, 而愚之始也. 是以大丈夫處其厚, 不處其薄, 居其實, 不居其華. 故去彼取此.

본문의 '덕德'이란 '얻다'(得)의 뜻이다. 최상의 덕은 자신에게 (덕을) 얻은 자이다. 덕이 자신과 하나가 되면 다시 덕을 일삼지 않으므로 "덕을 행하지 않는다"고 하였다. 하급의 덕은 자신에게 얻지 못했지만 덕을 사모할 줄 아는 자이다. 세세하게 오직 그 흔적을 좇으면서 그것을 잃을까 염려하므로 "덕을 잃지 않으려 한다"고 하였다. 덕이 자신과 둘이 되므로 "덕이 없다"고 하였다. 어떤 사람은 "'덕을 행하지 않는다'는 것은 '아무것도 행하지 않는 것'(無爲)을 의미하고, '덕을 잃지 않으려 한다'는 것은 '무엇인가 행하는 것'(有爲)을 의미한다"고 하였다. 아무것도 행하지 않는 자는 맑고 고요하여 아무것도 하고자 하지 않지만 백성이 저절로 감화된다. 그러므로 "덕이 있다"고 하였다. 무엇인가 행하면 어짊과 의로움이 바닥이 나서 지혜를 사용하고, 지혜가 나와 더욱더 작위하게 되므로 "덕이 없다"고 하였다.

'무이위無以爲'는 '행하는 것이 없이 행한다'고 말하는 것과 같고, '유이위有以爲'는 '행하는 것을 두어서 행한다'고 말하는 것과 같다. 무위와 유위는 그 외적인 흔적을 기준으로 말하는 것이고, 무이위와 유이위는 그 내적인 마음을 기준으로 말하는 것이다. "부지불식간에 임금(帝)의 법을 따른다"[1]는 것이 "행하지 않는데 행하지 않음으로써 행한다"는 말이다. 따스하게 은혜를 베푸는 것으로 어짊을 삼아 남들이 자신을 가까이 하기를 구하며, 자랑하고 사나운 것으로 의로움을 삼아 남들이 자신에게 복종하게 하려는 것이 바로 "행하는데 행함으로써 덕을 행한다"는 말이다. 그러나 어짊의 최고 경지에 있는 자는 불쌍히 여기고 자애하는 것으로 마음을 삼으니 비록 은혜를 베풂에 작위하는 바가 없을 수 없지만 그 마음은 저절로 그런 천리에서 나왔다. 그러므로 "행하는데 행하지 않음으로써 어짊을 행한다"고 하였다. 의로움을 행하는 자라면 오로지 분별하고 나누는 것으로 일을 삼으니, 그들 중 별것 아닌 자는 그다지 말할 것도 못 되고, 그들 중 비록 뛰어난 자라도 역시 의도적으로 하는 것을 면하지 못한다. '예'란 천리가 저절로 그렇게 되는 법칙이다. 그런데 노자는 단지 문식하는 것과 겉모습을 꾸미는 것으로만 예를 말했으므로 그 비천하고 각박함이 매우 심하다. "행하는

데 아무도 응하지 않는다"는 구절은 인정에 어긋나서 사람들이 따르지 않는다는 말이다. "소매를 걷어올리고 강요한다"는 구절은 사람들에게 강요하면서 그칠 줄 모른다는 말이다. '양攘'은 '걷어올린다'는 뜻이니, '양비攘臂'는 팔에서 소매를 걷어올린다는 말이다. '잉지仍之'는 '복종시킨다'고 말하는 것과 같다.

오유청은 "전식前識은 먼저 안다는 것과 같다"[2]고 하였으니, 이 말은 어짊과 의로움과 예를 이어서 지智를 말한 것이다. 내가 생각하기에 최상의 앎은 아무것도 아는 게 없으면서도 알지 못하는 것이 없어 아는 바가 없는 것과 같으니, 이것이 대지大知가 되는 까닭이다. 만약 경망스럽게 자신이 아는 바를 드러냄으로써 세상을 놀라게 하고 사람들에게 환히 드러나게 하면 그의 앎은 또한 별것 아닌 것이다. 비유하자면 초목에 꽃이 피면 찬란하게 아름답지 않은 것은 아니지만 이는 단지 일시적으로 볼 만한 것일 뿐이니, 실용적인 것을 찾아보면 아무것도 없다. 그러니 또 이미 자신이 아는 바를 드러냈다면 모르는 것에 대해서는 궁해져 처음에는 아는 듯이 보이지만 나중에는 또한 어리석음으로 귀결될 뿐이다. 그러므로 "도의 화려함이지만 어리석음의 시작이다"라고 하였다. 도는 오직 하나일 뿐이다. 사람에게 있어 (도를) 얻은 것이라면 '덕德'이라고 한다. 그런데 인자함이 내면에 차 있어 겉으로 드러나는 그것을 기준으로 말하면 '어짊'이라 하고, 반듯하게 사물로 말미암아 마땅함을 제재하는 그것을 기준으로 말하면 '의로움'이라 하며, 질서 정연하게 품절과 문리가 있는 그것을 기준으로 말하면 '예'라고 한다. 그러니 도를 버리고도 덕을 행하며 덕을 도외시하고도 어짊과 의로움과 예를 행할 수 있는 자가 있겠는가? 노자는 당시 세상 사람들이 어짊과 의로움과 예를 말하면서 말단만 좇고 참됨을 망각하는 데에 염증이 나서 마침내 어짊과 의로움과 예까지 아울러 비판했으니, 또한 그 근본을 드러내지 못한 것이라고 말할 수 있다.

노자가 가장 얄팍한 것으로 여긴 것은 예禮이니, 이는 문채를 꾸밈으로 삼고 사양을 근본으로 삼고 있음을 간파했기 때문이다. 진실함으로 서로 함께하면 (그것으로) 충분한데 '귀한 물건'(玉帛)으로 폐백을 삼고, 인정으로 서로 즐거워하면 (그것으로) 좋은데 여러 악기(管籥)로 연주를 한다. 음식은 배부르게 먹으려는 것인데 여러 가지 제기에 과일과 음식을 담고 술을 올림으로써 의례를 다양하게 하며, 옷은 몸을 따스하게 하려는 것인데 갈포로 무늬를 놓고 웃옷을 껴입음으로써 문식을 더한다. 상喪은 오직 애도를 주로 하는데 상복을 입고 곡을 하며 펄쩍펄쩍 뜀으로써 법도를 번잡하게 한다. 제사는 오직 공경을 주로 하는데 강신제를 드리고 술을 올림으로써 절차를 세세하게 한다. 진실로 나아가려고 하면서도 세 번이나 사양한 다음에 나아가고, 진실로 허락하고자 하면서도 재차 사양한 다음에 승낙한다. 발로 걸어갈 수 없는 것도 아닌데 말과 위의威儀로 고하기를 기다리고, 입으로 말할 수 없는 것도 아닌데 주선하는 사람을 기다리니, 이는 모두 밖에서 문식으로 꾸민 것이다. 꾸밈은 진실로 가식에 가깝고 가식은 얄팍함으로 치닫게 되리니, 이런 것으로 서로 대함은 크게 어지러워지는 지름길이다.

비록 그렇기는 하지만 사람이 살면서 욕심이 없을 수 없다. 욕심이 있는데 절도를 모르면 하지 못하는 일이 없게 된다. 저 오랑캐의 성품이 일반인과 다르지 않고, 금수라는 것들도 가식이 없다고 말할 수 있다. 그러나 간혹 상하가 서로 죽이고 강자와 약자가 서로 살육하며 암수의 구별이 없고 부자간에 서로 알아보지 못하니, 중국이라 하더라도 예가 없을 경우 틀림없이 오랑캐나 금수보다 더 못하게 될 것임을 나는 안다. 그러니 노씨가 과연 조용히 말없는 교화로 세상에서 인륜을 없애고 상도를 어지럽히는 화를 모두 막을 수 있다고 생각했겠는가? 노장의 설을 외치는 자들은 걸핏하면 "무엇 때문에 태고의 아무것도 일삼지 않음을 행하지 않는가?"라고 한다. 그런데 저런 무리는 단지 태고 시대에 그 백성이 조심스러웠고 그 풍속이 소박해 기교와 허위가 스며드는 일이 없었다는 것만 들었을 뿐, 살육이 이어지고 윤리가 서지 않아 그 화의 참혹함과 위태로움을 차마 입에 담을 수 없었다는 사실을 전혀 모른다. 그렇지 않았다면 상고 성왕의 밝음으로 이미 일삼음이 없는 즐거움을 친히 드러냈을 것이니, 무엇 때문에 괴롭게 서로 얽어매고 두려워하는 것을 행함으로써 백성이 하기 어려운 것을 억지로 시키려 했겠는가? 노씨의 책에 대해 세상에서 모두 이단이라고 하지만 천천히 해석해 보면 도에 합치하지 않는 것은 별로 없으니, 이 장의 내용도 구별하지 않아서는 안 되겠다.

德者, 得也. 上德, 得於己者也. 德與己爲一, 則不復以德爲事, 故曰不德. 下德, 不得於己, 而知慕之者. 規規焉, 唯跡之循, 而或恐失之, 故曰不失德. 德與己爲二,故曰無德. 或曰: "不德無爲也, 不失德有爲也." 無爲者, 淸靜無欲而民自化, 故曰有德. 有爲, 則仁義窮而用知慧, 知慧出而滋太僞, 故曰無德.

無以爲, 有以爲, 猶言無所爲而爲, 有所爲而爲. 盖無爲有爲, 言其跡也, 無以爲有以爲, 言其意也. 不識不知, 順帝之則者, 無爲而無以爲也. 煦煦爲仁, 而求人之親己, 矜㦗爲義, 而欲人之服於我, 是有爲而有以爲也. 然仁之上者, 以惻怛慈愛爲心, 雖其施恩布惠, 不能無所作爲, 而其心則猶出乎自然之天, 故曰: "爲之而無以爲." 義則專以分別裁斷爲事, 其下者, 固不足言, 雖其上者, 亦未免於有意矣. 禮者, 天理自然之儀則也. 老子專以文飾容觀言禮, 故其卑薄之㝡甚. 爲之而莫之應, 謂咈人情而人不從也. 攘臂而仍之, 謂强人而不知止也. 攘, 却[3]也, 攘臂, 却[4]袂於臂也. 仍之, 猶言從之也. 吳幼淸曰: "前識猶先知." 此承仁義禮, 而言智也.

愚謂, 上知不知, 無不知, 而若無所知, 此所以爲大知也. 若沾沾然露其所知, 以驚世以耀人, 則其爲知亦小矣. 譬猶草木之有華, 非不燁然美也, 是特一時之觀爾, 求其爲實用也, 則亡矣. 且旣露其所知, 及其所不知, 則將窮矣, 其始也, 雖知, 其終則亦歸乎愚而已. 故曰: "道之華, 而愚之始也." 夫道一而已矣. 得於人則曰德. 以其薰然發生者, 而謂之仁, 以其井井然因物制宜者, 而謂之義, 以其秩秩然有品節文理者, 而謂之禮. 夫豈有舍道而可以爲德, 外德而可以爲仁義禮者哉? 老子嫉夫當世之言仁義禮者之逐其末而忘其眞也, 遂幷與仁義禮而詆之, 亦可謂不循其本矣.

老子之所㝡薄者, 禮也, 盖見其以文釆爲飾, 而以辭讓爲體也. 以誠相與而足矣, 而玉帛以爲之贄, 以情相驩而可矣, 而管籥以爲之聲. 食欲飽而已, 籩豆獻酬之多儀也. 衣欲煖而已, 而絺繢襲裼之彌文也. 喪唯主哀, 而衰麻哭踊之繁其度也. 祭唯主敬, 而肆祼饋酳之枝節也. 固將就之, 而三揖然後進, 固將許之, 而再辭然後諾. 足非不能行也, 而待詔相, 口非不能言也, 而胥擯介, 是固皆文之飾乎外者也. 飾固近乎僞, 僞將趨于薄, 而仍之以相蒙, 固大亂之道也.

雖然人之生也, 未嘗不有欲, 欲而不知節, 則無所不至矣. 彼獠獞之性, 非異於人也, 禽獸之爲物, 亦可謂無僞矣. 或上下戕, 强弱相殺, 牝牡無別, 而夫子不相知, 使中國而無禮者, 吾知其必有甚于獠獞禽獸者矣. 老氏果以爲默然不言之敎, 能盡防天下萬世蔑倫悖常之禍哉? 爲老莊之說者, 動必曰: "曷不爲太古之無事?" 彼盖徒聞夫太古之時, 其民穜穜, 其俗渾渾, 無機巧變詐之滋耳, 抑不知其殺戮相尋倫紀不立, 其禍之慘殆有不忍言者也. 不然則以上古聖王之明, 亦旣親見無事之樂矣, 何若爲是拘拘蒠蒠者, 以强民之所難行哉? 老氏之書, 世皆謂之異端, 然徐而繹之, 其不合于道者盖寡, 唯此章不可以無辨.

1) "부지불식간에…… 따른다": 『詩經』, 「大雅 · 文王之什 · 皇矣」, "帝謂文王, 予懷明德, 不大聲以色, 不長夏以革. 不識不知, 順帝之則. 帝謂文王, 詢爾仇方, 同爾兄弟, 以爾鉤援, 與爾臨衝, 以伐崇墉."

2) "전식前識은…… 같다": 『道德眞經註』, 33장 주, "故曰亂首. 前識猶先知智也. 道猶木之實, 未生之初, 生理在中……."

3) 卻: 필사본에는 '郤'으로 되어 있는데, 오기인 듯하다.

4) 卻: 上同.

39장

옛날에 하나를 얻은 것들. 하늘은 하나를 얻어서 맑고, 땅은 하나를 얻어서 평안하고, 신명은 하나를 얻어서 영명하고, 계곡은 하나를 얻어서 채우고, 만물은 하나를 얻어서 나오고, 왕은 하나를 얻어서 천하의 바름이 되니, 그것들을 이루어 준 것은 동일하다. 하늘은 맑아질 방법이 없으면 무너질 것이고, 땅은 평안할 방법이 없으면 진동할 것이고, 신명은 영명할 방법이 없으면 소멸할 것이고, 계곡은 채울 방법이 없으면 없어질 것이고, 만물은 나올 방법이 없으면 소멸할 것이고, 왕은 바르고 고귀해질 방법이 없으면 전복될 것이다. 그러므로 귀함은 천함으로 근본을 삼고 높음은 낮음으로 기반을 삼는다. 이 때문에 왕은 스스로 '고아'(孤)나 '덕이 적은 사람'(寡)이나 '나쁜 사람'(不穀)이라고 하니, 이는 천함으로 근본을 삼은 것이겠지? 그렇지 않은가? 지극한 명예는 명예가 없는 것이니, 옥처럼 견고해지거나 돌처럼 확고해지려 하지 않는다.

昔之得一者. 天得一以淸, 地得一以寧, 神得一以靈, 谷得一以盈, 萬物得一以生, 侯王得一以爲天下貞, 其致之一也. 天無以淸, 將恐裂, 地無以寧, 將恐發, 神無以靈, 將恐歇, 谷無以盈, 將恐竭, 萬物無以生, 將恐滅, 侯王無以爲貞而貴高, 將恐蹷. 故貴以賤爲本, 高以下爲基. 是以侯王自謂, 孤·寡·不穀, 此其以賤爲本耶? 非乎? 故至譽無譽, 不欲琭琭如玉, 珞珞如石.

'하나'란 지극한 도의 정수이다. 둘로 나누어지지 않는 것을 하나라 하고, 다른 것과 섞이지 않은 것을 하나라 하며, 끊임없는 것도 하나라고 한다. 하나를 터득할 경우 반드시 지극히 진실하여 함부로 하는 일이 없으며, 반드시 지극히 고요하여 무위하며, 반드시 지극히 비어 있어 무욕하며, 또 반드시 허심탄회하고 겸약謙約으로 단속하여 감히 많이 가지려 하지 않는다. 『시경』에서 "하늘의 명이 아! 심원하여 끊임이 없다"[1]고 하였으니, 하나(를 말함)이다. 자사子思께서 "그것이 변하지 않기 때문에 만물의 낳음을 헤아릴 수 없다"[2]고 하셨으니, 하나(를 말함)이다. 『예기禮記』[3]에서 "왕이 마음속으로 무위하여 지극한 바름을 지킨다"[4]고 하였으니, 하나(를 말함)이다. 노자는 10장에서 "기를 전일하게 하고 부드러움을 이루어 갓난아이처럼 할 수 있는가?"라고 하였는데, 또한 하나(를 말함)이다. 하늘에 대해 '맑다'고 하고 신명(神)에 대해 '영명하다'고 한 것은 '지극히 비어 있음'으로 말한 것이다. 땅에 대해 '평안하다'고 한 것은 '지극히 고요함'으로 말한 것이다. 그러나 이런 것도 모두 오직 변하지 않음과 끊임없음으로 이룰 수 있는 것이니, 만약 어떤 것이 그 사이에 끼여들거나 섞이게 되면 지극한 정수가 되는 그 자체(體)를 잃어 변화하는 틀이 멈출 수 있다. 그러면 비록 천지라 해도 무너지고 진동하게 될 것이니, 하물며 그 외의 것에 대해서는 말해 무엇하겠는가? '계곡'은 66장에서 "강과 바다가 모든 계곡의 왕이 될 수 있는 것은(잘 낮추기 때문이다)"이라고 했을 때의 '계곡'과 같으니, 자신을 비우고 낮추어 물이 모이는 곳이 된다.

본문의 '정貞'은 '바르게 한다', '영원하다'는 것[5]으로 '주재한다'는 의미가 있으니, 『역경』에서 "천하의 움직임은 하나에서 바르고 영원한 것이다"[6]라고 하였다. 본문의 '기치지일其致之一'에서 '하나'(一)는 요즘의 '동일하다'는 말과 같다. '발發'은 '진동하다', '헐歇'은 '소멸하다', '축蹷'은 '전복되다'의 의미이다. 천지 이하의 다섯 경우는 모두 저절로 그렇게 되는 것과 일체(體)가 되니, 비록 하나가 되지 않으려 해도 할 수 없다. 오직 왕은 하나를 터득한 자도 있고 그렇지 못한 자도 있기 때문에 장의 끝에서 왕의 일로만 설명하였다. 왕이 전복되는 까닭은 항상 대부분 교만하게 행동하고 사치스럽게 생활하는 것에서 말미암는다. 그러므로 또 허심탄회함과 겸손과 겸약謙約의 의미로만 말하였다. 이 장부터 아래로 여덟 장은 모두 이것으로 말미암아 미루어 펼쳤으니, 여기의 말은 실로 노자가 세상에 사용하고 사물에 대응하는 종지宗旨이다.

천한 것을 모아 귀한 것을 받드니 천한 것이 있은 다음에 귀한 것이 존귀해질 수 있으며, 낮은 것을 모아 높게 되니 낮은 것이 있은 다음에 높은 것이 이루어진다. 이것이 이른바 귀함은 천함으로 근본을 삼고, 높음은 낮음으로 기반을 삼는다는 말이다. 만약 귀하다고 천한 것을 버리고 높다고 낮은 것을 잊으면 귀함과 높음을 잃게 된다. '고아'라 하고 '덕이 적은 사람'이라 하고 '나쁜 사람'이라 한 것은 모두 임금이 스스로 덕이 적다고 일컬은 것이다. '과寡'는 적다는 의미이니 덕이 적다는 말이며, '불곡不穀'은 선하지 않다는 말이니, 모두 아름다운 이름으로 자처하지 않고자 한 것이다. 본문의 '비호非乎'는 묻는 말로서, '어찌 그렇지 않겠는가?'라고 말하는 것과 같다. '예譽'는 훌륭한 이름이다. 천하의 바름이 되어도 전복되지 않는다면 이것이 이른바 '지극한 명예'이다. '녹록琭琭'과 '낙락珞珞'은 견고하고 확고하다는 의미이다. 하나를 터득한 자는 진실로 옥처럼 되려고 하지 않으며 또 돌처럼 되려고 하지 않는다. 바탕(質)이 아름다운 것은 훼손되기 쉽고 바탕이 견고한 것은 상하기 쉬우니, 오직 물과 같이 할 뿐이다. '지예무예至譽無譽'는 어떤 판본에는 '치수거무거致數車無車'[7]로 되어 있다.

一者, 至道之精也. 不貳之謂一, 不雜之謂一, 不息之亦謂一. 得一者, 必至誠而無妄, 必至靜而無爲, 必至虛而無欲, 又必冲退謙約而不敢多. 詩云: "維天之命, 於穆不已", 一也. 子思曰:[8] "其爲物不貳, 則其生物不測", 一也. 記曰: "王中心無爲也, 守至正", 一也. 老子曰: "專氣致柔, 能嬰兒乎?" 亦一也. 天曰淸, 神曰靈, 以至虛言也. 地曰寧, 以至靜言也. 然亦皆唯不貳不息以致之, 若有物以間且雜之, 則失其至精之體, 而化機或幾乎息矣. 雖天地, 亦將裂且發, 而况於其他乎? 谷, 如江海所以能爲百谷王之谷, 虛而能下, 爲水之所歸者也.

貞, 正也, 常也, 而有主宰之意, 易曰: "天下之動, 貞夫一者也." 其致之一之一, 猶今言一般之意. 發, 震動也. 歇, 息滅也. 蹷, 顚趺也. 天地以下五者, 皆與自然爲體, 雖欲不一, 而不可得也. 唯侯王, 有得一者, 有不得一者, 故章末專言侯王之事. 侯王之所以蹷, 恒多由驕溢, 故又專言冲退謙約之意. 自此以下八章, 又皆因此而推暢之, 玆實老子用世應物之宗旨也.

合賤以承貴, 有賤而後, 貴得以尊, 累下以爲高, 有下而後, 高得而成, 此所謂貴以賤爲本, 高以下爲基也. 苟貴而遺賤, 高而忘下, 則失其貴與高矣. 曰孤, 曰寡人, 曰不穀, 皆人君所自稱寡少也. 寡, 少也, 謂少德也, 不穀, 不善也, 皆不欲以美名自居也. 非乎, 問之之辭, 猶言豈不然也. 譽, 美名也. 爲天下貞而不蹶, 此則所謂至譽也. 琭琭珞珞, 皆堅確之意. 得一者, 固不欲如玉, 亦不欲如石. 質美者, 固易毁, 而質堅者, 亦易傷也, 其唯將如水而已乎. 至譽無譽, 一本作致數車無車.

1) "하늘의…… 끊임이 없다": 『詩經』, 「周頌 · 淸廟之什」, "維天之命, 於穆不已. 於乎不顯, 文王之德之純. 假以溢我, 我其收之. 駿惠我文王, 曾孫篤之."; 『中庸』, 26장, "詩云: '維天之命, 於穆不已.' 蓋曰: '天之所以爲天也.' '於乎不顯, 文王之德之純.' 蓋曰: '文王之所以爲文也, 純亦不已.'"

2) "그것이…… 헤아릴 수 없다": 『中庸』, 26장, "天地之道, 可一言而盡也. 其爲物不貳, 則其生物不測."

3) 『예기禮記』: 五經의 하나. 秦漢 때의 古禮에 관한 설을 수록한 책.

4) "왕이…… 지킨다": 『禮記』, 「禮運」, "故祭帝於郊, 所以定天位也. 祀社於國, 所以列地利也. 祖廟, 所以本仁也. 山川, 所以儐鬼神也. 五祀, 所以本事也. 故宗祝在廟, 三公在朝, 三老在學, 王前巫而後史, 卜筮瞽侑皆在左右. 王中心無爲也以守至正."

5) '정貞'은……'영원하다'는 것: 『易經』, 「繫辭下」, 1장 本義, "貞, 正也, 常也."

6) "천하의…… 영원한 것이다": 『易經』, 「繫辭下」, 1장, "天地之道, 貞觀者也, 日月之道, 貞明者也, 天下之動, 貞夫一者也."

7) '치수거무거致數車無車': 朴世堂의 『新註道德經』과 林希逸의 『道德眞經口義』, 蘇轍의 『老子解』, 陳深의 『老子品節』, 『河上公註』 등에 "致數車無車"로 되어 있다.

8) 曰: 필사본에는 '白'으로 되어 있는데, 잘못 기록한 것이다.

40장

상반되게 하는 것이 도의 움직임이고, 유약한 것이 도의 작용이다. 천하 만물은 유에서 나오고, 유는 무에서 나온다.

反者, 道之動, 弱者, 道之用. 天下萬物生於有, 有生於無.

'반反'이란 '상반되게 하는 것'(相反)이다. 무에서 유가 되는 것이 상반되게 하는 것이고, 유에서 무로 되돌아가는 것도 상반되게 하는 것이다. 하늘에서는 어두움과 밝음 · 추움과 더움이 서로 번갈아들고, 사람에게서는 움직임과 고요함 · 굽힘과 폄 · 막힘과 통함 · 없어짐과 생김이 순환하는 것처럼 서로 원인이 되는 것은 모두 상반되게 하는 것이다. 이는 모두 도 아닌 것이 없다. 도는 하나일 뿐이고, 도의 본체는 무위할 뿐이다. 그러나 그 움직임은 하나에서 둘이 되고 둘에서 온갖 것이 되면서 유행流行하는 것들은 서로를 변화하게 하고 짝하여 대하는 것들은 서로를 드러나게 하니, 어디를 가도 상반되지 않는 것이 없다. 『역경』에서 "한 번은 음이 되게 하고 한 번은 양이 되게 하는 것을 도라고 한다"[1]고 했으니, 이것을 말한다. 이 때문에 지극히 높은 것이 도이지만 이 도를 소유한 자는 반드시 스스로 겸손하게 행동하고, 지극히 큰 것이 도이지만 이 도를 체득한 자는 반드시 스스로 하찮게 여긴다. 도는 지극히 강건한 것으로 본체를 삼고 지극히 유약한 것으로 작용을 삼으니, 이 또한 상반되게 하는 것이다. 유有는 기氣이고 무無는 도道이다. 그러니 "유는 무에서 나온다"는 것도 상반되게 한다는 의미이다. 노자가 이런 말을 한 것은 대개 사람들이 욕심을 없앰으로써 자신을 다스리고 아무것도 하지 않음으로써 천하를 다스려 그로 인해 생기는 훌륭함과 공을 자신이 한 것이라고 여기지 않도록 하기 위함이다. 어떤 사람은 모든 것을 공空으로 여기는 석가의 설을 인용하여 천하 만물이 모두 물거품이나 그림자처럼 덧없이 잠깐 모이는 것이라고 하는데, 이런 해석은 노자가 본래 말하려 한 의미가 아니다.

反者, 言相反也. 由無而有, 反也, 由有而復於無, 亦[2]反也. 在天, 則昏明寒暑之相代, 在人, 則動靜屈伸否泰消息之相因如循環者, 皆反也. 是皆無非道也. 夫道一而已, 道之本體, 無爲而已. 乃其動也, 則自一而二, 自二而萬, 流行者, 相變, 對待者, 相形, 無往而非相反者. 易曰: "一陰一陽之謂道", 此之謂也. 是以至尊者, 道也, 而有是道者, 必自下, 至大者, 道也, 而體是道者, 必自小. 道以至健爲體, 而以至弱爲用, 是亦反也. 有者, 氣也, 無者, 道也. 有生於無, 亦相反之意. 老子言此, 蓋敎人無欲以治身, 無爲以治天下, 不有其善, 不有其功也. 或乃引釋氏空諸所有之說, 而謂天下萬物, 皆泡影假合, 則非老子之本意矣.

1) "한 번은…… 도라고 한다": 『易經』, 「繫辭上」, 5장, "一陰一陽之謂道. 繼之者, 善也, 成之者, 成也."
2) 亦: 필사본에는 '赤'으로 되어 있는데, 잘못 기록한 것이다.

41장

최상의 선비가 도에 대해 들으면 부지런히 그것을 행하고, 중간 정도의 선비가 도에 대해 들으면 반신반의하며, 형편없는 선비가 도에 대해 들으면 크게 비웃어 버린다. 비웃음을 당할 정도가 아니면 도라고 하기에 부족하다. 그러므로 옛날부터 다음처럼 전해 오는 말이 있다. 분명한 도는 어두운 듯하고, 나아가는 도는 물러나는 듯하며, 평안한 도는 흠이 있는 듯하다. 최상의 덕은 계곡과 같고, 아주 깨끗한 것은 욕된 듯하고, 넓은 덕은 부족한 듯하고, 굳건한 덕은 경박한 듯하고, 질박하고 참된 것은 변덕이 심한 듯하고, 큰 모는 모남이 없고, 큰그릇은 늦게 완성되고, 큰 소리는 소리가 들리지 않고, 큰 형상은 형태가 없다. 도는 숨어 있어 이름이 없지만, 오직 도만이 잘 빌려주고 또 잘 완성시킨다.

上士聞道, 勤而行之, 中士聞道, 若存若亡, 下士聞道, 大笑之. 不笑不足以爲道. 故建言有之, 明道若昧, 進道若退, 夷道若纇, 上德若谷, 大白若辱, 廣德[1]若不足, 建德若偷, 質眞若渝, 大方無隅, 大器晩成, 大音希聲, 大象無形. 道隱無名, 夫唯[2]道, 善貸且成.

1) 德: 『道德眞經註』에는 '得'으로 되어 있다.
2) 唯: 『道德眞經註』에는 '惟'로 되어 있다.

'약존약망若存若亡'은 반신반의한다는 의미이고, '건언建言'은 옛날부터 전해

오는 말이다. 이 장은 앞 장과 서로 이어진다. '명도약매明道若昧' 이하의 열두 가지는 모두 상반되는 것으로 말하였으니, 대체로 모두 나약하게 행동하고 유약하게 처신하며 겸손하게 낮추고 드러나지 않게 행동하라는 의미이다. 본문의 '이夷'는 '평안하다'의 의미로 하나처럼 순수하다는 말이며, '뢰纇'는 흠이 있다는 말이다. '계곡'이란 모든 물이 아래로 흘러가는 곳이다. '깨끗한 것'(白)으로 '더러운 것'(黑)에 나가는 것을 '욕辱'이라고 한다. '건建'은 '세우다'의 뜻이다. 경박하고 게으르면 아무것도 세울 수 없다. '투渝'는 '변덕이 심하다'는 말이다. 변덕이 심하면 자신의 바탕을 유지할 수 없다. "도는 숨어 있어 이름이 없다"는 말은 앞의 열두 구절을 총괄한 말로, 도는 보아도 알 수 없고 들어도 깨달을 수 없는 것이다. 이 때문에 도를 터득한 자는 어리석은 듯이 행동하고 어눌한 듯이 말하여 그 빛남이 빛을 발하지 않고 그 말이 밖으로 드러나지 않으니, 이 때문에 알지 못하는 자들이 크게 비웃는다. 가령 사람마다 모두 도를 높여야 함을 알게 한다면 이는 세상을 떠들썩하게 하고 자랑하는 자들의 행동일 뿐이니, 어찌 도를 행하는 것이라 할 수 있겠는가?

오유청은 "'잘 빌려주고 또 잘 완성시킨다'는 것은 만물에 혜택을 두루 주면서 부족함이 없는 것이다"[1]라고 하였다. 일설에는 항상 사람들을 위하고 항상 사람들에게 허여하는 것이 '잘 빌려준다'는 것이고, 27장의 '버리는 물건이 없다'는 것과 '버리는 사람이 없다'는 것이 '잘 완성시킨다'는 것이라고 하였다.[2] 내가 생각하기에 이 한 구절은 아마도 다음 장에 이어지는 것 같다. 사물을 남에게 빌려준다는 것에는 어미와 자식의 관계처럼 낳아 불리는 이로움이 있으므로 이 구절로 도가 하나에서 둘, 둘에서 셋이 되어 만물에 이르게 됨을 비유한 것이다.

若存若亡, 猶將信將疑之意. 建言, 古之立言也. 此章與上章相承. 明道若昧以下十二者, 皆以相反而言, 大抵皆濡弱謙晦之意也. 夷, 平也, 純然若一之謂也. 纇, 瑕點也. 谷者, 衆水之下流也. 以白就黑, 曰辱. 建, 立也. 偸惰, 則不能立. 渝, 變也. 變, 則不能守其質矣. 道隱無名, 總結上十二句而言, 夫道者, 視之而不可見, 聽之而不可聞者也. 是以有道者, 其容若愚, 其言若訥, 其光不耀, 而其聲不章乎[3]外, 此不知者, 所以大笑之也. 若使人人而皆知其可尊, 則是譁世衒俗者之爲耳, 豈足以爲道哉?

吳幼淸曰: "夫唯道善貸且成, 徧付與於萬物, 而無所缺也." 一說, 常爲人常與人, 善貸也, 無棄物無棄人, 善成也. 愚謂此一句, 恐屬下章. 以物貸人者, 有子母生息之利, 故以喩道之自一而二, 自二而三, 以至於萬物也.

1) "'잘 빌려주고…… 것이다": 『道德眞經註』, 35장 주, "此終上文二節之意. 道隱於無名, 迺能徧付與於萬物, 而無虧缺. 以上所言, 皆動而相反者也."
2) 일설에는…… 하였다: 『老子品節』, 「下經・4장」, "善貸且成, 貸與也. 常爲人常與人, 善貸也. 無棄物無棄人, 善成也."
3) 乎: 필사본에는 '子'로 되어 있는데, 잘못 기록한 것이다.

42장

도에서 하나가 나오고 하나에서 둘이 나오고 둘에서 셋이 나오고 셋에서 만물이 나온다. 만물은 음을 등에 지고 양을 가슴에 안고 있으면서 충기沖氣로 조화를 이룬다. 사람들이 싫어하는 것은 '어미 아비 없는 사람', '덕이 없는 사람', '나쁜 사람'(이라는 소리를 듣는 것)인데, 왕공은 그것으로 칭호를 삼는다. 그러므로 사물은 혹 덜어서 더하고 더해서 덜어내게 된다. 사람들이 가르치는 바는 나 또한 가르친다. 강한 자는 명대로 살지 못하니, 나는 그것을 제일 중요한 것으로 여길 것이다.

道生一, 一生二, 二生三, 三生萬物. 萬物負陰而抱陽, 沖氣以爲和. 人之所惡, 惟孤·寡·不穀, 而王公以爲稱. 故物或損之而益, 益之而損. 人之所教, 我亦教之. 强梁者, 不得其死, 吾將以爲教父.

'도'는 곧 하나이다. 노자는 천지 개벽의 처음에 나누어지지 않은 기를 하나로 여겼으므로 "도에서 하나가 나온다"고 하였다. '둘'은 음과 양이다. 순수한 양이 하나가 되고 순수한 음이 하나가 되고 음양이 묘하게 합한 것이 또 하나가 되므로 '셋'이라고 하였다. 음과 양이 치우치지 않고 원기 왕성하게 저절로 그렇게 되는 것에 따라 만물을 생육해 나가는 것 이것이 곧 이른바 '충기沖氣'이다. '충沖'이라는 말은 '적당하다', '화합하다'의 의미이다. 사람의 삶은 밝음을 정면으로 하고 어두움을 등지며 앞으로 움직이고 뒤로는 움직이지 않는다. 만물은 대개 그렇지 않은 것이 없으니, 이것이 "음을 등에 지고 양을 가슴에 안는다"는 것의 징험이다. 오유청은 다음처럼 말하였다. "만물이 나오는 것은 이 충기 때문이고, 이미 나온 후에도 반드시 이 충기로 작용을 삼는다. 충기는 비어 있고 차 있지 않으므로 '약하다'고 한다."[1)]

이 아래로는 모두 약한 것이 도의 작용임을 말하고 있다. 내가 생각하기에는 이 장의 상하 문맥이 끝내 서로 이어지지 않으니, 아마도 '인지소오人之所惡' 이하로는 별도의 한 장으로 해야 할 것 같다. "덜어서 더하고 더해서 덜어내게 된다"는 것은 대개 또한 40장의 "상반되게 하는 것이 도의 움직임이다"라는 구절 때문에 말한 것이다. 모든 편 가운데 (22장의) "한쪽으로 하면 완전해지고 굽히면 곧아진다"는 구절이나 (36장의) "부드러움이 굳건함을 이기고 약함이 강함을 이긴다"는 구절, (77장의) "높은 것은 누르고 낮은 것은 올려 준다"는 구절이 모두 이런 의미이다. 사람들이 이것만이라도 안다면 삶을 온전하게 하고 세상을 선하게 하는 것에 대해 반 이상은 터득한 셈이다. "사람들이 가르치는 바는 나 또한 가르친다"는 것은 "송사를 결단하는 것은 나도 남과 같다"[2)]는 의미와 같다. 본문의 '양梁'도 '강하다'의 의미이다. 오유청은 "나무로 물길을 끊고 나무로 '마룻대'(棟)를 떠받치는 것을 모두 '들보'(梁)라고 하니, 힘의 강함을 취한 것이다"[3)]라고 말하였다. 강한 사람은 항상 남을 이기지만 도리어 명대로 살지 못하니, 이것이 본문에서 말한 "더해서 덜어내게 된다"는 것이다. 노자는 자신이 사람들에게 가르치는 것이 진실로 또한 남들과 같다고 여겼다. 그런데 오직 강한 자는 명대로 살지 못한다는 훈계로 설교의 시작을 삼았으니, 이는 유독 남들과 다른 까닭이다. 본문의 '교부敎父'는 가르침의 가장 앞이요 가장 높음이라는 말이니, 불교에서 말하는 가장 중요한 것이다.

道卽一也. 老子以混元未分之氣爲一, 故曰道生一也. 二者, 陰陽也. 純陽爲一, 純陰爲一, 陰陽之妙合者, 又爲一, 故曰三. 陰陽不偏, 而絪縕化醇, 此卽所謂冲氣也. 冲之爲言, 中也, 和也. 人之生也, 面明而背暗, 前動而後靜. 萬物蓋莫不然, 此負陰抱陽之驗也. 吳幼淸曰: "萬物之生, 以此冲氣, 旣生之後, 亦必以此冲氣爲用, 冲氣虛而不盈, 故曰弱."

自此以下, 皆言弱者道之用也. 愚謂此章上下文義, 終不相屬, 疑當自人之所惡已下, 別爲一章. 損之而益, 益之而損, 蓋亦因前章反者道之動而言. 凡篇中所謂曲則全, 枉則直, 柔勝剛, 弱勝强, 高者抑之, 下者擧之, 皆此意. 人惟知此, 則其於全生而善世也, 斯過半矣. 人之所敎, 我亦敎之, 猶聽訟吾猶人之意也. 梁, 亦强也. 吳幼淸曰: "以木絶水, 以木負棟, 皆曰梁, 取其力之强也." 强梁者, 常勝人, 而反不得其死, 此所謂益之而損也. 老子謂我之敎人, 固亦猶他人. 唯以强梁不得其死之戒爲設敎之始, 此獨爲異於人耳. 敎父言敎之㝡先而㝡尊者, 釋家所謂第一義也.

1) "만물이…… '약하다'고 한다": 『道德眞經註』, 35장 주, "萬物皆以三者而生, 故其生也, 後負陰前抱陽.……萬物之生, 以此冲氣, 旣生之後, 亦必以此冲氣爲用, 迺爲不失其本. 以生之本, 冲氣虛而不盈, 故曰弱. 此言道以弱, 而動之因由也."
2) "송사를…… 남과 같다": 『論語』, 「顔淵」, "子曰: '聽訟, 吾猶人也. 必也使無訟乎!'"
3) "나무로…… 취한 것이다": 『道德眞經註』, 35장 주, "此言用弱之事. 梁, 亦强也. 以木絶水, 以木負棟, 皆曰梁, 取其力之强也."

43장

천하에서 지극히 유약한 것이 천하에서 지극히 견고한 것을 짓밟고 넘어가며, 아무것도 없는 것이 틈이 없는 곳으로 들어간다. 나는 이 때문에 무위가 유익하다는 것을 안다. 말하지 않고 교화시키며 아무것도 하지 않고 유익하게 하는 경지는 천하에서 도달한 자가 거의 없다.

天下之至柔, 馳騁天下之至堅, 無有入於無間. 吾是以知無爲之有益也. 不言之教, 無爲之益, 天下希及之.

오유청은 "'치빙馳騁'은 '짓밟고 넘어간다'(躪躒)는 말과 같다"[1]고 하였다. 『문자』에서는 이렇게 말하였다. "천하에서 어느 것도 물보다 약하지 않다. 그러나 물은 두들겨도 상처를 입지 않고 찔러도 해를 입지 않으며, 끊어도 끊어지지 않고 불에 태워도 타지 않으며, 날카로움이 금석을 뚫고 강함이 천하를 잠기게 한다. 물이 지극한 덕을 이룩할 수 있는 것은 얌전하고 매끄럽기 때문이다. 그러므로 '천하에서 지극히 유약한 것이 천하에서 지극히 견고한 것을 짓밟고 넘어가며, 아무것도 없는 것이 틈이 없는 곳으로 들어간다'고 하였다."[2]

내가 생각하기에는 '무유無有'란 '태허太虛의 기'이고, '무간無間'은 틈이 없음을 말한다. 강한 것은 뚫고 들어갈 수 없는 것인데 유약한 것이 들어갈 수 있고, 유有는 들어갈 수 없는 것을 무無가 들어갈 수 있으니, 유위가 무위만 못함을 이것으로 알 수 있다. 말하지 않는 교화를 몸소 실행하여 사람들이 감화된다는 것은 대개 사람들을 교화시킬 것을 의도하지 않았는데 사람들이 저절로 교화되는 것이니, 이 또한 아무것도 하지 않고 유익하게 하는 것이다. 본문의 '희希'는 '적다'는 뜻이다. 여기에서도 앞 장의 상반됨과 유약함의 의미를 거듭 설명하였다.

吳幼淸曰: "馳騁猶云躪躒也." 文子曰: "天下莫柔弱於水, 擊之不創, 刺之不傷, 斬之不斷, 灼之不熏, 利貫金石, 强淪天下. 夫水所以能成其至德者, 以其綽約潤滑也. 故曰: '天下之至柔, 馳騁天下之至堅, 無有入於無間.'"

愚謂, 無有者, 太虛之氣也, 無間, 謂無罅隙也. 强者之所不能騁, 而柔者能之, 有者之所不能入, 而無者能之, 有爲之不如無爲, 斯可見矣. 不言之敎躬行, 而人化之, 蓋無意於敎人, 而人自化, 是亦無爲之益也. 希, 少也. 此亦申言前章反與弱之意.

1) "'치빙馳騁'은…… 같다": 『道德眞經註』, 35장 주, "馳騁猶云躪躒."
2) "천하에서…… 하였다": 『通玄眞經』, 1권, 「道原」, "天下莫柔弱於水, 水爲道也, 廣不可極,……不可得而把握. 擊之不創, 刺之不傷, 斬之不斷, 灼之不熏. 綽約流循不可靡散. 利貫金石, 强淪天下, 有餘不足任天下.……夫水所以能成其至德者, 以其綽約潤滑也. 故曰: '天下之至柔, 馳騁天下之至堅, 無有入無間.'"

44장

명성과 자신 중 어느 것이 가까운가? 자신과 재화 중 어느 것이 중요한가? 그러니 얻는 것과 잃는 것 중 어느 것이 병이 되는가? 이 때문에 심하게 아끼면 반드시 크게 소비하고, 많이 쌓아 놓으면 반드시 많이 잃게 된다. 만족할 줄 알아야 욕을 당하지 않고 멈출 줄을 알아야 위태로워지지 않아서 영원할 수 있다.

名與身孰親? 身與貨孰多? 得與亡孰病? 是故甚愛必大費, 多藏必厚亡. 知足不辱, 知止不殆, 可以長久.

천하의 사람들에게는 어리석거나 지혜로운 것도 없고 귀하거나 천한 것도 없다. 그런데 (사람들이 무언가를 위해) 부지런히 다투어 기꺼이 목숨까지 바치면서도 후회할 줄 모르는 것에는 다음의 두 가지가 있다. 천하의 재능 있는 사람들이 남에게 원망 살 일을 하다가 칼에 맞아 비참하게 죽든지 주색에 깊이 빠지는 것에도 다음의 두 가지가 있다. 마음이 맑은 자는 명예를 위해 일하고 마음이 흐린 자는 재화를 위해 일하며, 높이 출세하는 자는 명예를 위해 목숨을 걸고 천박하게 사는 자는 재화에 목숨을 바치니, 온 천하에 대략 이 두 가지 부류가 있을 뿐이다. '망亡'은 '잃다'의 뜻이다. "얻는 것과 잃는 것 중 어느 것이 병이 되는가?"라는 구절은 그 앞의 두 구절을 종합하여 말한 것이니, "명예와 재화의 득실을 자신의 생사에 비교하면 어느 것이 병이 될 만한가"라고 말하는 것과 같다. '심애甚愛' 이하의 세 구절은 대개 앞의 글을 이어 명예와 이익을 나누어 말하였다. 일반적으로 아끼는 것에는 모두 반드시 낭비하게 되는 것이 있는데 오직 명예(를 추구하는 것)에서 가장 심하니, 크게 낭비하게 되는 것은 모두 자신이 아주 귀하게 여기는 정신과 마음의 힘이다. '만족할 줄 앎'(知足)은 재화를 기준으로 말하고 '멈출 줄 앎'(知止)은 명예를 기준으로 말한 것이지만, 오직 만족할 줄 안 후라야 멈출 줄 알고 오직 욕심을 줄인 후라야 쉽게 만족한다. 욕심이 많은 자는 얻으면 얻을수록 만족하지 못하고 구하면 구할수록 멈출 줄 모르니, 끝내 위태로워지고 욕을 보게 될 뿐이다. 성명性命을 중요하게 여기지 않고 권세와 이로움을 탐하는 저런 자들은 진실로 논할 필요도 없다. 이미 문장과 공적으로 이름을 얻는 데 뜻을 두고 죽을 때까지 그것에 힘써 반드시 남들보다 뛰어나기를 구함으로써 정신을 피폐하게 하고 소모하는 것도 바로 만족할 줄 모르기 때문이다.

어떤 사람이 "세상에서 간혹 '삼대 이후로 사람들이 벼슬을 구한 것은 오직 명성과 신망을 좋아했기 때문이 아닌가?'라고 합니다.(무엇 때문인가요?)"라고 물었다. "저들은 대개 격한 감정이 있기 때문에 그렇게 말한 것입니다. 또 임금을 위해 말한다면 진실로 그런 점이 있습니다. 임금으로서 이름 나기를 좋아해 선비들을 돌보지 않는다면 직간하고 청렴 결백한 자는 모두 음험하게 참소하는 자들의 구설수에 걸려들게 되니, 임금이 신하로 등용하는 자는 단지 유약하고 용렬하고 비루한 자들일 뿐입니다"라고 답하였다. "공자께서 '군자는 종신토록 이름이 일컬어지지 못함을 싫어한다'[1]고 하셨는데, 무슨 의미인지요?"라고 물었다. "그런 말씀이 있지요. 우리 성인께서 그런 말씀을 하셨지요. 그런데 그 말씀에 앞서 '군자는 자신의 무능함을 병으로 여기지, 남이 자신을 알아주지 못함을 병으로 여기지 않는다'[2]고 말씀하시고, 이어서 '군자는 자신에게서 구하고 소인은 남에게서 구한다'[3]고 말씀하셨으니, (성인께서) 명실과 경중의 구분에 대해 과연 어떻게 하셨습니까?"라고 답하였다.

내실(實)이 튼튼해 명성(名)이 따르는 것은 중용의 도에 따라 행하는 교화이며, 내실을 쌓고 명성을 사양하는 것은 세상에서 뛰어난 행위이다. 명성을 원해 힘써 내실을 닦는 것은 보통 사람들이 하는 일이고, 명성을 싫어해 내실을 버리는 것은 이단의 폐해이다. 명성을 모멸하고 내실을 버리는 것은 천박한 하류이며, 내실을 버리고 명성만 쫓는 것은 세상을 어지럽히는 나쁜 사람이다. 명성을 모멸하고 내실을 버리기보다는 차라리 명성을 원해 힘써 내실을 닦는 것이 나으니, 이 때문에 군자가 사람들을 힘쓰게 한다. 그런데 후세에 명성을 위하는 자들에 대해서는 내가 의심하지 않을 수 없다. 효성·우애·충성·믿음·공손·검약·자애·선량·청렴·공평·사양을 구하는 것이 모두 명성을 이루는 내실인데 모두 그것을 멸시한다. 근거 없는 이야기로 벗을 모으고 높은 것을 내세움으로써 대중에게 호령하며 남의 단점이나 들추어내고 남의 화禍를 다행으로 여기는 데 서두르면서 오직 자신이 팔리지 않을까만 염려한다. 그렇게 하는 것이 사소한 경우는 마을에서 물난리와 화재를 당하는 정도의 재앙이 되지만, 클 경우는 조정에서 천지처럼 드러나고 이루어져 그 화로 많은 사람이 죽고 피를 흘리게 되는데도 여전히 여기에서 멈추지 않는다. 대대로 이어가면서 사람들의 마음씀을 무너뜨리고 풍속을 오도하니, 그 끝닿는 곳을 알 수 없다. 아! 어진 사람과 군자가 차마 여전히 그런 일을 되풀이하겠는가!

天下之人, 無愚知貴賤. 營營以爭之, 甘以身殉, 而不知悔者, 有二. 天下之能, 爲人禍, 而憯於矛鈒,[4] 深於酒色者, 亦有二. 淸者爲名, 濁者爲貨, 高者殉名, 下者殉貨, 擧天下, 大率是二者而已. 亡, 失也. 得與亡孰病, 總上二句而言, 若曰: "名與貨之得失, 比諸身之生死, 孰爲可病乎"云也. 甚愛以下三句, 蓋承上文, 分名與利而言. 凡有所愛者, 皆必有所費, 而唯名爲㝡甚, 其所大費者, 皆吾所甚貴之精神心力也. 知足, 以貨言, 知止, 以名言, 然唯知足然後, 能知止, 唯寡欲然後, 易足. 多欲者, 愈得而愈不足, 愈求而愈不止, 亦終於危辱而已. 彼次性命, 以饕權利者, 固不足論. 已有志於文章勳業, 而終身役役, 必欲求出乎人上, 以至於弊精耗神者, 是亦不知足也.

或曰: "世或言求士於三代以下, 唯恐其不好名信乎?" 曰: "彼蓋有激而云, 且爲人君言, 則固然也. 人君而以好名棄士, 則忠讜廉潔, 皆陷於憸譖之口, 而所用者, 唯柔儒庸鄙之人耳." 曰: "孔子曰: '君子疾沒世而名不稱', 何謂也?" 曰: "有是言也. 吾聖人, 爲是言也, 先之曰: '君子病無能焉, 不病人之不己知也.' 繼之曰: '君子求諸己, 小人求諸人.' 其於名實輕重之分, 果何如也?"

夫實茂而名隨者, 中行之敎也, 蘊實而辭名者, 高世之行也. 慕名而彊實者, 中人之事也, 惡名而迯實者, 異端之獘也. 侮名而棄實者, 下流之賤也, 廢實而弋名者,亂俗之賊也. 與其侮名而棄實也, 毋寧慕名而彊實, 此君子所以勉夫人也. 後世之爲名者, 吾惑焉. 求其孝友忠信恭儉慈良兼公退讓, 凡可以致名之實, 咸蔑如也. 遊談以聚朋, 標高以號衆, 抉人之短, 幸人之禍, 汲汲焉, 唯恐其不自售. 其小者, 鄕黨爲水火, 其大者, 朝著成玄黃, 其禍至於伏屍累萬流血千里, 而猶不止於是也. 延及於百世之後, 壞人心術, 誤人風俗, 不知其所底極. 嗚呼! 仁人君子, 其尙忍復蹈之歟!

1) '군자는…… 싫어한다': 『論語』, 「衛靈公」, "子曰: '君子疾沒世而名不稱焉.'"

2) '군자는…… 여기지 않는다': 『論語』, 「衛靈公」, "子曰: '君子病無能焉, 不病人之不己知也.'"

3) '군자는…… 구한다': 『論語』, 「衛靈公」, "子曰: '君子求諸己, 小人求諸人.'"

4) 鈒: 필사본에는 '釰'('鈍'의 뜻)로 되어 있는데, 잘못 기록한 것으로 보인다.

45장

크게 이루어진 것은 모자란 듯하나 그 쓰임은 피폐하지 않고, 크게 찬 것은 비어 있는 듯하나 그 쓰임은 다하지 않는다. 아주 곧은 것은 굽은 듯하고, 아주 훌륭한 솜씨는 형편없는 듯하며, 아주 잘하는 말은 어눌한 듯하다. 움직이는 것은 추위를 이기고, 고요한 것은 더위를 이긴다. 그러니 맑고 고요한 것이 천하의 바름이 된다.

大成若缺, 其用不敝, 大盈若冲, 其用不窮. 大直若詘,[1] 大巧若拙, 大辯若訥. 躁勝寒, 靜勝熱. 淸靜爲天下正.

1) 詘: 『道德眞經註』에는 '屈'로 되어 있다.

본문의 '충冲'은 '비어 있다'는 의미이다. 이루어진 것에는 이지러짐이 있고 찬 것에는 넘침이 있으니, 모두 이치와 형세상 반드시 그렇게 되게끔 되어 있는 것이다. 오직 도를 터득한 자만이 이루어 놓고도 이루어진 것에 의지하지 않고 채워 놓고도 채워진 것을 사용하지 않으니, 이것이 항상 이루면서 피폐하지 않고 항상 채우면서 다하지 않는 까닭이다. 곧은데도 굽은 듯하고 훌륭한 솜씨인데도 형편없는 듯하며 말을 잘하는데도 더듬는 듯하다는 것은 모두 겸손하고 분명히 하지 않으며 비우고 물러난다는 의미이니, 그 효용을 감추어 그 덕을 온전하게 하는 까닭이다. 덕이 속에서 온전하여 누구도 그것을 훼손할 수 없으니, 이것을 위대하다고 한다. 만약 뽐냄을 곧음으로 여기고 익숙함과 약삭빠름을 훌륭한 솜씨로 삼으며 막히지 않음을 '말 잘함'(辯)으로 여긴다면, 그 곧음은 반드시 부러지고 훌륭한 솜씨와 말 잘함은 모두 반드시 궁해질 것이니, 이렇게 되는 것들이라면 하찮은 것일 뿐이다.

본문의 '조躁'는 '움직이다'의 뜻이다. 질주하고 가락에 맞춰 춤추는 것으로 날을 보내는 사람은 비록 대한大寒일지라도 반드시 땀을 흘리고 또 숨이 차니, 이것이 움직이는 것은 추위를 이긴다는 말이다. 비록 금석을 녹아 흐르게 하는 열기일지라도 편안히 앉아서 아무것도 하지 않는 사람은 해칠 수 없으니, 이것이 고요한 것은 더위를 이긴다는 말이다. 천하에서 부지런히 몰두하고 기세 좋게 나아가면서 움직이는 것은 모두 뜨거운 것들이다. 그러므로 오직 맑고 고요한 것만이 그것들의 바름이 될 수 있다. 고요히 있으면서 아무것도 원하지 않는 것을 '맑음'(淸)이라 하고, 엄숙하게 있으면서 움직이지 않는 것을 '고요함'(靜)이라 한다. '정正'이란 사람들의 부정不正을 바로잡는 것이다. 그러므로 관장하는 것을 '정正'이라고도 말한다. 이 장에서는 41장의 "분명한 도는 어두운 듯하다"(明道若昧) 이하 열두 구절의 의미를 거듭 설명하면서 '청정淸靜'으로 매듭지었으니, 대개 무욕하고 함부로 움직이지 않은 다음에야 그 유약함을 잘 사용해 스스로를 드러내지 않을 수 있다.

어떤 사람은 "'아주 훌륭한 솜씨는 형편없는 듯하며 아주 잘하는 말은 어눌한 듯하다'는 말은 괜찮습니다. 그러나 '곧은 것은 굽은 듯하다'는 말은 바로 안으로는 굽음과 곧음의 나눔에 밝으면서도 밖으로는 미꾸라지처럼 세속을 따르는 것이니, 어찌 크게 곧은 것이라고 할 수 있겠습니까?"라고 물었다. 이에 "선생께서 말씀하신 것은 진실로 굽은 것이지 굽은 듯한 것이 아닙니다. 굽은 무리 가운데 있으면서 환하게 스스로 그 곧음을 드러낼 경우, 이런 사람은 자신이 지키는 것을 잃지 않으면 반드시 죽게 됩니다. 그러니 안으로 빼앗을 수 없도록 지키는 것이 있으면서도 밖으로는 두려워하여 말을 할 수 없는 듯이 하니, 이는 진실로 우리의 스승인 공자께서 양화陽貨[1]와 남자南子[2]를 상대한 방법입니다. 어찌 크게 곧은 것이라고 하지 않을 수 있겠습니까?"라고 답하였다.

冲, 虛也. 成之有虧, 盈之有溢, 皆理勢之必然也. 唯有道者, 成而不恃其成, 盈而不用其盈, 此所以常成而不敝, 常盈而不窮也. 直而若詘, 巧而若拙, 辯而若訥,皆謙晦冲退之意, 所以藏其用, 而全其德也. 德全於中, 而物莫之能毁, 此之謂大. 若皎厲以爲直, 便儇以爲巧, 捷給以爲辯, 則其直也, 必折, 其巧與辯也, 皆必窮, 是則小而已矣.

躁, 動也. 疾走曲踊以終日者, 雖大寒必汗且喘, 此動之勝寒也. 雖有流金爍石之熱, 不能傷安坐無事之人, 此靜之勝熱也. 凡天下之營營炎炎而動者, 皆熱也. 故唯淸靜可以爲之正. 湛然無欲之謂淸, 儼然不動之謂靜. 正者, 所以正人之不正, 故謂官長, 亦曰正. 此章申前章明道若昧以下十二句之意, 而結之以淸靜, 蓋唯無欲而不妄動, 然後乃可以善用其弱, 而自晦也.

或曰: "大巧若拙, 大辯若訥, 可也. 直而若詘, 是內明於枉直之分, 而外脂韋以徇俗也, 又烏得爲大直耶?" 曰: "是直詘也, 非若詘也. 夫處於羣枉之中, 而皦皦然自標其直, 若是者, 不失其守, 必失其身. 內有不可奪之守, 而外恂恂若不能言, 是固吾夫子之所以待陽貨南子也. 豈得不謂之大直哉?"

1) 양화陽貨: 『論語』「陽貨」편에 다음과 같은 얘기가 있다. "양화가 공자를 만나고 싶어하는데 공자께서 만나 주지 않자, 양화가 (공자가 찾아와 사례를 하도록 하기 위해) 삶은 돼지를 선물로 보내니, 공자께서도 그가 없는 틈을 타서 사례하러 가시다가 길에서 양화와 마주쳤다. 양화가 공자에게 '이쪽으로 와 보시겠습니까. 내가 그대와 말을 하고 싶습니다. 훌륭한 보배를 품고서 나라를 어지럽게 내버려두는 것을 어짊이라고 할 수 있겠습니까?'라고 하니, 공자께서 '그렇다고 할 수 없습니다'라고 하셨다. 양화가 '해와 달이 흘러가듯이 세월은 나를 기다려 주지 않습니다'라고 하니, 공자께서 '알았습니다. 나는 곧 벼슬을 할 것입니다'라고 하셨다."("陽貨欲見孔子, 孔子不見, 歸孔子豚, 孔子時其亡而往拜之. 遇諸途. 謂孔子曰: '來! 予與爾言.' 曰: '懷其寶而迷其邦, 可謂仁乎?' 曰: '不可.' '好從事而亟失時, 可謂知乎?' 曰: '不可.' '日月逝矣, 歲不我與.' 孔子曰: '諾, 吾將仕矣.'") 주희는 이에 대해 "양화가 공자를 만나고자 한 것은 비록 좋은 의도였지만, 자신을 돕게 하여 난을 일으키려 하는 것에 불과했다. 그러므로 공자가 양화를 만나지 않은 것은 의義이며, 찾아가 사례하는 것은 예禮이다. 반드시 없을 때를 틈타서 찾아간 것은 양화의 행동에 걸맞게 한 것이며, 길에서 만났을 때 피하지 않은 것은 끝까지 끊어 버리지 않으신 것이다. 질문에 따라 대답한 것은 이치의 바름이며, 대답만 하고 변론하지 않으신 것은 말씀을 공손하게 하되 역시 굽힘이 없는 것이다"(陽貨之欲見孔子, 雖其善意, 然不過欲使助己爲亂耳. 故孔子不見者, 義也. 其往拜者, 禮也. 必時其亡而往者, 欲其稱也. 遇諸塗而不避者, 不終絶也. 隨問而對者, 理之直也. 對而不辯者, 言之孫而亦無所詘也)라고 하였다.

2) 남자南子: 『論語』「雍也」편에 다음과 같은 얘기가 있다. "공자께서 남자를 만나자 자로가 좋아하지 않았다. 공자께서 맹세하면서 '내 맹세코 잘못된 짓을 하였다면 하늘이 나를 버릴 것이다! 하늘이 나를 버릴 것이다!'(子見南子, 子路不說. 夫子矢之曰: '予所否者, 天厭之, 天厭之')라고 하였다." 주희는 이에 대해 "남자는 위나라 영공의 부인으로 음란한 행위를 하였다. 공자께서 위나라에 도착하자 남자가 만나기를 요청하니, 공자께서 사절하다가 할 수 없이 만난 본 것이다. 옛날에는 어떤 나라에서 벼슬을 하면 그 임금의 부인을 뵙는 예가 있었다. 그러나 자로는 공자께서 음란한 사람을 만나보는 것을 치욕으로 여겼으므로 좋아하지 않는 것이다"(南子, 衛靈公之夫人, 有淫行. 孔子至衛, 南子請見, 孔子辭謝, 不得已而見之. 蓋古者仕於其國, 有見其小君之禮, 而子路以夫子見此淫亂之人爲辱, 故不悅)라고 하였다.

46장

천하에 도가 있으면 잘 달리는 말을 끌어다 거름 주는 데 부리고, 천하에 도가 없으면 전쟁용 말이 교외에서 나서 자란다. 욕심 내는 것보다 큰 죄는 없고, 얻기를 바라는 것보다 큰 허물은 없으며, 만족할 줄 모르는 것보다 큰 화는 없다. 그러므로 만족할 줄 아는 만족이 영원한 만족이다.

天下有道, 却走馬以糞, 天下無道, 戎馬生於郊. 罪莫大於可欲, 咎莫大於欲得, 禍莫大於不知足, 故知足之足常足.

본문의 '각却'은 '물리친다', '분糞'은 '밭에 거름을 준다'는 의미이다. 천하에 도가 있으면 무력을 사용하지 않고 농사에 힘쓴다. 그러므로 잘 달리는 말을 사용할 곳이 없어 끌어다 거름 수레를 끌게 한다. 장형張衡[1]의 「동경부東京賦」에서 "잘 달리는 말을 끌어다 거름 수레를 끌게 한다"[2]고 하였다. '교郊'는 수도에 가까운 들이다. 오유청은 다음처럼 말하였다. "'교郊'란 두 나라가 서로 맞닿는 국경 지대이다. 무도한 세상에는 적들이 날마다 침범하니, 전쟁용 말이 나라의 마구간으로 돌아가 사육될 틈이 없어 교외에서 새끼를 낳아 기른다."[3]

본문의 '가욕可欲'이란 부유함과 강대함은 사람들이 욕심 낼 만하다는 것이다. 안자晏子[4]는 "경씨慶氏의 부유함은 단지 욕심을 충족시키는 것이었으므로 망하였으니, 우리 읍이 욕심을 충족시키지 않는 것은 이런 까닭이다"[5]라고 하였다. 필부는 죄가 없지만 옥玉을 갖고 있는 것이 그 죄이다.[6] 그러므로 "욕심 내는 것보다 큰 죄는 없다"고 하였다. 가령 내가 욕심 내는 것이 있으면 진실로 죄가 된다. 욕심 낼 만한 것을 남이 가진 것을 보고 그것을 가지고자 하면 그 허물은 더욱 커진다. 이 두 가지는 모두 만족할 줄 모르는 것 때문이다. 오직 만족할 줄 아는 자만이 부귀를 사양하고 빈천한 생활을 할 수 있으며, 강함을 피하고 유약함을 사용할 수 있다. 그러므로 남에게 구하는 것이 없고 남도 그와 다투지 않으니, 이것이 어디를 가도 만족하지 않음이 없게 되는 까닭이다. 이 장에서는 무력과 전쟁의 화가 모두 만족할 줄 모르는 데서 말미암음을 설명하였으니, 대개 앞 장의 만족할 줄 앎과 멈출 줄 앎에 대한 의미를 거듭하여 미루어 넓힌 것이다.

却, 退之也. 糞, 糞田也. 天下有道, 則不用兵而務農, 故無所事乎走馬, 而却之以載糞車也. 張衡東京賦曰: "却走馬以糞車." 郊, 近國之野也. 吳幼淸曰: "郊者, 二國相交之境, 無道之世, 寇敵日侵, 戎馬不得歸育於國廐, 而生育於郊外也."

可欲者, 富厚强大可以爲人所欲也. 晏子曰: "慶氏之富唯足欲, 故亡, 吾邑不足欲, 是也." 匹夫無罪, 懷玉其罪. 故曰: "罪莫大於可欲." 使吾有可欲, 固罪也. 見人之可欲, 而欲得之, 其咎尤大. 是二者, 皆由於不知足. 夫唯知足者, 能辭富而居貧, 避强而用弱. 故無求於人, 人亦莫與之爭, 此所以無往而不足也. 此章言兵革戰爭之禍, 皆由於不知足, 蓋申前章知足知止之意, 而推廣之也.

1) 장형張衡: 後漢의 학자. 南陽 사람. 字는 平子이다. 문장에 뛰어나 「兩京賦」를 지었으며, 또 天文과 曆算에 통하여 渾天儀와 侯風地動儀 등을 발명하였다.

2) "잘 달리는…… 끌게 한다": 『文選』, 권2, 賦・乙・京都中, 張平子, 「東京賦」, "珮以制容, 鑾以節塗, 行不變玉, 駕不亂步, 却走馬以糞車."

3) "'교郊'란…… 낳아 기른다": 『道德眞經註』, 36장 주, "郊者, 二國相交之境, 無道之世, 寇敵日侵, 郊外數戰, 戎馬不得歸育于國廐, 而生育于郊外也."

4) 안자晏子: 춘추 시대 齊나라의 명신. 이름은 嬰, 字는 平仲이다. 靈公과 壯公, 景公을 섬겨 宰相이 되었으며, 恭儉力行으로 이름이 높았다.

5) "경씨慶氏의…… 이런 까닭이다": 『晏子春秋』, 「內篇雜下第六」, '子尾疑晏子不受慶氏之邑晏子謂足欲則亡第十五', "慶氏亡. 分其邑, 與晏子邶殿其鄙六十. 晏子勿受. 子尾曰: '富者人之所欲也. 何獨弗欲?' 晏子對曰: '慶氏之邑足欲, 故亡. 吾邑不足欲也. 益之以邶殿, 乃足欲. 足欲, 亡無日矣. 在外不得宰吾一邑. 不受邶殿, 非惡富也, 恐失富也. 且夫富如布帛之有幅焉, 爲之制度使無遷也. 夫民生厚而用利, 于是乎正德以幅之. 使無黜慢, 謂之幅利. 利過則爲敗, 吾不敢貪多, 所謂幅也.'"

6) 필부는…… 그 죄이다: 『莊子』, 「盜跖」, "內則疑刦請之賊, 外則畏寇盜之害, 內周樓疏, 外不敢獨行, 可謂畏矣" 구절의 疏, "疑, 恐也. 請, 求也. 匹夫無罪, 懷璧其罪. 故在家則恐求財盜賊之災, 外行則畏寇盜濫竊之害."

47장

집 밖으로 나가지 않아도 천하를 알고, 창 밖으로 내다보지 않아도 천도를 안다. 멀리 나아가면 나아갈수록 앎은 더욱 협소해진다. 이 때문에 성인은 나다니지 않아도 (백성이) 찾아오고 드러내지 않아도 유명해지며 아무것도 하지 않아도 (교화가) 이루어진다.

不出戶, 知天下, 不窺牖, 見天道. 其出彌遠, 其知彌少. 是以聖人不行而至, 不見而名, 不爲而成.

하늘과 사람은 하나의 이치로 되어 있고, 사물과 나는 서로 부합한다. 그러니 원근과 대소가 없이 도에서는 하나일 뿐이다. 이 때문에 도를 아는 자는 밖으로 구하지 않지만 얻지 못하는 것이 없다. 만약 눈으로 보고 몸으로 체험한 이후에 알려고 한다면 그 앎도 역시 보고 체험하는 것에 그칠 뿐이니 진실로 하잘 것이 없다. 하물며 사람이 하잘것없는 작은 몸으로 천하와 나누어져 있으면서 안으로 천지와 서로 막힘 없이 흘러 통하는 것은 오직 이 마음 때문이다. (마음이) 지극히 비어 있어 욕심이 없고 지극히 고요하여 흔들리지 않으며 지극히 전일하여 다른 것과 섞이지 않는다. 그런 다음에 영명하게 사통오달하여 신명과 하나가 되니, 모든 변화가 목전에서 교차하여도 환히 알지 못함이 없다. 밖으로 추구하는 자는 그 마음이 반드시 사물에 가리어 비울 수 없고 반드시 나뉘어 전일할 수 없으며 반드시 밖으로 치달아 고요할 수 없다. 그리하여 그 신명은 반드시 모을 수 없고 그 정신은 반드시 안에서 피폐해지니, 비록 앎이 협소해지지 않도록 하려고 하여도 그렇게 할 수 있겠는가?

『문자』에서는 다음과 같이 말했다. "오장五臟이 동요해 안정되지 않고 혈기가 흘러 넘쳐 멈추지 않으며 정신이 날뛰어 지켜지지 않으니, 화와 복이 이르는 것이 언덕이나 산과 같더라도 알 수 있는 길이 없다. 그러므로 '멀리 나아가면 나아갈수록 앎은 더욱 협소해진다'는 것은 정신을 밖으로 왕성하게 해서는 안 된다는 말이다."[1] 세상이 잘 다스려져 화평한 가운데 단정히 손을 잡고 아무것도 하지 않지만, 천하의 백성이 모두 집으로 찾아와서 날마다 알현하듯이 한다. 그러므로 "나다니지 않아도 (백성이) 찾아온다"고 하였다. 사람들이 그가 열심히 일하는 모습을 보지 못했는데도 명성이 온 나라에 널리 퍼진다. 그러므로 "드러내지 않아도 유명해진다"고 하였다. 만물의 이치에 따라 각기 저절로 그렇게 되는 것으로 말미암으니 교화되지 않는 것이 없다. 그러므로 "아무것도 하지 않아도 (교화가) 이루어진다"고 하였다. 본문의 '현見' 자는 '현現' 자와 같이 읽어야 하니, 스스로 드러낸다는 말이다.

오유청은 "굳이 사물을 보지 않고도 그 이치를 명명할 수 있으니, 이것이 바로 창 밖으로 내다보지 않아도 천도를 안다는 것이다"[2]라고 하였는데, 그 또한 의미가 통한다. 내가 생각하기에는 노자가 말한 것은 성인의 일이다. 최상의 지혜를 갖지 못한 사람은 진실로 일을 하나하나 자세히 살피지 않으면서 이치를 탐구하는 것에 대해서는 받아들일 수 없다. 그러나 지나치게 밖으로 힘쓰는 자는 또한 반드시 안에서 자득할 수 없으니, 후세에 암기나 해서 외우고 고증하는 학문으로는 진실로 도를 깨달을 수 있는 자가 없었다.

天人, 一理也, 物我, 一致也. 無遠近無大小, 道則一而已. 是以知道者, 不竢外求, 而無不得. 苟欲以目見身歷而後知, 則其所知者, 亦止於所見所歷而已, 固已少矣. 況人之以眇然一身, 而以天下爲分, 內與天地相流通者, 唯此心而已. 至虛而無欲, 至靜而不撓, 至一而不雜, 夫然後靈明四達, 與神爲徒, 萬變交乎前, 而無不洞然. 彼將求諸外者, 其心必滯於物而不能虛, 必歧而不能一, 必外馳而不能靜. 其神必不能凝, 而其精必疲於內, 雖欲求其知之不寡, 得乎?

文子曰: "五臟動搖而不定, 血氣滔蕩而不休, 精神馳騁而不守, 禍福之至, 雖如丘山, 無由識之矣. 故其出彌遠, 其知彌少, 言精神不可使外淫也." 端拱於穆清之上, 而天下之民, 皆如家至而日見之. 故曰不行而至. 人不覩其運動, 而聲名洋溢乎中國. 故曰不見而名. 順萬物之理, 各因其自然, 而無不從化. 故曰不爲而成. 見當讀如現, 謂自表見也.

吳幼淸曰: "不待窺見此物, 而後能名其理, 此卽不窺牖, 而見天道也." 亦通. 愚謂老子所言者, 聖人之事也. 自上知以下, 固不容不閱事以窮理. 然務外之甚者, 亦必不能有得於內, 後世記誦考證之學, 固未嘗有能見道者也.

1) "오장五臟이…… 말이다": 『通玄眞經』, 권3, 「九守」, "五臟動搖而不定, 血氣滔蕩而不休, 精神馳騁而不守, 禍福之至, 雖如丘山, 無由識之矣. 故其出彌遠, 其知彌少. 故聖人愛而不越……往世之外, 來事之內, 禍福之間, 可足見也. 故其出彌遠, 其知彌少, 以言精神不可使外淫也. 故五色亂目, 使目不明."

2) "굳이…… 안다는 것이다": 『道德眞經註』, 35장 주, "不待行出而已, 如徧至其處, 故能悉知天下之事. 不待窺見此物, 而後能名其理, 故不窺牖, 見天道也."

48장

학문을 하면 날마다 보태고, 도를 행하면 날마다 덜어낸다. 덜어내고 또 덜어내 아무것도 하지 않는 경지에 도달하면, 아무것도 하지 않지만 하지 못하는 것이 없게 된다. 그러니 천하를 취하는 것은 항상 일을 없애는 것으로 한다. 일을 하는 것으로는 천하를 취하기에 부족하다.

爲學日益, 爲道日損. 損之又損, 以至於無爲, 無爲而無不爲矣. 取天下者, 常以無事. 及其有事, 不足以取天下.

학문을 하는 것은 바로 도를 행하기 위함이니, (이 두 가지가) 서로 다를 것이 없다. 노자는 아이들이 강습하는 일을 학문을 하는 것으로, 어른들이 수기치인(成己成物) 하는 공부를 도를 행하는 것으로 여겼다. 그러므로 그 말이 이와 같다. 날마다 알지 못하던 것을 알고 날마다 할 수 없었던 것을 할 수 있게 되니, 이는 학문을 하는 사람들이 날마다 보태는 것이다. 기욕嗜欲을 절제하고 사려를 덜며 정기를 전일하게 하고 하나를 지킴으로써 마음을 보존하고 신명을 편하게 하니, 이는 자신을 수양하는 자들이 날마다 덜어내는 것이다. 번거로운 문식을 없애고 왕성하게 일어나는 것을 간소하게 하며 총명을 일으키지 않고 백성과 함께 쉬니, 이는 사물을 다스리는 자가 날마다 덜어내는 것이다.

아무것도 하지 않는 것은 덜어냄의 지극함이다. 신명이 안에서 완전하여 응함이 밖에서 이치에 맞고 덕이 위에서 온전하여 백성이 아래에서 감화되면, 무엇을 하여도 이치에 맞지 않음이 없고 무엇을 행하여도 이루어지지 않음이 없으니, 이것이 천하를 취할 수 있는 까닭이다. "일을 하는 것으로는 천하를 취하기에 부족하다"는 것은 곧 29장의 "작위하는 자는 실패하고 움켜잡고 있는 자는 놓친다"는 의미이다. 어떤 사람이 "도를 행하면서 덜어낼 수 있는 것은 단지 기욕嗜慾과 무익한 사려일 뿐입니다. 천하의 일은 익히지 않으면 안 되는 것들이 많습니다. 그런데 어떻게 모든 것을 다 덜어내겠습니까?"라고 물었다. 이에 다음처럼 답한다. "사람에게 무익하여 덜어내야 할 것은 쉽게 알 수 있는 반면, 사람에게 유익하면서도 덜어내야 할 것은 좀처럼 알 수 없습니다. 사장詞章에 대한 공부와 예능에 대한 정진, 암기와 견문을 풍부하게 하는 것은 모두 세상에서 말하는 사람에게 유익한 것들입니다. 그러나 사람의 신명을 피로하게 하고 정신을 어지럽혀 사람들의 마음을 외부로 치달아 대도大道의 참됨으로 돌아오지 못하게 하는 것은 모두 이런 것들입니다. 비록 지성으로 익히지 않을 수 없는 것이 있더라도 또한 역량을 헤아려 구하고 가한 것에 맞추어 만족해야 하니, 오직 힘쓸 것은 전일함을 이루는 것뿐입니다. 그런데 또 어찌 넘칠 정도로 함부로 달려가 그칠 줄을 몰라서야 되겠습니까? 노자는 학문을 하는 것과 도를 행하는 것을 둘로 나누어 보았으니, 비록 우리 유학의 의도는 아니지만 학문을 하는 것이 날마다 더하는 것임을 알고 또한 학문을 없애야 한다고 생각하지 않았습니다. 후세에 치양지致良知와 돈오頓悟를 학문으로 여기는 자들과는 또한 다릅니다."

爲學卽所以爲道, 無二致也. 老子以小子講習之事爲爲學, 以大人成己成物之工爲爲道, 故其言如此. 日知其所不知, 日能其所不能, 此爲學者之日益也. 節嗜欲省思慮, 專精守一, 以存其心, 而寧其神, 此修己者之日損也. 去繁文, 簡興作, 不作聰明, 與民休息, 此宰物者之日損也.

無爲者, 損之至也. 神完於內, 而應順於外, 德全於上, 而民化於下, 則措之無不當, 而行之無不成, 此所以能取天下也. 有事之不足以取天下, 卽前篇爲者敗之, 執者失之之意. 或曰: "爲道而可損者, 唯嗜慾與無益之思慮而已. 天下之事, 不可不講者, 多矣. 若之何, 其盡損也?" 曰: "無益於人, 而當損者, 易知也. 有益於人, 而當損者, 難知也. 夫詞章之工, 藝能之精, 記誦聞見之富, 皆世之所謂有益於人者也. 然疲人之神, 滑人之精, 使人之心外馳而不能反於大道之眞者, 皆是物也. 雖其至誠, 有不可不講者, 亦將量力而求, 適可而足, 唯其所務, 則致一焉耳. 又烏可氾濫馳騖, 而不知止哉? 老子以爲學爲道歧而二之, 雖非吾儒之旨, 然知爲學之日益, 而亦未嘗以學爲可廢也. 與夫後世之以致良知頓悟爲學者, 亦異矣."

49장

성인은 고정된 마음이 없이 백성의 마음으로 자신의 마음을 삼는다. 그러니 선한 자도 내가 선하게 여기고 선하지 않는 자도 내가 선하게 여겨서 선을 얻고, 진실한 자도 내가 믿어 주고 진실하지 못한 자도 내가 믿어 주어서 진실을 얻는다. 성인은 천하에서 아무것도 구분하지 않고 천하와 마음을 함께한다. 그러니 백성이 모두 이목을 집중하고, 성인은 그들을 모두 아이들처럼 대한다.

聖人無常心, 以百姓之心爲心. 善者, 吾善之, 不善者, 吾亦善之, 得善矣. 信者, 吾信之, 不信者, 吾亦信之, 得信矣. 聖人之在天下歙歙焉, 爲天下渾其心. 百姓皆注其耳目, 聖人皆孩之.

'무상심無常心'이란 좋아하는 것도 싫어하는 것도 없다는 말이다. "백성의 마음으로 자신의 마음을 삼는다"는 것은 백성이 좋아하는 것은 좋아하고 싫어하는 것은 싫어한다는 말이다. 그러나 노자의 의도는 대개 여전히 좋아하거나 싫어하는 것이 있으면 아직 최고의 경지에 이르지 못한 것으로 여기는 것이다. 선하게 여기는 것도 없고 선하지 않게 여기는 것도 없으며, 진실하게 보는 것도 없고 진실하게 보지 않는 것도 없이 한결같이 무심으로 대하니, 천하가 모두 감화되지만 스스로 왜 그렇게 되는지 알지 못한다. '흡흡歙歙'은 어떤 판본에는 '접접惵惵'[1]으로 또 '출출怵怵'[2]로도 되어 있다. 왕필王弼[3]은 "흡흡歙歙은 마음에 주로 하는 바가 없는 것"[4]이라 하였으니, 뒤섞여 분별되지 않는다는 의미이다.

소황문은 다음과 같이 말하였다. "천하의 선한 사람과 악한 사람, 진실한 사람과 가식적인 사람이 저마다 자신이 옳다고 함으로써 서로 상대가 잘못되었다고 한다. 그런데 성인께서는 그들을 대함이 한결같으시니, 저들이 이목을 집중하여 성인의 상벌을 보고 (나도) 그들을 한결같이 아이처럼 대하니 좋게 여기고 미워하는 대상이 없다. 이 때문에 선하거나 진실한 자가 뽐내는 일이 없고 악하고 가식적인 사람이 원망하는 일이 없이 눈 녹듯 모두 감화되어 천하가 순종한다."[5)]

내가 생각하기에는 사람들과 접촉할 때 감정에 거슬리는 것을 보고 노하지 않는 자가 없다. 오직 어린아이만이 큰 소리로 울부짖으며 무엇인가 던져 남에게 가벼운 상처를 입히더라도 그 때문에 노하는 사람이 없으니, 성인께서 백성을 대하는 것도 이와 같을 뿐이다. 이것이 그가 희로喜怒와 호오好惡를 드러내지 않는 까닭이다. 선한 자와 선하지 않은 자, 진실한 자와 진실하지 않은 자는 모두 자신과 접촉하는 자를 가리켜서 말한 것이다. 만약 천하에서 선하지 않음을 행하는 자를 천하가 똑같이 죽이려는 한다는 것으로 말미암아 죽인다면, (이렇게 죽이는 것은) 자신이 죽인 것이 아니다. 그러니 어찌 선하게 여기고 진실하게 여기는 것이 있겠는가?

無常心者, 無有作好, 無有作惡也. 以百姓之心爲心者, 民之所好, 好之, 民之所惡, 惡之也. 然老氏之意, 蓋以爲猶有好惡焉, 則未及乎大上也. 無善無不善, 無信無不信, 而一遇之以無心, 則天下皆化, 而不自知其所以然矣. 歙歙, 一作慄慄, 又作怵怵. 王弼曰: "歙歙, 心無所主也." 渾混然不見分別之意.

蘇黃門曰: "天下之善惡信僞, 各自是以相非. 聖人則待之如一, 彼方注其耳目, 以觀聖人之予奪, 而一以嬰兒遇之, 無所喜嫉. 是以善信者不矜, 惡僞者不慍, 釋然皆化, 而天下從矣."

愚謂凡與人接者, 未有見不順而不怒者也. 唯嬰孩之兒, 雖叫怒跳擲, 而至於傷人之膚, 人未嘗以爲怒, 聖人之遇百姓, 亦猶是耳. 此所以不見其喜怒好惡也. 善不善, 信不信, 皆指與我相接者而言. 若夫爲不善於天下者, 因天下之所共誅而誅之, 非我之誅之也. 何善之信之之有?

1) '흡흡歙歙'은…… '접접慄慄': 陳深의 『老子品節』과 董思靖의 『道德眞經集解』, 林希逸

의 『道德眞經口義』, 蘇轍의 『老子解』, 朴世堂의 『新註道德經』 등에 '慄慄'으로 되어 있는데, 그 의미는 '두려워하는 모양'이다.

2) 출출怵怵: 역시 '두려워하는 모양'을 뜻한다.

3) 왕필王弼: 삼국 시대 魏나라 사람. 山陽 高平 출신. 字는 輔嗣이며, 尙書郞을 지냈다. 현존하는 『老子』의 주석 가운데 가장 뛰어난 『老子注』를 완성하였다.

4) "흡흡歙歙'은…… 없는 것": 王弼의 『老子注』에는 "是以聖人之於天下, 歙歙焉, 心無所主也. 爲天下渾心焉, 意無所適莫也"로 다소 다르게 되어 있다. 곧 홍석주는 "歙歙, 心無所主也"로 인용함으로써 "心無所主也"를 '歙歙'을 설명하는 말로 보았으나, "歙歙焉, 心無所主也"라는 왕필의 주는 "이 때문에 성인은 세상에서 '세상과 일치가 되니'(歙歙焉) 마음에 주로 하는 바가 없고, 천하와 마음을 함께하니 뜻(意)에 전적으로 주장함(適)도 없고 싫어함(莫)도 없다"라고 해석된다.

5) "천하의…… 순종한다": 『老子解』, 49장 주, "天下善惡信僞, 方各自是, 以相非相賊, 不知所定. 聖人憂之, 故慄慄爲天下其心, 無善惡無信僞, 皆以一待之, 彼方注其耳目, 以觀聖人之與奪, 而吾一以嬰兒遇之, 于善無所喜, 于惡無所嫉. 夫是以善者不矜, 惡者不慍, 釋然皆化, 而天下始定矣."

50장

삶의 길에서 벗어나면 죽음의 길로 들어선다. 별탈 없이 사는 사람들이 열에 셋 정도 있고, 죽을 짓만 하는 사람들이 열에 셋 정도 있다. 사람이 잘 살다가 갑자기 죽음의 길로 들어서는 경우도 열에 셋 정도 있으니, 무엇 때문인가? 지나치게 잘 살려고 하기 때문이다. 삶을 잘 기르는 자는 육로로 길을 가더라도 들소나 호랑이를 피하지 않고 전쟁터에 가더라도 칼날을 피하지 않는다고 들었다. 들소가 뿔로 받을 곳이 없고 호랑이가 발톱으로 할퀼 곳이 없으며 병기가 칼날을 댈 곳이 없으니, 무엇 때문인가? 그에게는 죽을 일이 없기 때문이다.

出生入死. 生之徒十有三, 死之徒十有三. 人之生, 動之死地, 亦十有三, 夫[1] 何故? 以其生生之厚. 蓋聞善攝生者, 陸行不避兕虎, 入軍不避甲兵. 兕無所投其角, 虎無所措其爪, 兵無所容其刃, 夫何故? 以其無死地.

1) 夫: 필사본에는 '天'으로 되어 있는데, 잘못 기록한 것이다. 『道德眞經註』에도 '夫'로 되어 있다.

본문의 '출생입사出生入死'는 삶의 영역에서 벗어나면 죽음의 영역으로 들어간다는 뜻이니, 그 사이가 아주 가깝다는 말이다. 어떤 사람은 "이 구절은 예禮에서 벗어나면 죄를 짓게 된다고 말하는 것과 같다"고 하였는데, 사람들이 항상 대부분 삶을 버리고 죽음으로 달려간다는 말이다. 본문의 '사람들'(徒)이란 나이나 신분이 비슷한 사람들에 대한 명명이다. '별탈 없이 사는 사람들'은 삶에 가까이 있는 자들이다. '죽을 짓만 하는 사람들'은 죽음에 가까이 있는 자들이다. '동지動之'의 '지之' 자는 '가다', '달려가다'의 뜻이다. '십유삼十有三'은 열에 셋이 있다고 말하는 것과 같다. 천하의 사람들을 열 정도로 보면, 그 가운데 인후仁厚하고 근신謹愼하여 삶에 가까이 있는 자가 대략 셋 정도이고, 난폭하고 사나우며 욕심대로 살아 죽음에 가까이 있는 자가 대략 또 셋 정도이며, 삶을 구함이 지나쳐 그것이 도리어 사지로 달려가는 것인 줄도 모르는 자가 또 대략 셋 정도이다. 사는 데 별탈이 없는 자들은 겨우 셋인데, 죽게 될 무리는 여섯 정도이니, 이는 곧 삶의 영역을 벗어나 죽음의 영역으로 가는 자들이 많다는 말이다.

오유청은 다음과 같이 말하였다. "사는 데 별탈이 없는 자들이 셋이고, 죽을 짓만 하는 자들이 셋이며, 잘 살다가 갑자기 죽을 짓을 하는 무리도 셋이니, 합해서 아홉이 된다. (열을 기준으로) 아홉 외에 하나가 더 있다면 태상大上[1]이나 진인眞人[2](으로 '삶을 잘 기르는 자')이다."[3] 내가 생각하기에 사람들을 대략 열로 보고 셋으로 나누면, 각각 셋으로 나누어지고 소수점 이하가 또 삼분의 일이 되는데, 옛 사람들은 글을 간단히 쓰고 말을 질박하게 하여 (소수점 이하는 생략하고) 다만 그 큰 수를 들었을 뿐이다. '십에 셋'이라고 말했으면 대개 (소수점 이하의) 삼분의 일이 이미 그 안에 포함되어 있는 것이니, 이 셋 외에 또 열에 하나가 별도로 있는 것이 아니다. 오씨의 설은 기이하다고 할 수 있으니, 노자의 의도는 오씨의 설명처럼 깊고 교묘하지 않았을 것으로 생각된다.

주자는 다음과 같이 말하였다. "삶의 영역에서 죽음의 영역으로 들어가게 되는 것은 지나치게 잘 살고자 하기 때문이다. 소리, 색, 냄새, 맛, 거처, 봉양奉養, 권세, 이욕은 모두 잘 살기 위한 것이니, 오직 이러한 것에만 너무 지나치게 하기 때문에 (도리어) 사물에 의해 해를 당하게 되는 것이다. 삶을 잘 기르는 자는 이런 장애를 멀리하니 죽을 일이 없다."[4] 내가 생각하기에는 장생불사의 약을 복용하여 몸을 단련하고 음식과 약을 먹어 병을 예방하며 경영하고 구하며 도모하고 행함으로써 화를 피하는 것은 모두 잘 살고자 하는 것이나, 이런 것에 마음을 지나치게 쓸 경우 도리어 삶을 해치게 된다. 난폭하고 사납게 행동하며 욕심대로 사는 것이 죽게 될 사람들이란 것은 쉽게 알 수 있다. 그러나 잘 살다가 갑자기 죽을 곳으로 가게 되는 자에 대해서는 (죽게 될 사람들이란 것을) 쉽게 알 수 없으니, 이 때문에 노자가 특별히 자세하게 설명한 것이다. 본문의 '섭攝'은 거두어서 유지한다는 의미이고, '시兕'는 외뿔의 힘이 센 들소를 말한다.

『장자』에서는 다음과 같이 말하였다. "도를 아는 자는 반드시 천지의 이치에 통달하고, 천지의 이치에 통달한 자는 반드시 임기응변에 능란하며, 임기응변에 능란한 자는 사물 때문에 자신을 해치지 않는다네. 지극한 덕을 소유한 자는 불이 뜨겁게 할 수 없고 물이 빠트릴 수 없으며, 한서寒暑가 해칠 수 없고 금수가 해코지할 수 없네. 그렇다고 그런 위험을 경시한다는 말은 아니네. 편안하고 위태로움을 분명히 알고 화와 복에 대해 편안히 여기며 나아가고 물러남을 삼가기 때문에 아무도 그를 해칠 수 없다는 말이네."[5] 내가 생각하기에 '사지死地'는 '죽을 수도 있는 길'이라고 하는 것과 같으니, 대개 사람들에게 반드시 죽을 수 있는 일이 있은 다음에 사물이 그를 해칠 수 있는 것이다. 삶을 잘 기르는 자는 안으로 마음이 텅 비고 고요하여 욕심이 없으며 밖으로는 부드럽고 연약해 남들과 다투지 않으니, 삶을 추구할 만하다는 것을 모르는 것처럼 한가하게 지내고 흐르는 물이 큰 바다에 있는 것처럼 떠돌아다녀 아무도 그가 가는 바를 알지 못한다. 그러니 비록 맹수나 나쁜 사람이 있더라도 어떻게 그를 해칠 수 있겠는가? 이 장에서는 삶은 구하여 얻을 수 없고 죽음은 피하여 면할 수 없다는 것에 대해 설명하였으니, 도를 아는 자만이 삶을 잘 기를 수 있다고 함으로써 39장의 '하나를 얻었다'(得一)는 의미를 거듭 밝히고 있다.

出生入死, 謂出於生, 則入於死, 言其間之至近也. 或曰: "此猶言出於禮, 則入於刑", 言人恒多棄生, 而趨死也. 徒者, 流輩之名. 生之徒, 近於生者也. 死之徒, 近於死者也. 動之之之, 適也, 趨也. 十有三, 猶言十居其三也. 天下之人, 以十爲率, 而其仁厚謹愼, 而近於生者, 大畧居其三, 暴悍縱慾, 而近於死者, 大畧又居其三, 至於求生之過, 而不覺其反趨於死地者, 又約居其三. 生之徒才三, 而死之徒爲六, 此卽言其出生入死之多也.

吳幼淸曰: "生之徒三, 死之徒三, 生動之死地者, 亦三, 則共爲九矣. 九之外, 有其一, 則大上眞人(善攝生者)也." 愚謂以十爲率, 而三分之, 則各得成數者爲三, 而得零數者又爲三分之一, 古人文簡而語質, 但擧其大數而已. 言十有三, 則三分之一, 蓋已涵於其中, 非謂是三者之外, 又別有十之一也. 吳氏之言, 可謂奇矣, 而老子之意, 則恐未必如是之深巧也.

朱子曰: "人所以自生而趨死者, 以其生生之厚耳. 聲色臭味, 居處奉養, 權勢利欲, 皆所以生生者, 唯於此太厚, 所以物得而害之. 善攝生者, 遠離此累, 則無死地矣." 愚謂服食以煉形, 藥餌以防病, 營求謀爲以避禍, 皆欲以生其生也, 而用心之過者, 未有不反害其生. 夫暴悍縱慾之爲死之徒, 易知也. 生生之厚而動之死地者, 難知也, 此老子所以特詳言之也. 攝, 將持之意, 兕, 野牛一角而多力者也.

莊子曰: "知道者, 必達於理, 達於理者, 必明於權, 明於權者, 不以物害己. 至德者, 火不能熱, 水不能溺, 寒暑不能害, 禽獸不能賊, 非謂其薄之也. 言察乎安危, 寧於禍福, 謹於去就, 莫之能害也." 愚謂死地, 猶言可死之道, 蓋人必有可死之道, 然後物得以害之. 善攝生者, 內虛靜而無欲, 外柔弱而不爭, 悠悠然若不知生之可求, 泛泛然如流水之在大海, 而莫適其所之, 雖有猛獸惡人, 將安所加其害哉? 此章蓋言生不可求而得, 死不可避而免, 唯知道者, 爲能攝生, 以申前章得一之意.

1) 태상大上: 17장에 "大上不知有之, 其次親而譽之"라는 말이 있다.

2) 진인眞人: 『莊子』에 많이 나온다. 예를 들면 「大宗師」에 "且有眞人而後有眞知, 何謂眞人? 古之眞人, 不逆寡, 不雄成, 不謨士. 若然者, 過而弗悔, 當而不自得也. 若然者, 登高不慄, 入水不濡, 入火不熱"이라는 구절이 있다.

3) "사는 데…… 진인眞人(으로 '삶을 잘 기르는 자')이다": 『道德眞經註』, 42장 주, "十類之中, 生之徒有其三, 死之徒有其三, 人之生動之死地者, 亦有其三, 則共爲九矣. 九之外, 有其一, 太上眞人也."

4) "삶의…… 없다": 『朱熹集』, 권45, 「答丘子服」, "兩日連得手示, 爲慰. 貴大患如此說固好, 但後一貴字別爲一義, 似未安耳. 出生入死章, 諸家說皆不愜人意, 恐未必得老子本指. 今只自夫何故以下看, 則語意自分明. 蓋言人所以自生而趨死者, 以其生生之厚耳. 聲色臭味, 居處奉養, 權勢利欲, 皆所以生生者, 唯於此太厚, 所以物得而害之. 善攝生者, 遠離此累, 則無死地矣. 此却只是目前日用事, 便可受持, 他旣難明, 似亦不必深究也. 如何如何?"

5) "도를…… 없다는 말이네": 『莊子』, 「秋水」, "北海若曰: 知道者, 必達於理, 達於理者, 必明於權, 明於權者, 不以物害己. 至德者, 火弗能熱, 水弗能溺, 寒暑弗能害, 禽獸不能賊, 非謂其薄之也. 言察乎安危, 寧於禍福, 謹於去就, 莫之能害也. 故曰: '天在內, 人在外. 德在乎天.' 知天人之行, 本乎天, 位乎得, 蹢躅而屈伸, 反要而語極."

51장

도가 낳아 주고 덕이 길러 주니, 사물이 형체를 갖추고 추세가 이루어진다. 이 때문에 만물은 도를 보존하고 덕을 귀하게 여기지 않음이 없다. 도와 덕의 존귀함은 아무도 알려주지 않아도 항상 저절로 그런 것이다. 그러므로 도는 낳아 주면서 길러 주고, 성장시키면서 길러 주고, 완성시켜 주면서 무르익게 하고, 길러 주면서 감싸준다. 그런데 낳아 주었으면서도 자신의 것이라고 하지 않고, 무엇인가 해주었으면서도 의지하지 않으며, 성장시켜 주었으면서도 주재하지 않으니, 이것을 현묘한 덕이라고 한다.

道生之, 德畜之, 物形之, 勢成之. 是以萬物莫[1]不存道而貴德. 道之尊, 德之貴, 莫之命而常自然. 故道生之畜之, 長之育之, 成之熟之, 養之覆之. 生而不有, 爲而不恃, 長而不宰, 是謂玄德.

1) 莫: 필사본에는 '其'로 되어 있는데, 잘못 기록한 것이다. 『道德眞經註』에도 '莫'으로 되어 있다.

어느 것도 도 아닌 것이 없으니, 그것을 소유하면 '덕德'이라 하고, 형체로 나타나면 '사물'이라 하며, 근간을 미루어 운용하면 '추세'라 한다. 추세는 이루어지지 않을 수 없지만 그 이루어짐을 스스로 주관할 수는 없다. 사물은 형체를 갖추지 않을 수 없지만 스스로 그 형체를 부여할 수는 없다. 그러므로 도와 덕만이 그 존귀함을 오로지 할 수 있다. 태어나는 것은 하나의 근원에서 명을 받으니,

사람이 아버지에게서 시작되는 것과 같다. 본문의 '휵畜'이란 뱃속에서 길러지는 것을 말하니, 사람이 모태에서 길러지는 것과 같다. '막지명莫之命'은 누가 알려 주는 것을 기다릴 필요도 없다는 말이다. '휵畜'과 '육育'은 모두 '기르다'의 뜻이다. 『시경』에서 "쓰다듬어 기르시고 키우시고 가꾸시며"[1]라고 하였으니, 대개 '휵畜'은 기氣를 위주로 한 말로서 저절로 태어나 성장해 가는 것이고, '육育'은 형체를 위주로 한 말로서 스스로 성장하여 완성되어 가는 것이다. '부覆'는 '감싸주다'의 뜻이다. 앞에서는 "도가 낳아 주고 덕이 길러 준다"고 하고 뒤에서는 "도가 낳아 주면서 길러 준다"고 하였으니, 도만 말하면 곧 덕까지 통섭할 수 있다. '생이불유生而不有' 이하는 10장에서 이미 자세히 해설했는데, 여기 10장에서는 성인이 도를 체득한 것으로 설명하였다. 도가 천하에서 존귀할 수 있는 것은 만물을 생육하기 때문이다. 왕 또한 천하에서 그러하다. 단지 도는 (사물에 이끌리는) 정情이 없지만 사람은 (사물에 쏠리는) 마음이 있고, 도는 (무언가 하는 것에 대해) 드러냄이 없지만 사람은 (드러나게) 무언가 하는 것이 있으니, '정과 드러냄이 없는 것'[2]은 조금도 (사물에 이끌려 잘못될까) 경계할 것이 없다. 그러나 '마음이 있는 것'[3]은 간혹 (사사로운) 의도가 없을 수 없고 '무언가 함이 있는 것'[4]은 혹 욕심이 없을 수 없으니, 이를테면 공이 있을 경우 자신의 능력을 믿고서 의도적으로 주재하려 하면 사물에 혹 장애가 되어 존귀하게 되는 까닭을 모두 잃을 수 있다. 이것이 도를 터득한 사람이 무위無爲와 무사無事를 존귀하게 여기는 까닭이고, 성인이 고정된 마음을 갖지 않는 까닭이다.

莫非道也, 有之而曰德, 流形而曰物, 推幹運用而曰勢. 勢不得不成, 而不能自尸其成, 物不得不形, 而不能自賦其形, 故唯道德專其尊貴. 生者, 受命於一原, 猶人之資始於父也. 畜者, 孳養之謂, 猶人之胎養於母也. 莫之命, 不待告戒也, 畜與育, 皆養也. 詩曰: "拊我畜我, 長我育我", 蓋畜主氣言, 自生而趨於長, 育主形言, 自長而趨於成也. 覆, 庇也. 上言道生之德畜之, 而下言道生之畜之, 專言道, 則可以統乎德也. 生而不有以下, 解已具第十章, 此言聖人之體夫道也. 夫道之所以尊貴於天下者, 以其能生育萬物也. 王者之於天下也, 亦然. 唯道無情, 而人有心, 道無形, 而人有爲, 無情與形者, 無假乎戒矣. 有心者, 或不能無意, 有爲者, 或不能無欲, 如或有其功, 而恃其能, 有意以主宰之, 則物或累之, 而盡喪其所以尊貴矣. 此有道者,所以貴夫無爲無事, 而聖人所以無常心也.

1) "쓰다듬어…… 가꾸시며": 『詩經』, 「小雅 · 蓼莪」, "父兮生我, 母兮鞠我. 拊我畜我, 長我育我, 顧我復我, 出入腹我. 欲報之德, 昊天罔極."
2) '정과 드러냄이 없는 것': 道를 말한다.
3) '마음이 있는 것': 사람을 말한다.
4) '무언가 함이 있는 것': 역시 사람을 말한다.

52장

세상에 시작이 있으니 그것으로 천하의 어미를 삼는다. 그 어미를 얻고 나서 그것으로 그 자식을 알고, 그 자식을 알고 나서 다시 그 어미를 지키니, 종신토록 위태롭지 않다. 그 구멍을 막고 그 문을 닫으니, 종신토록 수고롭지 않다. 그 구멍을 열어 놓고 그 일을 증가시키니, 종신토록 구제할 수 없다. 적음[1]을 보는 것이 밝음이고, 부드러움을 유지하는 것이 강함이다. 그 빛남을 사용해 다시 그 밝음을 복귀시키면서 자신에게 재앙을 남기지 않으니, 이것이 물러나 숨는다는 것이다.

天下有始, 以爲天下母. 旣得其母, 以知其子, 旣知其子, 復守其母, 沒身不殆. 塞其兌, 閉其門, 終身不勤. 開其兌, 濟其事, 終身不救. 見小曰明, 守柔曰强, 用其光, 復歸其明, 無遺身殃, 是謂襲常.

1) 적음: '小'를 '적음'으로 번역한 것은 홍석주가 주에서 "본문에서 말한 '小'란 '多'와 상대되는 말이지 '大'와 상대되는 말이 아니다"(所謂小者, 與多相對之辭, 非與大相對之辭也)라고 했기 때문이다.

모든 '움직임'은 '고요함'에 뿌리를 두고, 모든 '있음'은 '없음'에서 나오며, 모든 사물은 '하나'에 근원을 둔다. '고요함'이라 하고 '없음'이라 하고 '하나'라 하니, 모두 도道(를 말함)이다. 그러므로 도를 깨달은 자는 하나를 가슴에 안고 고요함을 유지함으로써 무위하여 천하의 일과 천하의 사물이 여기에 있지 않은 것이 없으니, 이것이 바로 "그 어미를 얻고 그것으로 자식을 안다"는 말이다. 이미 천하의 움직임(이 고요함에 뿌리를 둠)을 알았으니 자신은 항상 고요하고, 이미 천하의 있음(이 없음에서 나옴)을 알고서 자신은 항상 무위하며, 이미 모든 사물(이 하나에 근원을 둠)을 알고서 자신은 항상 (사물을) 하나로 여기니, 이것이 "그 자식을 알고 다시 그 어미를 지킨다"는 말이다. 일신一身을 기준으로 말하면 이목구비와 사체와 모든 뼈가 모두 자식으로서 품부받아 나온 것이니, 곧 이것이 (한 올의 실이) 이어지고 이어져 보존되는 듯한 신기神氣이다. 이것을 지켜서 잃지 않으면 해를 멀리하고 생명을 보존할 수 있다.

오유청은 다음과 같이 말하였다. "『역경』에서 태괘兌卦로 입의 모양을 취했으니, 본문의 '색기태塞其兌'는 입을 다물고 말하지 않는다는 뜻이다. '문門'이란 기氣가 출입하는 곳이니, 코를 말한다. 말을 하지 않음으로써 점차 조식調息하게 되어 숨을 쉬지 않는 듯한 경지에 도달하면 기氣가 내부에서 전일해지니, 종신토록 수고롭게 기를 소모할 필요가 없게 된다."[1] 내가 생각하기에는 사람이 동작할 때는 반드시 문으로 말미암으니, 본문의 "그 구멍을 막고 문을 닫는다"는 말은 모두 고요함을 지키고 무위하는 것을 말한다. '제濟' 자는 『좌씨전左氏傳』에서 "(어째서 왕에게) 군사를 증가해 달라고 요구하지 않는가?"[2]라고 할 때의 '증가하다'(濟)의 의미이다. 도를 깨달은 자가 일을 처리할 때는 저절로 그렇게 됨을 따르고 자신의 생각을 개입시키지 않으니, 만약 자신의 생각으로 일을 하고 주장하면 자신이 일에 매이게 되어 그 실패를 구제할 수 없다.

진심陳深[3]은 "본문에서 '적음을 보는 것이 밝음이다'라고 했는데, 안으로 보는 것을 '밝음'이라 한다. 또 '부드러움을 유지하는 것이 강함이다'라고 했는데, 자신을 이기는 것을 '강함'이라 한다"[4]라고 하였다. 내가 생각하기에는 사람들이 항상 살피지 못하는 바가 없는 것을 밝음으로 여기지만 노자는 그 밝음을 사용하지 않음으로써 밝음을 고양하였다. 본문에서 말하는 '적음'(小)이란 '많음'(多)과 상대되는 말이지 '큼'(大)과 상대되는 말이 아니다. 그러므로 빛남을 머금고 안으로 쌓아 어수룩하기가 어두운 듯하다. 부득이하게 그것을 사용할 경우 밖으로 빛나게 하지 않고 안으로 되돌리니, 이것이 곧 "다시 그 어미를 지킨다"는 말이다. 물은 불과 함께 모두 사물을 비출 수 있는데, 물이 사물을 오랫동안 받아들여 비추는 반면 불이 쉽게 꺼지는 것은 불은 밖에서 밝히고 물은 안에서 빛나기 때문이다. 사람들이 빛남을 사용함에 물처럼 할 수 있다면 종신토록 사용해도 위험해질 일이 없으니, 강함을 사용하는 것도 이와 같이 해야 한다. 본문의 '습襲'은 '숨다'의 뜻이다. '상常'은 16장의 "명을 되돌림이 영원함이다"라고 할 때의 '영원함'의 뜻이다. 그러니 '습상襲常'은 영원함에 물러나 숨는다는 말이다.

羣動根於靜, 萬有生於無, 百昌本乎一. 曰靜曰無曰一, 皆道也. 故有得乎道者, 抱一守靜以無爲, 而天下之事, 天下之物, 無不在是者, 是所謂得其母, 以知其子也. 旣知天下之動, 而我則常靜, 旣知天下之有, 而我則常無爲, 旣知天下之衆, 而我則常一, 是所謂知其子, 復守其母也. 以一身言之, 則耳目鼻口四體百骸, 皆子而所稟以生者, 卽此綿綿若存之神氣也. 能守是而不失, 則可以遠害而保其生矣.

吳幼淸曰: "易以兌卦取口象, 塞其兌, 謂杜口不言也. 門者, 氣所出入之門, 謂鼻也. 由不言, 以漸調息以至無息, 則氣專於內, 終身不因勞而致耗矣." 愚謂人有動作, 必由乎門, 塞兌閉門, 皆謂守靜而無爲也. 濟如左氏傳請濟師之濟. 有道者之於事也, 聽其自然, 而應以無我. 若以身往, 爲之徇焉, 則身爲事役, 而其敗也, 不可救矣.

陳深曰: "見小曰明, 內視之謂明也. 守柔曰强, 自勝之謂强也." 愚謂人恒以無所不察爲明, 而老子以不用其明高明. 所謂小者, 與多相對之辭, 非與大相對之辭也. 故含光內蘊, 悶悶若昧, 不得已而用之, 則不耀于外, 而反于內, 此卽所謂復守其母者也. 今夫水與火, 皆能照物, 水長涵, 而火易熄者, 火之明在外, 而水之光在內也. 人之用其光也, 能如水, 則終身用之, 而不及於殃矣. 其所以用其强, 亦當猶是也. 襲, 藏也. 常猶上篇復命曰常之常. 襲常, 言退藏於常也.

1) "『역경』에서…… 없게 된다": 『道德眞經註』, 44장 주, "故易卦名兌者, 亦取口象, 塞其兌, 謂杜口不言, 使氣不自口出. 門者, 氣所出入之門, 謂鼻也. 先塞兌, 而後可閉門, 由不言, 而漸調息, 減息以至無息也. 如此則氣專於內, 終身不因勞而致耗矣. 凡人有事必須有言, 每事開口而言, 以成濟其應接之事, 則氣耗而至於匱, 終身不可救也."

2) "군사를…… 요구하지 않는가?": 『春秋左氏傳』, 「桓公 11年」, "莫敖曰: '盍請濟師於王?'"

3) 진심陳深: 明代 사람으로 字는 子微이고, 別號는 淸全이다.

4) "본문에서…… '강함'이라 한다": 『老子品節』, 「下經 · 15장」, "見小曰明, 內視之謂明也. 守柔曰强, 自勝之謂强也."

53장

만일 내가 잠깐이라도 아는 것이 있어 대도를 행하게 되더라도 시행하는 것만은 두렵다. 큰 길이 아주 평탄한데 백성은 지름길로 다니기를 좋아한다. 조정은 잘 정비되어 있는데 전야는 온통 잡초가 무성하고 창고는 텅 비어 있다. 화려하게 꾸민 옷을 입고 예리한 칼을 차고 음식을 물리도록 먹는데도 재산은 여유가 있으니, 이는 도둑의 뽐냄이다. 도에 맞는 행위가 아니로구나!

使我介然有知, 行於大道, 唯施是畏. 大道甚夷, 而民好徑. 朝甚除, 田甚蕪, 倉甚虛. 服文采, 帶利劍, 厭飲食, 資財有餘, 是謂盜夸. 非道哉!

오유청은 다음과 같이 말하였다. "'개介' 자는 '알戛' 자와 같이 읽는다.[1] 『맹자』에서 '잠깐 사용하면 길을 이룬다'[2]는 말과 같으니, '잠깐'[3]이라는 말이다. '시施' 자는 『맹자』에서 '의기양양하게 밖에서 들어온다'[4]고 할 때의 '시施' 자와 같으니, 뽐내고 자랑함을 말한다. 도를 알지 못하는 자는 그저 뽐내고 자랑하니, 사람이 잠깐이라도 아는 바가 있어 대도大道를 행하고자 하면, 반드시 오로지 의기양양하게 뽐낼 것이 두려워 감히 행하지 않는다는 말이다."[5]

내가 생각하기에 여기 몇 구절은 억지로 해석해서는 안 되니, 잠시 그냥 놔두는 것이 좋겠다. 본문의 '경徑'은 '소로小路'이니 험한 것이다. '조朝'는 '외정外廷'[6]이며, '제除'는 '다스리다'의 뜻이다. 외조外朝가 아주 잘 정비되어 있으면 그 전야는 반드시 황폐하고 그 창고는 반드시 비어 있으니, 이것으로 사람들이 내면적인 것을 충실하게 하지 않고 외면적인 것을 일삼음을 비유하였다. 의복과 음식에 사치를 부리는 자는 반드시 그 재물을 모두 소모하게 되니, 그런데도 여전히 (재물에) 여유가 있다면 이는 반드시 남의 재물을 훔친 것이다. 이 구절은 사람들이 화려하게 꾸미고 명예를 도둑질함을 비유한 것이다. 도를 터득한 자는 항상 겸손하게 모자란 듯이 하면서 오로지 내면에 참다운 덕을 쌓는 데 힘쓰니, 비유하자면 큰 도로처럼 아주 평탄하여 가기가 쉽다. 외면적인 것에 힘쓰면서 그것으로 즐거움을 삼는 자는 그 마음이 아주 고달프고 그 행동이 아주 곤란해져 끝내 도를 따를 수 없으니, 그런데도 사람들이 이것을 버리고 저것을 좇는 것은 또한 미혹한 것이다.

일설에 생활의 방도를 세우는 자가 열심히 농사지어 곡식을 쌓아 두는 것으로 근본을 삼는 것은 도를 행하는 것과 같다고 했으니, 노자로 볼 때 자신에게 되돌려 실질에 힘쓴다는 것이다. 전야는 황폐하고 창고는 비었는데도 말단의 이로움에 종사하니, 비록 의복과 음식을 호화롭게 하고 재산을 넉넉하게 할지라도 이 또한 도적질한 것일 뿐이다. (이는) 도를 구한다고 하는 자가 자신의 내면에서 구하지 않고 외적인 것에서 구하니, 비록 용모를 단정하게 꾸미고 명예가 대단해지더라도 또한 도를 행한다고 하기에 부족한 것이나 마찬가지이다.

'과夸'는 뽐내는 것이다. 한비자韓非子[7]는 이 글자를 '(피리) 우竽' 자로 해놓고, "피리(竽)란 오성五聲의 으뜸이다. 피리가 먼저 연주되면 모든 악기가 모두 이어서 연주되고 아주 간악한 것이 날뛰면 좀도둑들도 덩달아서 날뛰니, 그런 까닭에 '도우盜竽'라 하였다"[8]고 말하였다.

吳幼淸曰: "介讀如戛, 與孟子介然用之成路同, 倏然之頃也. 施, 猶孟子施施從外來之施, 謂矜夸張大也. 言不知道者, 唯矜夸張,[9] 使其人倏然之頃有所知, 而欲行於大道, 則必專以施爲畏,[10] 而不敢爲矣."

愚謂此數句, 不可强解, 姑闕焉, 可也. 徑, 小路, 險僻者也. 朝, 外廷也. 除, 治也. 其外朝, 甚修治, 則其田必蕪, 而其倉必虛, 以喩人之虛內, 而事外也. 侈其服食者, 其資必竭, 若猶有餘, 則是必竊人之貨者也. 此以喩人之餙華, 而盜名也. 夫有道者, 常謙謙若不足, 而專務其實德于內, 譬若大路然, 甚坦而易行也. 彼務外以爲悅者, 其心甚勞, 其行甚艱, 而終不可以適道, 人顧捨是, 以趨彼, 亦惑矣.

一說, 治生者, 以力田積穀爲本, 猶行道, 老之反躬而務實也. 田蕪倉虛, 而從事于末利, 雖侈其服食, 豊其資儲, 是亦盜賊而已矣, 猶求道者, 不求諸內, 而求諸外, 雖容儀修飭, 名譽藉湛, 亦不足以爲道也.

夸, 矜張也. 韓非子[11]引此作竽, 曰: "竽也者, 五聲之長也. 竽唱則衆樂皆和, 大奸唱則小盜和, 故曰盜竽."

1) '개介' 자는…… 읽는다: 『道德眞經註』, 45장 주, "則必專以施爲畏, 而不敢爲. ○介音戛."

2) '잠깐…… 이룬다': 『孟子』, 「盡心章句下」, "孟子謂高子曰: '山徑之蹊間, 介然用之而成路, 爲間不用, 則茅塞之矣, 今茅塞子之心矣.'"

3) '잠깐': 이는 "倏然之頃也"를 번역한 것이다. 위 『맹자』 구절의 주자주에도 나온다.

4) '의기양양하게 밖에서 들어온다': 『孟子』, 「離婁章句下」, "齊人有一妻一妾而處室者, 其良人出則必饜酒肉而後反. 其妻問所與飮食者則盡富貴也. 其妻告其妾曰: '良人出則必饜酒肉而後反, 問其與飮食者, 盡富貴也, 而未嘗有顯者來, 吾將瞯良人之所之也.' 蚤起施從良人之所之, 徧國中, 無與立談者. 卒之東郭墦間之祭者, 乞其餘, 不足, 又顧而之他, 此其謂饜足之道也. 其妻歸告其妾曰: '良人者, 所仰望而終身也, 今若此' 與其妾訕其良人而相泣於中庭, 而良人未之知也, 施施從外來, 驕其妻妾."

5) "'개介' 자는…… 말이다": 『道德眞經註』, 45장 주, "我者汎言衆人非老子. 自謂介然, 音義與孟子介然用之成路同, 倏然之頃也.……施猶論語無施勞, 孟子施施從外來之施, 矜夸張大也.……此章言不知道之人, 惟矜夸張, 若使其人倏然之頃有所知, 而欲行於大道, 則必專以施爲畏, 而不敢爲."

6) '외정外廷': 周代에 內朝 · 治朝 · 外朝를 '三朝'라 하였다. 治朝는 天子가 매일 정사를 보는 곳이고, 內朝는 燕朝 또는 路寢이라고 하여 天子가 퇴거하는 곳이며, 外朝는 국가 비상시에 萬民을 모아 자문하던 곳이다.

7) 한비자韓非子: 전국 시대 말기 法家의 大成者로 韓의 公子이다. 刑名法術의 학문을 좋아하여 李斯와 함께 荀子에게 배웠다. 秦나라에 사신으로 갔다가 갇혀 李斯 때문에 독살당하였다. 저서에 『韓非子』 20권이 있다.

8) "피리(竽)란…… 하였다": 『韓非子』, 「解老」, "國有若是者, 則愚民不得無術而效之. 效之, 則小盜生. 由是觀之, 大姦作則小盜隨, 大姦唱則小盜和. 竽也者, 五聲之長者也. 故竽先則鍾瑟皆隨, 竽唱則諸樂皆和. 今大姦作則俗之民唱, 俗之民唱則小盜必和. 故服文采, 帶利劍, 厭飮食, 而資貨有餘者, 是之謂盜竽矣."

9) 唯矜夸張: 필사본에 이렇게 되어 있는데, '張' 자 뒤에 '大' 자가 있어야 앞에서 '施' 자를 '矜夸張大'로 풀이한 것과 일치할 것 같다. 그러나 『道德眞經註』의 주에도 '矜夸張'

으로 되어 있다. 위의 주5) 참고

10) 畏: 필사본에는 '喪'으로 되어 있는데, 잘못 기록한 것이다. 『道德眞經註』에도 '畏'로 되어 있다.

11) 韓非子: 필사본에 "釋非引此作竽, 曰竽也者…"라고 되어 있는데, 인용구가 한비자의 말인 것으로 보아 여기서의 '釋非'는 '韓非子'를 잘못 기록한 것으로 보인다. 67장에서도 한비자로 인용하고 있다.

54장

잘 세운 것은 뽑히지 않고 잘 껴안은 것은 벗어나지 않으니, 자손이 제사를 그치지 않는다. 그것을 자신에게 닦으면 그 덕이 이에 진실해지고, 그것을 집안에서 닦으면 그 덕이 이에 넉넉해지고, 그것을 마을에서 닦으면 그 덕이 이에 뛰어나게 되고, 그것을 나라에서 닦으면 그 덕이 이에 풍성해지고, 그것을 천하에서 닦으면 그 덕이 이에 넘치게 된다. 그러므로 자신으로 자신을 살피고, 집안으로 집안을 살피고, 마을로 마을을 살피고, 나라로 나라를 살피고, 천하로 천하를 살핀다. 내가 무엇으로 천하가 그렇다는 것을 아는가? 덕이 진실한 것으로 안다.

善建者不拔, 善抱者不脫, 子孫祭祀不輟. 修之於身, 其德乃[1]眞, 修之於家, 其德乃餘, 修之於鄕, 其德乃長, 修之於邦, 其德乃豊, 修之於天下, 其德乃普. 故以身觀身, 以家觀家, 以鄕觀鄕, 以邦觀邦, 以天下觀天下. 吾何以知天下之然哉? 以此.

1) 乃:『道德眞經註』에는 이하의 '乃' 자가 모두 '迺'로 되어 있다.

이 장은 앞 장을 이어서 설명하였다. 조정을 잘 정비하고 의복을 화려하게 입으며 음식을 잘 차려 먹는 자는 모두 도를 행한다고 하기에 부족하니, 내면을 가꾸지 않고 외면을 꾸몄기 때문이다. (반면) 잘 세운 자는 스스로 내놓는 것이 견고하고 잘 껴안는 자는 스스로 지키는 것이 온전하니, 자손의 제사가 끊어지지 않는 것은 밖으로 거짓되게 함이 없어 영원할 수 있는 것이다. 이렇게 될 수 있는 것은 어떤 도를 따랐기 때문인가? 단지 자신을 수양하는 것일 뿐이다. 본문의 '진眞'은 내실이 자신에게 있어 겉으로 꾸민 것이 아니라는 말이다. '수지어가修之於家' 이하는 모두 "그 덕이 이에 진실해졌다"는 구절을 이어서 말한 것이니, 진실한 덕이 내면에 충족되면 집안·마을·나라·천하로 미루어 나가 어디를 가도 여유 있지 않음이 없다는 것이다. '뛰어나게 되다'(長)·'풍성해지다'(豊)·'넘치다'(普)라고 말한 것은 협운으로 문장을 변화시킨 것인데, 모두 지극히 풍족하다는 의미이다. 집안·마을·나라·천하에서 닦는다는 것은 자신에게 근본을 두는 것이니, 자신을 닦는 도라면 내 자신에게 갖추어져 있어 외부에서 얻을 수 있는 것이 아니다. 그러므로 "자신으로 자신을 살핀다"고 하였다. 자신이 닦이고 나면 집안과 마을로부터 어디를 가도 각기 그 감화가 날마다 그러한 것을 따르지만 자신이 그것에 관여한 것은 없다. 그러므로 "집안으로 집안을 살피고, 마을로 마을을 살핀다"고 하였다. 나라와 천하도 이와 같다. 이 때문에 자신을 벗어나지 않고도 천하를 안다. 본문의 '이차以此'에서 '차此' 자는 덕의 진실함을 가리켜 말한 것이다. 『문자』에서는 다음과 같이 말하였다. "자신이 다스려졌는데도 국가가 혼란하다는 경우는 들어 본 적이 없고, 자신이 다스려지지 않고 국가가 다스려지는 경우는 없다. 그러므로 '자신에게 닦으면 그 덕이 이에 진실해진다'고 하였다."[1)]

내가 생각하기에 이 장의 의미는 『대학』과 부합한다. 후세에 도가로 일컬어지는 자들은 자신을 사사롭게 할 줄만 알아서 천하와 국가를 위할 수 없었으며, 예로 도모하고 공으로 이롭게 하는 것을 가지고 유학에 의탁하는 자는 또 항상 다스리는 도만 말하고 자신에 근본을 두지 않았으니, 이런 것은 모두 노자가 버렸던 것들이다.

此蓋承上章而言. 夫治其朝華其服美其食者, 皆不足以爲道, 以其不修諸內而飾其外也. 善建者, 自生固也, 善抱者, 自守全也, 子孫祭祀不輟, 無假於外, 而可以長久矣. 是遵何道哉? 唯能修其身而已. 眞, 謂實有諸己, 而非外飾也. 修之於家以下, 皆承其德迺眞而言, 實德足於內, 則推之於家於鄕於邦於天下, 無往而不有餘矣. 曰長曰豊曰普, 變文以叶韻, 皆至足之意也. 夫修之於家於鄕於邦於天下者, 皆本於身, 修身之道, 則具於吾身, 不外求而得也. 故曰以身觀身. 身旣修矣, 則自家鄕以往, 各聽其感化之日然, 而我無與焉. 故曰: "以家觀家, 以鄕觀鄕." 國與天下, 亦猶是也. 是以不外乎身, 而知天下. 以此之此, 指德之眞而言也. 文子曰: "未聞身治而國亂者也, 身亂而國治者未有也. 故曰: '修之身, 其德乃眞.'"

愚謂, 此章之指與大學合. 後世之號爲道家者, 知私其身, 而不可以爲天下國家, 其以禮謀功利, 而自托於儒者, 又恒談治道, 而不本諸身, 是皆老氏之所棄也.

1) "자신이…… 하였다": 『通玄眞經』, 10권, 「上仁」, "文子問治國之本. 老子曰: '本在於治身, 未嘗聞身治而國亂者也, 身亂而國治者未有也.' 故曰: '修之身, 其德乃眞.'"

55장

덕을 머금음이 두터운 자는 갓난아기와 비슷하니, 독충이 독을 뿜지 않고 맹수가 발톱이나 발로 잡아채지 않으며 맹금류가 낚아채지 않는다. 뼈나 근육이 유약한데도 쥐는 힘이 견고하고 남녀의 교합을 모르는데도 고추가 발기하니 지극한 정기이며, 종일 울부짖어도 목이 쉬지 않으니 지극한 조화이다. 조화를 아는 것을 영원함이라 하고, 영원함을 아는 것을 밝음이라고 한다. 잘살려고 하는 것을 '괴이함'(祥)이라 하고, 마음이 기운을 부리는 것을 강함이라고 한다. 사물은 장성하면 노쇠해지니, 이것이 도를 따르지 않는 것이다. 도를 따르지 않으면 일찍 망한다.

含德之厚, 比於赤子, 毒虫[1]不螫, 猛獸不據, 攫鳥不搏. 骨弱筋柔而握固, 未知牝牡之合而峻作, 精之至也. 終日號而嗌不嗄, 和之至也. 知和曰常, 知常曰明. 益生曰祥, 心使氣曰强. 物壯則老, 是謂不道. 不道早已.

1) 虫: 『道德眞經註』에는 '蟲'으로 되어 있다.

본문의 '함덕含德'이란 내면에 온축되어 밖으로 빛나지 않는 것이다. 안으로 천명(天)을 온전히 하고 밖으로 지혜를 없애 버렸으므로 갓난아이처럼 변화한다. 주자는 "무지하고 무능하며 순일하고 가식이 없는 것이 갓난아이의 마음이다"[1] 라고 하였다. '석螫'은 독을 뿜는다는 의미이다. 오유청은 "발톱이나 발로 잡아채는 것을 '거據'라고 한다"[2]고 하였다. 덕이 내면에서 온전한 자는 사물이 해치지 않아 비록 시기하는 사람이 있더라도 갓난아이 같은 사람을 원수로 여기지 않으니, 그가 무심하기 때문이다. '최峻' 자의 음은 '자子' 자의 'ㅈ'과 '하何' 자의 'ㅏ'를 합한 '자'인데, 갓난아기의 고추를 말한다. '작作'은 '움직이다', '호號'는 '울부짖다'의 의미이다. '익嗌'은 '목구멍', '사嗄'는 목이 쉬는 것이다. 천성(天)을 온전하게 하면 정신(神)이 완전해지고 정신이 완전하면 기가 전일하게 되니, 고요할 때 전일하면 움직일 때 바르게 된다. 그러므로 힘을 쓰지 않아도 (쥐는 것이) 견고하고 욕정이 싹트지 않아도 (고추가) 발기하니, 그가 지극히 전일하고 다른 것과 섞이지 않았기 때문이다. 그러므로 '정기'(精)라고 하였다. 안으로 정情이 타오르지 않고 밖으로 사물이 해치지 않아 비록 종일 울더라도 그 마음에 오히려 아무것도 관여함이 없으니, 그가 어그러져 거슬리는 것이 없기 때문이다. 그러므로 '조화'(和)라고 하였다. 갓난아이의 조화로움은 무지하기 때문이다. '덕이 큰 사람'(大人)은 사물이 오는 대로 순응하여 모든 변화가 목전에서 일어날지라도 자신은 아무것도 관여하지 않는다. 자신으로 사물을 따르는 자는 그 기세를 오래 유지할 수 없고, 사물로 사물을 따르게 하면 종일 (사물이) 교차할지라도 자신은 피곤하지 않으니, 피곤하지 않으면 해를 입지 않고 해를 입지 않으면 오래갈 수 있다. 본문의 '상常'이란 덕이 오래갈 수 있다는 것이다. '생을 더함'은 곧 이른바 (50장의) "지나치게 잘 살려고 한다"(生生之厚)는 것이다. '상祥'은 『좌씨전』의 "이것이 무슨 조짐인가?"[3]라고 할 때의 '조짐'(祥)과 같은 뜻이니 괴이하다는 말이다. 『장자』에서는 "좋아하고 싫어하는 것으로 안으로 신명을 해치지 않고 항상 저절로 그렇게 되는 것으로 말미암아 지나치게 잘 살려고 하지 않는다"[4]고 하였는데, 좋아하고 싫어하는 것으로 안으로 신명을 해치지 않는 것은 곧 이 장에서 말하는 '조화'이다. 항상 저절로 그렇게 되는 것으로 말미암아 지나치게 잘 살려고 하지 않는 것은 곧 그 신명이 해를 입지 않아 그 삶이 저절로 성장해 나아가는 것이니, 만약 의도적으로 지나치게 잘살려고 한다면 사욕과 두려움이 그 정기를 요동하게 하고 추구하고 포기하는 것이 그 형체를 피로하게 하여 도리어 삶을 해치는 괴이함이 된다.

본문의 '심사기心使氣'는 마음이 안에서 요동쳐 기운이 그 때문에 변화를 일으키는 것을 말한다. 덕을 머금음이 두터운 자는 무심할 뿐이다. 그러므로 사물이 해칠 수 없다. 갓난아이는 단지 무심할 뿐이다. 그러므로 신명이 온전하고 기운이 조화를 이루어 다스림에 어그러짐이 없고 물러남에 암컷처럼 행동하니 '유약하다'고 할 수 있다. 단지 유약할 뿐이므로 도의 작용이 되어 오랫동안 삶을 유지한다. 마음이 요동치고 정염이 타올라 기운을 부리게 되면 '강하다'고 할 수 있다. 그런데 강한 자는 진실로 (25장의) '죽을 무리'이다. 그러니 강함이란 덕을 머금은 것에 반대가 되고, 장성한 자는 갓난아기의 반대가 된다. 장성한 자가 반드시 노쇠해지는 것은 강한 자가 반드시 꺾이는 것과 같으므로 서로 이어서 말하였다. 이 장에서는 앞 10장에서 "기를 전일하게 하고 부드러움을 이룬다"고 한 구절의 의미를 가지고 부연 설명하였으니, 광성자廣成子[5]가 "하나를 지킴으로써 화평함에 거한다"[6]고 한 것도 이런 의미이다.

어떤 사람은 다음처럼 말했다. "'익생益生'은 양생養生을 말한다. '상祥'은 '길함'이다. '심사기心使氣' 구절은 마음을 보존함으로써 사욕을 제어해 희로애락의 발함이 모두 마음에서 명을 따르도록 하는 것이다. '강强'은 곧 33장에서 '자신을 이기는 자는 강하다'고 했을 때의 '강하다'는 의미이다." 이런 설명도 의미가 통하나 다만 상하의 문맥과 서로 잘 이어지지 않는다.

含德者, 蘊于中, 而不耀于外也. 內全其天, 而外泯其知, 故以赤子爲化. 朱子曰: "無知無能, 而純一無僞者, 赤子之心也." 螫, 毒也. 吳幼淸曰: "以爪足挐按, 曰擄." 德全于中者, 物莫之傷, 雖有忮人, 不讐嬰兒, 以其無心也. 峻, 子何切, 赤子陰也. 作, 動也. 號, 啼哭也. 嗌, 咽也. 嗄, 聲嘶也. 其天全則神完, 神完則氣專, 其靜也專, 則其動也直. 故力不用而固, 情不萌而作, 以其至專而不雜也. 故曰精. 內情不炎, 外物不傷, 雖終日號, 而其中則猶無與也, 以其無所乖忤也. 故曰和. 赤子之和, 以無知而已. 大人者, 物來而順應, 萬變交乎前, 而我無與焉. 夫[7]以我逐物者, 其勢不可以久, 以物順物, 則終日交, 而[8]我不勞, 不勞則不傷, 不傷則可以長久. 常者, 德之可久者也. 益生, 卽所謂生生之厚也. 祥, 猶左氏傳是何祥也之祥, 謂妖異也. 莊子曰: "不以好惡內傷其神,[9] 常因自然而不益生." 不以好惡內傷其神, 卽此章所謂和也. 常因自然而不益生, 則其神不傷而其生自長, 若有意於益生, 則欲畏搖其精, 趨捨勞其形, 而反爲傷生之妖矣.

心使氣, 謂心動於中, 而氣爲之變也. 含德之厚者, 唯無心也. 故物莫之能傷. 赤子唯無心也. 故神全而氣和, 治然其未乖, 退然乎守雌, 可謂弱矣. 唯弱故爲道之用, 而長有其生. 心動情熾, 而使其氣, 可謂强矣. 强者, 固死之徒也. 强者, 含德之反也. 壯者, 赤子之反也. 壯之必老, 猶强之必摧, 故相承而言. 此章卽上篇專氣致柔一句之意, 而演之, 廣成子所謂守一處和者, 亦此意也.

或曰: "益生, 謂養生也. 祥, 吉也. 心使氣, 謂存心以制欲, 使喜怒哀樂之發, 皆聽命乎[10]心也. 强, 卽所謂自勝者强之强[11]也." 此說亦可通, 但與上下文義, 不甚相屬耳.

1) "무지하고…… 마음이다": 『孟子』, 「離婁章句下」, 주자주, "大人之心, 通達萬變, 赤子之心, 則純一無僞而已. 然大人之所以爲大人, 正以其不爲物誘, 而有以全其純一無僞之本然. 是以擴而充之, 則無所不知, 無所不能, 而極其大也."; 『朱子語類』, 권57, "大人無所不知, 無所不能, 赤子無所知, 無所能. 此兩句相拗, 如何無所不知, 無所不能, 卻是不失其無所知, 無所能做出? 蓋赤子之心, 純一無僞, 而大人之心, 亦純一無僞. 但赤子是無知覺底純一無僞, 大人是有知覺底純一無僞. 賀孫. 夔孫錄云: '大人之所以爲大人者, 卻緣是它存得那赤子之心, 而今不可將大人之心只作通達萬變, 赤子只作純一無僞說. 蓋大人之心, 通達萬變而純一無僞, 赤子之心, 未有所知而純一無僞.'"

2) "발톱이나…… 한다": 『道德眞經註』, 47장 주, "猛獸虎豹之屬, 以爪足挐按, 曰攫."

3) "이것이 무슨 조짐인가?": 『春秋左氏傳』, 「僖公 16年」, "宋襄公問焉曰: '是何祥也? 吉凶焉在.'"

4) "좋아하고…… 않는다": 『莊子』, 「德充符」, "莊子曰: '是非吾所謂情也. 吾所謂无情者, 言人之不以好惡內傷其身, 常因自然而不益生也.'"

5) 광성자廣成子: 黃帝 때의 신선.

6) "하나를…… 거한다": 『莊子』, 「在宥」, "廣成子南首而臥, 皇帝順下風膝行而進, 再拜稽首而問曰: '聞吾子達於至道, 敢問, 治身奈何而可以長久?' 廣成子蹶然而起, 曰: '善哉, 問乎! 來, 吾語汝至道. 至道之精, 窈窈冥冥至道之極, 昏昏默默. 无視无聽, 抱神以靜, 形將自正. 必靜必淸, 无勞汝形, 无搖汝精, 乃可以長生. 目无所見, 耳无所聞, 心无所知. 汝神將守形, 形乃長生. 愼汝內, 閉汝外, 多知爲敗. 我爲汝遂於大明之上矣, 至彼至陽之原也., 爲汝入於窈冥之門矣, 至彼至陰之原也. 天地有官, 陰陽有藏, 愼守汝身, 物將自壯. 我守其一以處其和, 故我修身千二百歲矣, 吾形未常衰.'"

7) 夫: 필사본에는 '支'로 되어 있는데, 잘못 기록한 것이다.

8) 而: 필사본에는 뒤에 '而' 자가 하나 더 있는데, 잘못 기록한 것이다.

9) 神: 『莊子』에는 '身'으로 되어 있다. 위의 주4) 참고.

10) 乎: 필사본에는 '子'로 되어 있는데, 잘못 기록한 것이다.

11) 之强: 필사본에는 원래 이 두 글자가 없는데, 옮긴이가 보충한 것이다.

56장

아는 자는 말하지 않고 말하는 자는 알지 못한다. 그 구멍을 막고 문을 닫으며, 그 날카로움을 꺾고 어지러움을 풀며, 그 빛을 부드럽게 하고 티끌 같은 세속과 함께하니, 이것이 현묘하게 하나로 하는 것이다. 가까이할 수도 없고 멀리할 수도 없으며, 이롭게 할 수도 없고 해롭게 할 수도 없으며, 귀하게 할 수도 없고 천하게 할 수도 없다. 그러므로 천하의 귀함이 된다.

知者不言, 言者不知. 塞其兌, 閉其門, 挫其銳, 解其紛, 和其光, 同其塵, 是謂玄同. 不可得而親, 不可得而疎,[1] 不可得而利, 不可得而害, 不可得而貴, 不可得而賤. 故爲天下貴.

1) 疎:『道德眞經註』에는 '疏'로 되어 있다.

마음에 자득한 자는 외적인 풍족함에 현혹되지 않고, 자신을 지키는 자는 남과 다투기를 구하지 않으니, 남이 알아주기를 구하는 데 급급한 자는 틀림없이 마음에 참으로 얻은 것이 없는 자이고, 바짝 긴장해서 남과 다투기를 좋아하는 자는 틀림없이 내면에 부족함이 있는 자이며, 정사를 행함에 말로써 교화시키는 자는 틀림없이 몸소 행하는 것이 지극하지 못한 자이다. 그러므로 "아는 자는 말하지 않고 말하는 자는 알지 못한다"고 하였다. 그러나 말하지 않는다는 것이 끝까지 말하지 않는 것은 아니다. 때가 그렇게 된 다음에 말하니 말해서 옳음에 합당하다면, 말하지 않은 것과 같다. "구멍을 막고 문을 닫는다"는 것은 말을 적게 함으로써 신명을 기르는 것이고, "날카로움을 꺾고 어지러움을 푼다"는 것은 효용을 감춤으로써 세상에 대응하는 것이며, "빛을 부드럽게 하고 티끌 같은 세속과 함께한다"는 것은 분명하게 하지 않음으로써 세속과 뒤섞이는 것이다.

어둡고 깊어 알 수 없는 것을 '현묘함'(玄)이라 하고, 스스로 특이하게 여기는 것으로 분명하게 하지 않는 것을 '하나로 함'(同)이라 하니, 이것들은 모두 말하지 않는다는 의미에서 거듭한 것이다. 사람은 오직 사사로움이 있은 다음에 가까이할 수 있으니, 가까이할 수 있는 것은 멀리할 수도 있다. 사욕이 있은 다음에 이롭게 할 수 있으니, 이롭게 할 수 있는 것은 해롭게 할 수도 있다. 드물게 된 다음에 귀하게 할 수 있으니, 귀하게 할 수 있는 것은 천하게 할 수도 있다. '현동玄同'이란 내면에서는 편안히 욕심이 없고 외면에서는 뒤섞여 어떤 흔적도 없어서 흐리멍덩하게 사물과 자신의 차이점을 알지 못하는 것이다. 그러니 또 누가 그를 가까이하고 멀리하고 이롭게 하고 해롭게 할 수 있겠는가? 천하의 귀함이란 『맹자』에서 말한 '진실로 귀함'(良貴)[1]이다. 남으로 말미암아 귀해진 것은 또한 남으로 말미암아 천해지니, 남들이 귀하게 할 수 없어 저절로 귀해진 것은 비록 (남들이) 천하게 하려 해도 그렇게 할 수 없다. 『맹자』의 "조맹趙孟이 귀하게 해준 것은 조맹이 천하게 할 수 있다"[2]는 말도 이런 의미이다. 귀하게 함을 들어 설명했으니, 가까이함과 이롭게 함은 그 가운데에서 동일하게 유추할 수 있다.

自得乎中者, 不衒于外足, 守己者, 不求與人辯. 汲汲乎求人知者, 必其中之無實得者也, 嘵嘵然好與人辯者, 必其內之有不足者也, 爲政而以言教者, 必其躬行之不至者也. 故曰: "知者不言, 言者不知." 然不言者, 非終不言也. 時然後言, 言而當其可, 則猶不言也. 塞兌閉門, 寡言以養神也, 挫銳解紛, 藏用以應世也, 和光同塵, 晦默以混俗也.

幽深而不可見之謂[3]玄, 不皦然以自異之謂同, 此皆因不言之意而申之也. 人唯有私也, 而後可得而親, 可得而親者, 亦可得而踈也. 有欲也, 而後可得而利, 可得而利者, 亦可得而害也. 有踈也, 而後可得而貴, 可得而貴者, 亦可得而賤也. 玄同者, 湛乎其無欲於內, 而混然其無跡於外, 泯泯然若不知物與我之有異也. 又孰得以親踈利害貴賤之耶? 天下貴者, 孟子所謂良貴也. 由人而貴者, 亦由人而賤, 人不得而貴之, 而自貴者, 雖欲賤之, 而不可得. 孟子曰: "趙孟之所貴, 趙孟能賤之", 亦此意也. 擧貴而言, 則親且利在其中矣.

1) '진실로 귀함'(良貴): 『孟子』, 「告子章句上」, "人之所貴者, 非良貴也. 趙孟之所貴, 趙孟能賤之."

2) "조맹趙孟이…… 할 수 있다": 上同.

3) 謂: 필사본에는 '課'로 되어 있는데, 잘못 기록한 것이다.

57장

바름으로 나라를 다스리고 속임수로 전쟁을 하며 아무것도 일삼지 않음으로 천하를 취한다. 내가 무엇으로 그것이 그렇다는 것을 알았는가? 천하에 꺼리고 싫어하는 것이 많으면 백성은 점점 더 가난해지고, 백성에게 이로운 기구가 많으면 국가는 더욱 혼란해지며, 사람들에게 기교가 많아지면 이상한 물건들이 점점 더 생겨나고, 법령을 드러낼수록 도적들이 더욱 많아진다. 이 때문에 성인께서 "내가 아무것도 하지 않았더니 백성이 저절로 교화되었고, 내가 가만히 있기를 좋아했더니 백성이 저절로 바르게 되었으며, 내가 아무것도 일삼지 않았더니 백성이 저절로 부유해졌고, 내가 아무것도 하고자 하지 않았더니 백성이 저절로 소박해졌다"고 말씀하셨다.

以正治國, 以奇用兵, 以無事取天下. 吾何以知其然哉? 夫天下多忌諱, 而民彌貧, 民多利器, 國家滋昏, 人多技巧, 奇物滋起, 法令滋章, 盜賊多有. 是以聖人云: "我無爲而民自化, 我好靜而民自正, 我無事而民自富, 我無欲而民自樸."

예법禮法과 정령政令을 '바름'(正)이라 하고, '속이는 술수'(機數)와 변화하는 것을 '속임수'(奇)라 한다. 바름으로 나라를 다스리고 속임수로 전쟁을 하는 것은 일상적으로 사람들이 아는 것이다. 그런데 '아무것도 일삼지 않음'으로 천하를 취하는 것이라면 아는 사람이 거의 없다. 그러므로 노자는 앞의 두 구절을 인용하여 이 말을 하였으니, 그 의미는 "바름으로는 진실로 나라를 다스릴 수 있고 속임수로는 진실로 전쟁을 할 수 있는데, 천하를 취하는 것은 아무것도 일삼지 않음이 아니면 할 수 없다"고 말하는 것과 같다. '꺼리고 싫어하는 것'은 '막고 금지하고 체포하고 멀리하는 것'(防禁拘避)이다. '이로운 기구'는 사용하는 데 편리한 기구이다. '자滋'는 '더욱 ……한다'(益)는 말이다.

태고의 백성은 먹을 것이 없어 농사를 짓고 목이 말라 우물을 파서 열심히 스스로 풍족하게 했으니, 이는 '선천적인 참됨'(天眞)에 맡긴 것일 뿐이다. 저 아주 소박한 본성이 점점 없어지면서 백성이 문식을 추구하기 시작했으니, 여기에서 꺼리고 피하는 것이 생겼다. 꺼리고 싫어하는 것이 많아지면서 백성은 비로소 피하는 것이 많아졌고, 피하는 것이 많아지면서 백성이 삶을 편하게 여기지 못하는 것이 생겨났다. 꺼리고 싫어하는 것이 많아지면서 백성은 비로소 속임수를 써 피할 줄 알게 되었고, 속임수를 써 피할 줄 알게 되면서 틈을 알아 날마다 (도둑질하려고 담에) 구멍을 뚫게 되었고, 틈을 알아 구멍을 뚫게 되면서 백성은 비로소 점점 더 속임으로써 서로 빼앗고 더욱더 꾸밈으로써 외면적인 것을 일삼게 되었다. 졸렬한 자는 자신의 삶에 불안해하고, 교묘한 자는 점점 속이는 것으로써 서로 뭉치며, 현명한 자도 더욱 꾸밈으로써 외적인 것을 일삼았으니, 이것이 모두 탐욕스럽게 된 근원이다.

이로운 기구를 만들면 속이는 마음이 싹튼다. 속이는 마음이 있으면 반드시 속이는 일이 있게 되어 위아래 모두가 속임수로 서로 대하니, 그렇게 되면 한 사람의 지혜로 모든 사람의 속임수를 감당할 수 없어서 나라가 혼미해진다. '기물奇物'은 이상하고 간사하고 바르지 못한 물건으로서 사람들의 마음을 흔들고 백성의 일용을 어지럽히는 것이다. '법령'은 포악한 것을 막는 것이다. 그러나 법이 너무 치밀하면 백성이 지력知力으로 법망을 벗어나 이길 수 있는 방법을 강구하여 간사함이 날마다 일어나며, 명령이 너무 번잡하면 백성이 그 고통을 감당할 수 없어 삶을 즐기는 자가 거의 없게 된다. 그러니 이 두 가지는 모두 도적이 많아지는 까닭이다. 이 네 구절은 모두 일을 함으로써 생기는 해로움에 대해 말하였으니, 이 때문에 성인께서는 마음을 맑게 하고 일을 줄이며 위에서 몸소 행함으로써 천하가 저절로 감화되기를 기다리신다. '아무위我無爲' 이하 네 구절은 곧 『논어』의 "덕으로 정사를 행한다"[1]와 『중용』의 "공경만 독실히 하여 천하가 태평해진 것이다"[2]의 의미이다. 한 문제와 조상국이 그 겉껍데기를 얻었는데도 백성은 그 공효를 누림이 끝이 없었으니, 그 지극함을 다하면 요 임금과 순 임금이 하늘을 본받아 자신에게 공손히 했다는 말도 여기에서 벗어나지 않는다. 『노자』를 제대로 살피고자 하는 자는 오직 이런 점을 주의 깊게 보아야 한다.

禮法政令之謂正, 機數變化之謂奇. 以正治國, 以奇用兵, 恒人之所知也. 以無事取天下, 則知之者尠矣. 故老子引彼以起此, 其意若曰: "正固可以治國, 奇固可以用兵, 而至於取天下, 則非無事不可也." 忌諱, 謂防禁拘避也. 利器, 器之便利於用者也. 滋, 益也.

上世之民, 饑而耕田, 渴而鑿井, 服力以自足, 于于然任其天眞而已. 自夫大樸之漸散也, 而民始趨于文, 於是乎有忌諱. 忌諱繁, 而民始多避, 多避, 而民有不安其生者矣. 忌諱衆, 而民始知設機以自免, 知設機以自免, 而知竇日鑿, 知竇鑿, 而民始有滋僞以相奪彌文以事外者矣. 拙者不安其生, 巧者滋僞以相會, 其賢者亦彌文以事外, 是則皆貪之原也.

利器作, 而機心萌. 夫有機心必有機事, 上下皆設機以相待, 則一人之知, 不能勝萬衆之欺, 而國爲之昏矣. 奇物, 奇衺不正之物, 蕩人心志, 而惑亂於民用者也. 法令, 所以禁暴也. 然法太密, 則民以其知力求勝於法之外, 而奸日起, 令太煩, 則民不堪其苛, 而樂生者寡. 是二者, 皆盜賊之所由多也. 此四句, 皆言有事之害, 此聖人所以淸心省事躬行於上, 而以待天下之自化也. 我無爲以下四句, 卽論語爲政以德, 中庸篤恭而天下平之意. 漢文帝曹相國, 得其糟粕, 而民已食効無窮, 極其至, 則堯舜之則天恭己, 亦不外玆. 欲觀老子者, 唯觀乎是而已矣.

1) "덕으로 정사를 행한다": 『論語』, 「爲政」, "子曰: '爲政以德, 譬如北辰, 居其所, 而衆星共之.'"
2) "공경만…… 태평해진 것이다": 『中庸』, 33장, "詩曰: '不顯惟德, 百辟其刑之.' 是故君子, 篤恭而天下平."

58장*

그 정사가 잘못을 들추어내지 않으니 그 백성이 순수해지고, 그 정사가 잘못을 들추어내니 그 백성이 약삭빨라진다. 화가 된다고 하지만 그곳에는 복이 기대어 있고, 복이 된다고 하지만 그곳에는 화가 엎드려 있으니, 누가 그 궁극을 알겠는가? 그것에는 일정함이 없는 것 같구나! 일정함이 다시 변하고 선함이 다시 사악함이 되니, 백성이 헷갈린 지가 시간적으로 꽤나 오래되었다. 이 때문에 성인은 방정하게 하면서도 잘라 내지 않고 청렴하게 하면서도 갈아내거나 깎아 내지 않으며, 곧게 하면서도 곧이곧대로 하지 않고 빛나게 하면서도 번쩍이게 하지 않는다.

其政悶悶, 其民醇醇,[1] 其政察察, 其民缺缺. 禍兮福所倚, 福兮禍所伏, 孰知其極? 其無正耶! 正復爲奇, 善復爲訞, 民之迷, 其日固已久矣. 是以聖人方而不割, 廉而不劌, 直而不肆, 光而不燿.

*『道德眞經註』에는 이 장이 앞 장과 연결되어 49장에 있다.
1) 醇醇: 『道德眞經註』에는 '淳淳'으로 되어 있다.

'민민悶悶'은 마음에 쾌할 정도로 하지 않는다는 의미이다. 지극한 덕으로 하는 정사는 숨은 것을 들추어내는 것으로 밝음을 삼지 않고, 함부로 형벌을 주는 것으로 엄격함을 삼지 않으며, 안으로 몸소 행하고 백성에게 해가 되는 것을 제거할 뿐이다. 처음에는 현란하게 공을 가까이해서 이목에 만족할 만한 것이 없지만, 오래되면 백성이 무사한 것에 편안해져 속임과 잔꾀와 교묘함과 이로움으로 쏠리는 마음을 잊게 되니, 대개 함께 모두 교화되면서도 스스로 그렇게 교화되는 줄 알지 못하는 것이다. '찰찰察察'은 이와 반대이다. '결결缺缺'은 보전하지 못하는 것이니, 그 소박함을 무너뜨리는 것을 말한다.

오유청은 다음처럼 말하였다. "사람들은 화禍라고 생각하는데 복福이 화의 곁에 기대어 있고, 사람들은 복이라고 생각하는데 화가 복 가운데 엎드려 있으니, 비유하자면 (잘못을) 들추어내지 않는 정사를 행하는데 백성이 순수해지고 (잘못을) 들추어내는 정사를 행하는데 백성이 약삭빨라진다는 것이다."[1]

내가 생각하기에 이 네 구절은 의미가 앞 장과 이어지고, '화혜禍兮' 구절 이하는 또 별도로 하나의 의미가 된다. '극極'은 '지극함'이라는 뜻이니, 그 이를 곳을 끝까지 한다는 말이다. '정正'은 "황제黃帝가 모든 사물을 일정하게 이름 붙였다"[2]고 할 때의 '일정하게 하다'(正)의 의미이니, 변화하는 것에 상대해서 말한 것이다. '기奇'는 변화하는 것이다. '요訞'는 '사악함'이니, 선함에 반대되는 것이다. 화禍는 일정하게 화만 되지 않고 복이 그것에 의탁해 있으며, 복은 일정하게 복만 되지 않고 화가 그것에 엎드려 있다는 말이다. 그렇다면 화와 복의 일정함이란 없다는 것인가? 백성이 말하는 일정함이란 반드시 변화하는 것으로 되돌아가지 않음이 없고, 백성이 말하는 선함이란 반드시 사악함으로 되돌아가지 않음이 없다. 백성이 진위眞僞에 헷갈림이 이와 같은 점이 있으니, 그들이 말하는 화와 복은 진실로 또한 참된 화와 복이 아니다. 대개 얻는 것을 복으로 여기는 경우 그 얻음에는 반드시 잃음이 있고, 영화로운 것을 복으로 여기는 경우 그 영화로움에는 반드시 욕됨이 있으니, 이것이 진실로 (복에) 화가 엎드려 있다는 것이다. 성인이라면 그렇지 않다. 그에게 이른바 복이란 화가 없는 것일 뿐이니, 종신토록 복을 구하지 않지만 또한 종신토록 화를 당하는 일이 없다. 또 그에게 이른바 선이란 무위하는 것일 뿐이니, 사람들은 성인께서 선을 행하는 것을 볼 수 없지만 또한 끝내 다시 사악한 것을 행하지 않는다.

본문의 '염廉'은 '모나다', '귀劌'는 '갈고 깎아 내다', '사肆'는 '곧이곧대로 하다'의 뜻이다. 방정함에서의 잘라 냄, 청렴함에서의 깎아 냄, 곧음에서의 곧이곧대로 함, 빛남에서의 번쩍임은 모두 그 작용이다. 그러나 그 곧음을 곧이곧대로 할 경우 반드시 때에 따라서는 꺾이는 것이 있고, 그 빛남을 번쩍이게 할 경우 반드시 때에 따라서는 소멸되는 것이 있으며, 잘라 내고 깎아 낼 경우 진실로 반드시 상하는 것이 있으니, 이것이 선이 다시 사악함이 되는 까닭이다. 성인만이 그 덕을 온전히 하면서도 그 밝음을 감추니, 이것이 오로지 선하면서도 그 복을 오랫동안 소유할 수 있는 까닭이다.

悶悶, 不快[3]之意. 至德之政, 不抉擿以爲明, 不擊斷以爲嚴, 躬行於內, 而去其甚害於民者而已. 其始也, 固未有赫然近功可以快人耳目者, 然其久也, 則民安於無事, 而忘其機智巧利之萌, 蓋與之俱化而不自知矣. 察察者, 反是. 缺缺, 不完也, 謂隳其樸也.

吳幼淸曰: "人以爲禍, 而福倚於禍之傍, 人以爲福, 而禍伏於福之中, 譬悶悶之政, 而有醇醇之民, 察察之政, 而有缺缺之民也."

愚謂此四句, 意屬上章, 自禍兮以下, 又別是一意也. 極, 至也, 謂其終所至也. 正, 猶黃帝正名百物之正, 對變而言者也. 奇, 變也. 訞, 邪也, 善之反也. 言禍不正於禍, 而福倚焉, 福不正於福, 而禍伏焉. 然則其將無禍福之正者耶? 民之所謂正者, 未必不復歸於變, 民之所謂善者, 未必不復歸於邪. 民之迷於眞僞, 有如是者, 則其所謂禍福, 固亦非眞禍福也. 蓋以得爲福者, 其得也, 必有失, 以榮爲福者, 其榮也, 必有辱, 是固禍之所伏也. 聖人則不然, 其所謂福者, 無禍而已, 則終身不求福, 而亦終身不及於禍矣. 其所謂善者, 無爲而已, 則人不見其爲善, 而亦終不復爲訞矣.

廉, 稜隅也. 劌, 磨削也. 肆, 直遂也. 方之割, 廉之劌, 直之肆, 光之耀, 皆其用也. 然肆其直者, 必有時而折, 耀其光者, 必有時而滅, 割且劌者, 固必有所傷, 此善之所以復爲訞也. 唯聖人全其德, 而藏其明, 此所以一於善, 而能長有其福也.

1) "사람들은…… 것이다": 『道德眞經註』, 49장 주, "人以爲禍者, 不知福倚於禍之旁, 譬悶悶之政, 而有淳淳之民也. 人以爲福者, 不知禍伏於福之中, 譬察察之政, 而有缺缺之民也."

2) "황제黃帝가…… 붙였다": 『禮記』, 「祭法」, "黃帝正名百物, 以明民共財."

3) 快: 이어지는 '抉'의 오자로 보는 것이 좋을 듯한데, 자신할 수는 없다. 이럴 경우 해당 구절은 "'悶悶'은 들추어내지 않는다는 뜻이다"로 해석해야 한다.

59장

사람을 다스리고 하늘을 섬기는 데 아끼는 것 만한 게 없다. 오직 아낄 뿐이니, 이 때문에 일찌감치 되돌릴 수 있다. 일찌감치 되돌리니, 이것이 덕 쌓기를 두텁게 함이다. 덕 쌓기를 두텁게 하면 능하지 못함이 없다. 능하지 못함이 없으면 아무도 그 다함을 알지 못한다. 아무도 그 다함을 알지 못하면 나라를 얻을 수 있다. 나라의 모체를 얻으면 영원할 수 있으니, 이것이 근본을 깊게 하고 밑을 견고하게 하는 것이며, 길이 살고 오랫동안 보는 법이다.

治人事[1)]天莫若嗇. 夫惟嗇, 是以早復. 早復, 謂之重積德. 重積德, 則無不克. 無不克, 則莫知其極. 莫知其極, 可以有國. 有國之母, 可以長久, 是謂深根固蔕, 長生久視之道.

1) 事: 필사본에는 '爭'으로 되어 있는데, 잘못 기록한 것이다.

본문의 '색嗇' 자는 '아끼다'의 뜻이니, 감히 가볍게 사용하지 않는다는 말이다. 삶을 잘 기르는 자는 감히 자신의 신명(神)을 가볍게 사용하지 않고, 집안과 국가를 다스리는 자는 감히 그 재산을 가볍게 사용하지 않으며, 백성을 다스리는 자는 감히 그들의 힘을 가볍게 사용하지 않는다. 사람에게는 신명이 있고 백성에게는 힘이 있고 천하에는 재화가 있으니, 모두 하늘에서 나온 것이다. 하늘에서 나온 것을 감히 가볍게 사용하지 않는 것이 바로 하늘을 섬기는 것이다. 본문의 '복復' 자는 16장에서 "고요함이 명을 되돌림이다"라고 할 때의 '되돌린다'

(復)의 의미와 같다. '움직임'(動)은 고요함(靜)으로 되돌림을 삼고, 사용함(用)은 '사용하지 않음'(不用)으로 되돌림을 삼는다. 가볍게 사용하는 자는 절제가 없어 되돌릴 수 없고, 감히 가볍게 사용하지 않는 자는 부득이하여 혹 사용하면 또한 반드시 조심하고 삼가 겨우 알맞은 것에 맞기만 해도 그것으로 그치니, 이것이 본문에서 말하는 "일찌감치 되돌린다"는 것이다.

본문의 '중重'은 '두텁게 하다'의 뜻이고, '극克'은 '능하다'는 뜻이고, '극極'은 '다한다'의 의미이다. 신명이 안에서 완전해지고 재력이 백성에게서 풍족해지면 그 축적된 것이 두텁다. 그러므로 "덕 쌓기를 두텁게 한다"고 하였다. 안으로 축적한 것이 두터우면 밖으로 베푸는 것이 어디를 가도 이루지 못함이 없다. 그러므로 "능하지 않음이 없다"고 하였다. 축적하는 데 근본이 있으면 사용하는 데 다함이 없다. 그러므로 "아무도 그 다함을 알지 못한다"고 하였다. '유국有國'이란 영토와 백성을 얻는 것이다. 자신이 나라의 모체를 얻으면 나라를 다스리는 근본을 아울러 얻은 것이니, 본문의 다음 구절에서 말한 '근본'과 '밑'이란 대개 이를 말한 것이다. 이것으로 나라를 다스리면 천명에 따라 인심을 견고하게 하니 백세가 지나도 막히지 않으며, 이것으로 양생하면 몸이 피폐해지지 않고 신명이 고갈되지 않으니 천지와 같이 거의 영원할 수 있다.

오유청은 다음과 같이 말하였다. "기운(氣)이란 형체의 어미이다. 기운이 아래에서 나오는 것은 나무에 뿌리가 있는 것과 같고, 기운이 위에서 피어나는 것은 과실에 꼭지가 있는 것과 같으니, 뿌리가 뽑히지 않으면 나무는 마르지 않고 꼭지가 분리되지 않으면 과실이 떨어지지 않는다. 이처럼 하는 것이 몸이 길이 살 수 있고 눈이 오랫동안 볼 수 있는 까닭이다."[1] '체蔕' 자는 어떤 판본에는 '저柢' 자로 되어 있는데,[2] 역시 '뿌리'라는 뜻이다.

嗇者, 靳惜之意, 謂不敢輕用也. 養生者, 不敢輕用其神, 爲家及國者, 不敢輕用其財, 治民者, 不敢輕用其力. 人之有神也, 民之有力也, 天下之有財也, 皆天之所生也. 不敢輕用於天之所生, 乃所以事天也. 復, 如上篇靜曰復命之復. 動以靜爲復, 用以不用爲復. 輕用者, 無節而不能返, 不敢輕用者, 不得已而或用之, 則亦必惕惕然兢兢然, 僅適其可而止, 此所謂早復也.

重, 猶厚也. 克, 能也. 極, 窮也. 神完於內, 而財力足於民, 其蓄也厚矣. 故曰重積德. 蓄於中者厚, 則施諸外者, 無往而不成. 故曰無不克. 積之有本, 而用之不窮. 故曰莫知其極. 有國者, 得其土與民. 身有國之母, 則幷與其所以爲國之本, 而得之, 下文所謂根蔕者, 蓋是也. 以此爲國, 則迓天命固人心, 百世而不替, 以此養生, 則形不敝神不竭, 可以與天地比久矣.

吳幼淸曰: "氣者, 身形之母也. 氣之生於下, 如木有根, 氣之榮於上, 如果有蔕, 根不拔, 則木不枯. 蔕不脫, 則果不隕. 此身所以長生, 目所以久視也." 蔕, 一本作柢, 亦根也.

1) "기운(氣)이란…… 까닭이다": 『道德眞經註』, 50장 주, "氣爲身形之母, 氣能留形, 形亦能留氣. 氣之生於下, 如木有根, 養形以培根, 則根深不拔. 氣之榮於上, 如果有蔕, 養形以滋蔕, 則蔕固不脫. 根不拔, 則木永不枯瘁. 蔕不脫, 則果永不隕落. 此身所以長生, 目所以久視, 而能度世不死也."

2) '체蔕' 자는…… 되어 있는데: 『新註道德經』, 『老子注』, 『道德眞經集解』, 『老子品節』 등에는 '柢'로 되어 있고, 『老子解』에는 '蔕'로 되어 있다.

60장

큰 나라 다스리기를 작은 물고기 삶듯 한다. 도로써 천하에 임할 경우 귀신이 신령스럽지 않으니, 귀신이 신령스럽지 않아서가 아니다. (도로써 천하에 임할 경우) 신령이 사람을 해치지 않으니, 신령이 사람을 해치지 않아서가 아니다. 성인이 또한 (그처럼) 해치지 않기 때문에 저 양자가 서로 해치지 않는다. 그러므로 덕이 모두 성인에게 돌려진다.

治大國, 若烹小鮮. 以道莅天下者, 其鬼不神, 非其鬼不神. 其神不傷人, 非其神不傷人. 聖人亦不傷之, 夫兩不相傷. 故德交歸焉.

본문의 '선鮮'은 '물고기'를 말한다. 작은 물고기를 삶을 경우 조금이라도 조심스럽게 하지 않으면 문드러져 먹을 수 없게 되니, "작은 물고기 삶듯 한다"는 것은 간소하고 조용하게 한다는 말이다. '이莅'는 '임하다'의 뜻이다. 도로써 천하에 임할 경우 간소하고 조용하게 하며 무위하여 만물의 본성을 뒤흔들지 않으며 천지의 조화를 상하게 하지 않는다. 그러므로 백성과 신령이 서로 편안히 여겨 재앙이 생기지 않으니, 신령이 사람들에게 괴이한 일을 드러내지 않기 때문이다. 그러므로 "신령스럽지 않다"고 하였다. 백성이 신령을 범하지 않고 신령도 백성에게 재앙을 내리지 않는다. 그러므로 "양자가 서로 해치지 않는다"고 하였다. '신령'(神)이란 모든 사물의 정기(精)요 기운(氣)의 영묘함이다. 정사가 태평해져 사물이 법도를 따르면, 백성은 자신의 직분에 충실할 줄만 알아서 신령을 섬기지 않고 또 감히 업신여기지도 않는다. 그렇다면 천지와 모든 사물의 기운이 저절로 화평해지고 신령과 사람이 각기 제자리에 있게 되니, 어떻게 서로 해치는 일이 생기겠는가?

정사가 태평을 잃으면서부터 민심을 완전히 복종시키지 못하게 되니, 백성이 이 때문에 신령을 섬기는 자가 생긴다. 백성이 나날이 참됨을 떠나면서부터 바라지 않을 것을 구하고 도 아닌 것에 미혹하게 되니, 백성이 이 때문에 더럽혀져 신령을 침범하는 자가 생긴다. (백성이) 더럽혀지면 신령을 믿게 되고, 제멋대로 행동하면 방만해지니, 이 때문에 (백성이) 신령에게도 방만해지고 원망함으로써 신령을 해치기까지 하는 자가 생긴다. 그런데 정사政事로 요기(沴)를 따르게 하니, (백성이) 원망하고 분노하고 울적해함으로써 천지의 실정을 어그러뜨리고 음양의 기운을 어지럽힌다. 신령이 이 때문에 제자리를 불안하게 여겨 재앙을 내리고, 이 때문에 사람들과 뒤섞여 사물을 방정하게 할 수 없도록 하며, 이 때문에 또 도깨비를 날뛰게 한다. 그러니 차라리 사람들의 틈을 타고 재앙을 일으키는 것이 낫다. 이것을 일러 "양자가 서로 해친다"고 한다. 성인이 위에 있으면 백성과 신령이 각기 서로 해치지 않게 되므로 그 덕이 성인에게 모두 돌려진다. 춘추 시대에 제후들이 대부분 귀신을 숭상하고 무당을 믿었으니, 예컨대 『좌씨전』에 실린 것으로도 알 수 있다. 이 때문에 노자의 말이 이와 같았다.

鮮, 魚也. 烹小魚者, 少擾之, 則壞爛而不可食, 若烹小鮮, 言簡靜也. 莅, 臨也. 以道臨天下者, 簡靜而無爲, 不拂萬物之性, 不傷天地之和. 故民神相安, 而災禍不作, 以其不見怪於人也. 故曰不神. 民不干神, 神不禍民. 故曰兩不相傷. 夫神者, 百物之精, 而氣之靈也. 政得其平, 而物順其軌, 民唯知修其職, 而不聽於神, 亦不敢嫚神, 則天地百物之氣, 自得其化, 而神與人各要其所, 夫何相傷之有?

自政之失其平, 而不足以服民心, 民於是有聽於神者矣. 自民之日離其眞也, 而有非望之求・非道之惑, 民於是有瀆以干神者矣. 瀆則生神, 狎則生慢, 於是乎又有慢神慼神, 以至於虐神者矣. 加之以政與和沴, 怨怒幽鬱, 以乖天地之情, 而亂陰陽之氣. 神於是乎有不安其所, 而降之殃咎者, 於是乎有與人雜糅, 而不可方物者, 於是乎又有魑魅. 不若乘人之隙, 而作爲祆孽者, 此之謂兩傷. 聖人在上, 則民與神各免於傷, 故其德交歸於聖人也. 春秋之世, 諸侯多尙鬼而信巫, 如左氏傳所載, 可見矣. 是以老子之言如此.

61장

큰 나라는 하류와 같으니, 천하가 모이는 곳이요 세상을 받아들이는 암컷이다. 암컷은 항상 고요함(靜)으로 수컷을 이기고, 고요함으로 자신을 낮춘다. 그러므로 큰 나라가 그것을 본받아 작은 나라에 낮추면 작은 나라를 취하고, 작은 나라가 그것을 본받아 큰 나라에 낮추면 큰 나라에 받아들여진다. 어떤 것은 낮춤으로써 취하고 어떤 것은 낮춤으로써 받아들여진다. 큰 나라는 사람들을 아울러 육성하려는 것 이상을 지나치지 않고, 작은 나라는 들어가서 남을 섬기려는 것 이상을 지나치지 않으니, 두 나라가 각기 원하는 것을 얻게 된다. 그러므로 큰 것이 낮추어야 한다.

大國者下流, 天下之交, 天下之牝. 牝常以靜勝牡, 以靜爲下. 故大國以下小國, 則取小國, 小國以下大國, 則取大國. 或下以取, 或下而取. 大國不過欲兼畜人, 小國不過欲入[1]事人, 兩者各得其所欲. 故大者宜爲下.

1) 入: 필사본에는 '人'으로 되어 있는데 잘못 기록된 것이다.

춘추 시대 말기에 큰 나라들은 항상 백성을 수고롭게 하면서 힘으로 천하에서 승리하기를 다투었으니, 노자는 대개 이런 폐단을 직접 보았기 때문에 앞 장에서 간소함과 고요함으로 백성을 다스리는 것에 대해 말했고, 이 장에서는 겸양으로 이웃 나라와 교제하는 것에 대해 말하였다.

'하류'는 모든 것이 달려가는 곳을 말한다. '교交'는 '갈림길이 교차한다'고 할 때의 '교차하다'와 같으니, 모든 것이 모이는 곳이다. '빈牝'은 그것이 잘 받아들인다는 점으로 말한 것이다. 어떤 사람은 "'빈牝' 자 하나는 잘못 끼여든 것"이라고 했는데, 이 말이 맞는 것 같다. 양은 움직이지만 음은 가만히 있고, 양은 위에 있지만 음은 아래에 있으며, 양은 있는 힘을 다 쏟아 내지만 음은 항상 받아들인다. 그러므로 '이긴다'고 했으니, 이 말도 부드러움이 강함을 이긴다는 뜻이다.

"어떤 것은 낮춤으로써 취한다"(或下以取)는 말은 남을 취한다는 것이고, "어떤 것은 낮춤으로써 받아들여진다"(或下而取)는 말은 남에게 받아들여진다는 것이다. 남을 취하는 자는 모든 것을 용납함은 물론 남의 마음까지 얻고, 남에게 받아들여지는 자는 정이 들도록 가까이하여 자신의 권세를 잃지 않으니, 이런 것은 모두 사람들이 하고자 하는 바이다. 그러나 작은 것이 낮추기는 쉽지만 큰 것이 낮추기는 어려우니, 작은 것이 큰 것에게 낮추면 그 공이 별것 아니지만 큰 것이 작은 것에 낮추면 그 이로움이 대단하다. 그러므로 "큰 것이 낮추어야 한다"고 했으니, 힘쓰도록 권면한 것이다.

어떤 사람은 "춘추 시대에 제후들은 여전히 옥백玉帛 같은 예물로 (국가간의) 일을 처리하여 제하諸夏의 맹약을 주도하는 것을 만족스럽게 여겼다"고 하였는데, 이 말도 통용시킬 만하다. 전국 시대 이후로는 큰 나라가 작은 나라를 집어삼키고 강대국이 약소국을 병합하여 진실로 그 힘이 충분하면 천하의 나라를 모두 없앨 수 있었으니, 또 어찌 자신을 낮추었겠는가? 강대한 것은 천하가 싫어하는 것이다. 하물며 거기에 또 교만하고 난폭하기가 끝이 없다면 천하는 그 화가 반드시 자신에게 미칠 것을 알고 (살길을 찾기 위해) 힘을 합쳐 도모할 것이니, 비록 싸워 이기고 공격하여 빼앗음에 천하에 적이 없더라도 패배할 날이 반드시 멀지 않다. 오왕吳王 부차夫差[1]와 지백知伯,[2] 제齊 민왕湣王[3]이 이런 자들이다. 심한 경우는 영진嬴秦[4]처럼 천하를 통일했더라도 얼마 지나지 않아 망하니, 이 어찌 낮출 줄 몰랐기 때문에 화를 당한 것이 아니겠는가?

작은 나라는 진실로 낮추지 않는 것을 근심하지는 않는다. 그러므로 노자는 특별히 큰 나라로 경계를 삼았다. 만약 노자의 이론을 따른다면 천하에서 영원히 전쟁에 의한 피해가 사라져 주초의 1800여 개 읍제 국가[5]들이 지금까지도 보존될 수 있었을 것이니, 또한 어진 사람의 말이라 할 수 있다.

春秋之季, 爲大國者, 常勞其民. 而以力爭勝於天下, 老子蓋親覩其弊, 故上章言簡靜以治民. 此章言謙下以交隣.

下流, 謂衆所趨也. 交如衢路之交(之交),[6] 衆所會也. 牝, 以其能受而言也. 或曰: "一牝字衍文也", 此說恐是. 陽動而陰靜, 陽居上而陰居下, 陽有竭而陰常受. 故曰勝, 此亦柔勝剛之意也.

或下以取, 取人也, 或下而取, 取於人也. 取人者, 幷容而能得其心, 取於人者, 親附而不失其權, 此皆其所欲也. 然小之爲下也易, 而大之爲下也難, 小之下大也, 其爲功淺, 而大[7]之下小也, 其爲利博.[8] 故曰大者宜爲下, 蓋勉之也.

或曰: "春秋之時, 諸侯尙以玉帛從事, 以能主諸夏之盟爲足", 此說猶可行也. 戰國以後, 大呑小, 强倂弱, 苟其力之足也, 則可以盡滅天下之國, 又安事夫下哉? 强大者, 固天下之所惡也. 又況加之以驕暴無厭. 天下見其禍之必及於己也, 將合力而謀之, 雖戰勝攻取無敵於天下, 其敗也必無日矣. 吳王夫差知伯齊湣王, 皆是也. 其甚也, 則雖混一天下如嬴秦, 亦不旋踵而亡, 此豈非不知下之禍哉?

夫小者, 固不患其不下也. 故老子特以大者爲戒. 使從老子之論, 則天下將永無兵革之毒, 千八百國, 雖皆至今存可也, 亦可謂仁人之言矣.

1) 부차夫差: 춘추 시대 吳나라의 임금. 越나라를 쳐 父王 闔閭의 원수를 갚았다. 그러나 후에 越王 句踐에게 敗死함으로써 吳나라는 멸망하였다.
2) 지백知伯: 춘추 시대 晉의 六卿의 하나. 知伯이 趙襄子를 치자, 趙襄子가 韓魏와 함께 힘을 합쳐 知伯을 멸할 것을 모의하고, 知伯의 후손까지 모두 없애고 그 땅을 삼분하였다. 趙襄子는 知伯에 대한 원한이 깊었기 때문에 그 두개골에 옻칠을 해 가래침을 뱉는 그릇으로 사용하였다고 한다.
3) 제齊 민왕湣王: 전국 시대에 燕秦楚三晉이 함께 힘을 합쳐 정예 군사를 거느리고 齊를 치자 湣王은 衛로 달아났다.
4) 영진嬴秦: 秦始皇의 성이 嬴이다.
5) 1800여 개 읍제 국가: 周나라는 殷나라를 정복하고 중국 천하를 통일하자 자신을 도와 정복 전쟁에 참가한 부족장들에게 영토를 분할해 줌으로써 제후로 삼았는데, 그 나라의 수가 1800이 넘었다.
6) (之交): 필사본에는 없는 글자를 옮긴이가 보충한 것이다.
7) 大: 필사본에는 '火'로 되어 있는데, 잘못 기록한 것이다.
8) 博: 필사본에는 '將'으로 되어 있는데, 잘못 기록한 것이다.

62장

도란 만물의 중요한 부분이니, 선한 자의 보배요 선하지 않은 자가 보존되는 까닭이다. 아름다운 말은 가치가 있고 훌륭한 행동은 사람에게 영향을 미친다. 그러니 사람이 선하지 않다고 해서 어찌 버리겠는가? 그러므로 천자를 세우고 삼공三公을 두며 비록 큰 옥을 가지고 네 필 말이 끄는 수레를 앞세울 수 있더라도 앉아서 이 도에 나아가는 것만 못하다. 옛날에 이 도를 귀하게 여긴 까닭이 무엇이겠는가? "구하는 것을 그것으로 얻고, 죄를 그것으로 면한다"고 하지 않았던가? 그러므로 세상의 귀한 것이 된다.

道者, 萬物之奧, 善人之寶, 不善人之所保. 美言可以市, 尊行可以加人. 人之不善, 何棄之有? 故立天子, 置三公, 雖有拱璧[1]以先駟馬, 不如坐進此道. 古之所以貴此道者, 何也? 不曰"求以得, 有罪以免"耶?[2] 故爲天下貴.

1) 璧: 필사본에는 '壁'으로 되어 있는데, 잘못 기록한 것이다.
2) 耶: 『道德眞經註』에는 '邪'로 되어 있다.

'오奧'는 집의 서남쪽 모퉁이로 존귀한 것이 있는 곳이다. 옛날에는 다섯 종류의 제사[1]를 지낼 때 모두 집의 서남 모퉁이에 먼저 제사를 지냈으니, 항상 높이는 곳이기 때문이다.

천하에 도가 있으면 선한 사람이 귀한 대접을 받으므로 '보배'라 하고, 선하지 못한 사람도 허물을 면할 수 있으므로 '보존되는 까닭'이라 하였다. '시市'는

'팔다'와 같은 말이다. 선한 한마디 말이나 행동 하나는 모두 (가치가 있어) 팔릴 수 있고 존경을 받을 수 있으니, 이 때문에 보배라고 하였다. 도로 천하를 다스리는 자는 선한 것을 기뻐하고 능하지 못한 것을 불쌍히 여겨 사람들의 선하지 못한 점을 보더라도 차마 갑자기 버리지 못한다. 그러므로 그 윗사람은 감화되어 선을 행하고 그 아랫사람도 면모를 고치고 간특한 것을 멀리하니, 이 때문에 (사람들이 모두) 보존될 수 있다.

아주 동그란 옥을 '벽璧'이라 한다. '공벽拱璧'은 대개 동그란 옥이 두 손을 합해 쥘 정도라는 것이니 크다는 말이다. 옛날에는 폐백으로 사람을 사귀었으니, 반드시 먼저 주는 것이 있었다. 『춘추전』에 "가죽 네 장을 먼저 주고 군대를 위로하는 음식으로 소 열두 마리를 주었다"[2)]고 한 것이 이런 의미이다.

'좌坐'는 '꿇어앉다'의 뜻이다. 천자나 삼공의 지위를 주고 큰 옥과 말 네 마리가 끄는 수레를 폐백으로 보내는 것이 모두 이 도에 나아가게 하는 것만 못하니, 도가 지극히 귀하다는 말이다. 천하에 도가 있으면 선한 백성은 제각기 원하는 바를 얻고 선하지 않은 자도 죄를 면하니, 이것이 지혜로운 자나 어리석은 자 할 것 없이 모두 도를 귀하게 여길 줄 알고 만물이 항상 도를 높이는 까닭이다.

내 생각에는 이 장의 뜻이 비천하여 노자의 말이 아닌 것 같다. 대개 선진先秦의 서적들이 대부분 후대 사람들에게 변조되고 어지럽혀져 비록 육경六經일지라도 모두 이것을 면하지 못하였으니, 책을 제대로 이해하기 위해서는 (이런 점을) 자세히 살피면서 구분해야 한다.

奧, 室之西南隅, 尊者所居也. 古者祭五祀, 皆先享于奧, 以其爲常尊也.

天下有道, 則善人貴於世, 故曰寶, 不善人亦可以獲免於咎, 故曰所保. 市, 猶售也. 一言一行之善, 皆可以見售而取尊, 此所以謂之寶也. 以道治天下者, 嘉善而矜不能, 見人有不善, 不忍遽棄之也. 故其上者, 感化而爲善, 其下者, 亦革面而遠於慝, 此所以能保也.

玉之正圓者曰璧. 拱璧, 蓋璧之合拱者, 言其大也. 古者以幣交人, 必有先也. 春秋傳曰: "以乘韋先, 十二牛犒師", 是也.

坐, 跪也. 加之以天子三公之位, 致之以拱璧駟馬之幣, 皆不如進此道, 言其至貴也. 天下有道, 則民之善者, 各得其所願, 不善者, 亦免於罪, 此所以無知愚皆知貴之, 而爲萬物之所常尊也.

愚按, 此章旨意淺陋, 恐非老子之言. 蓋先秦之書, 多經後人所竄亂, 雖六經皆不免此, 善讀者, 所宜審辨也.

1) 다섯 종류의 제사: 五祀는 옛날 중국에서 지내던 다섯 가지 제사를 말한다. 여기에는 血祭로 사직에 드리는 다섯 가지 제사와 제후가 나라를 위해 드리는 다섯 가지 제사가 있다.
2) "가죽 네 장을…… 주었다": 『春秋左氏傳』, 「僖公 33年」, "及滑, 鄭商人弦高將市於周, 遇之, 以乘韋先, 牛十二犒師."

63장*

아무것도 함이 없음을 행하고 일없음을 일삼으며, 아무 맛도 없는 것을 맛보고, 작은 것 보기를 큰 것처럼 하고 적은 것 보기를 많은 것처럼 하며, 덕으로 원한을 갚는다. 쉬운 것에서 어려운 것을 도모하고 미세한 것에서 큰 것을 행한다. 천하의 어려운 일은 반드시 쉬운 것에서 시작되고, 천하의 큰 일은 반드시 미세한 것에서 시작된다. 이 때문에 성인은 끝내 큰일을 하지 않는다. 그러므로 그 큼을 이룰 수 있다. 가볍게 응낙하면 반드시 믿음이 적고, 쉽게 여기는 일이 많으면 반드시 어려움을 많이 당한다. 이 때문에 성인은 (쉽거나 미세한 것도) 오히려 어렵게 여긴다. 그러므로 끝내 어려움이 없다.

爲無爲, 事無事, 味無味, 大小多少, 報怨以德. 圖難於其易, 爲大於其細. 天下難事, 必作於易, 天下大事, 必作於細. 是以聖人終不爲大, 故能成其大. 夫輕諾必寡信, 多易必多難. 是以聖人猶難之, 故終無難.

*『道德眞經註』에는 이 장이 다음 64장과 함께 54장에 있는데, 구절의 순서가 다음과 같이 다소 다르다. "爲無爲, 事無事, 味無味. 圖難於其易, 爲大於其細. 天下難事, 必作於易, 天下大事, 必作於細. 其安易持, 其未兆易謀, 其脆易泮, 其微易散. 爲之於未有, 治之於未亂. 合抱之木, 生於毫末, 九層之臺, 起於累土, 千里之行, 始於足下. 夫輕諾必寡信, 多易必多難. 是以聖人猶難之, 故終無難. 大小多少, 報怨以德. 是以聖人終不爲大, 故能成其大. 民之從事, 常於幾成而敗之. 愼終如始, 則無敗事矣. 爲者敗之, 執者失之. 無爲故無敗, 無執故無失. 是以聖人欲不欲, 不貴難得之貨. 學不學, 復衆人之所過, 以輔萬物之自然, 而不敢爲."

"아무것도 함이 없음을 행하고 일없음을 일삼는다"는 것은 아무것도 할 것이 없을 때 행하고 아무것도 할 일이 없는 가운데 일삼는다는 뜻이다. 어떤 사람은 "아무것도 하지 않음으로 행하고 아무것도 일삼지 않음으로 일삼는다"고 했는데, 대개 아무것도 함이 없음에서 행한 다음에 비로소 아무것도 함이 없음을 행할 수 있으니, 그 내용은 동일한 의미이다. 오유청은 "그 시작에서 일찌감치 행하지 않으면 쉬운 것이 점점 어려워지고 작은 것이 점점 커져서 심신이 고달프니, 비록 아무것도 하지 않고 싶더라도 그러할 수 있겠는가?"[1]라고 하였다. "아무 맛도 없는 것을 맛본다"는 것은 사람들이 맛보지 않는 것을 맛본다는 뜻이다. 이를테면 35장의 "도에 대한 말은 아무 맛도 없이 밋밋하다"는 것인데, 그것을 즐김이 마치 고기를 먹는 즐거움이 비할 정도가 아니니, 이 또한 이른바 "아무 맛도 없는 것을 맛본다"는 것이다.

'대소다소大小多少'는 작은 것 보기를 큰 것처럼 하고 적은 것 보기를 많은 것처럼 한다는 말이니, 모두 미미한 것에서 삼간다는 뜻이다. (본문의) 다음 구절에서 말한 "쉬운 것에서 어려운 것을 도모하고 미세한 것에서 큰 것을 행한다"는 것이 바로 이런 의미이다. 원망이 일어나는 것은 항상 큰 것에 있지 않다. 오직 작은 일을 참지 못한 후에 구르고 굴러서 덕으로 풀어 버릴 수 없는 지경까지 가게 되니, 그렇다면 단지 참지 못했기 때문(에 풀어 버릴 수 없는 지경까지 간 것)이다. 끝내 큰 일의 큼을 하지 않아야 큰 덕의 큼을 이룰 수 있다. 시작하는 미미한 단계에서 삼간다면 끝내 천하에 어려운 일이 없을 것이니, 이것이 본문의 "큼을 이룬다"는 말이다. "가볍게 응낙하면 믿음이 적다"는 것도 시작에서 삼가지 못한 일의 하나이다.

보통 사람이 쉽게 여기는 것을 성인께서는 어렵게 여기신다. 그러므로 "오히려 어렵게 여긴다"고 하였으니, 어렵게 여긴다는 것은 시작에서 어렵게 여긴다는 말이다. "어려움이 없다"는 것은 그 끝마침을 순리대로 한다는 말이다. 이 장에서는 오로지 기미를 살피고 미세할 때 삼가는 방법에 대해 말하였으니, 대개 노자가 말한 "아무것도 함이 없고 일삼음이 없다"는 것이 이와 같은 의미이다. 그러니 후세의 청담淸談[2]을 일삼던 선비들이 미쳐 날뛰고 오만하게 행동하며 세상사를 하찮게 보는 것을 높은 절개로 여겨 세상을 어지럽히고 망치는 화를 불러들인 것과는 그 차이가 하늘과 땅이다.

어떤 사람이 공자께 "덕으로 원망을 갚는 것이 어떠한지요?"라고 여쭙자 공자께서 "(그렇게 한다면) 무엇으로 덕을 갚을 것인가요? 정직함으로 원한을 갚고, 덕으로 덕을 갚아야 합니다"라고 말씀하셨다.[3] 주자는 "덕으로 원망을 갚는다는 것은 후덕하다고 말할 수 있다. 그러나 성인의 말씀으로 보면, 그것이 의도적인 사심에서 나와 원한과 덕에 대한 갚음이 모두 공평함을 얻지 못했음을 알 수 있다"[4]고 하셨다. 내가 생각하기에 어떤 사람의 물음은 은혜를 베풀어 원한을 갚는다는 것이고, 노자의 말은 덕을 닦아 원한을 잊는다는 것이니, 그 의미가 진실로 같지 않다. 그러나 노자의 말을 외우면서 그 의미를 깨닫지 못하면 그 폐단은 반드시 마음속의 자연스런 정을 억누르고 명예를 팔게 될 것이니, 이를테면 곽해郭解[5]의 행위 같은 것이다. 이 때문에 우리 스승 공자의 가르침이 만세의 법이 되는 것이다.

爲無爲事無事, 爲之於無爲之時, 事之於無事之中. 或曰: "以無爲而爲, 以無事而事也." 蓋爲[6]之於無爲, 然後始可以無爲而爲, 其實一義也. 吳幼淸曰: "不早爲之於其始, 則易者漸難, 細者漸大, 心力俱困, 雖欲無爲, 其可得乎?" 味無味, 味人之所不味也. 如道之出口, 淡乎其無味, 而樂之不啻若芻豢, 是亦所謂味無味也.

大小多少, 謂視小如大, 視少如多, 皆愼微之意. 下文所言圖難於其易, 爲大於其細, 卽此義也. 怨之所起, 恒不在大, 唯不能忍於其小, 而後輾轉馴致於不可解報之以德, 則不唯能忍而已. 終不爲大事之大也, 能成其大德之大也. 愼之於其始之微, 而其終也天下無難事, 此所謂成其大也. 輕諾寡信, 亦不能愼始之一端也.

凡人之所易, 而聖人難之, 故曰猶難之, 難之者, 難於其始也. 無難者, 順於其終也. 此章專言審幾愼微之道, 蓋老子所謂無爲無事者, 如此與. 夫後世淸談之士, 猖狂簡傲, 以遺落世事爲高, 而馴致亂亡之禍者, 相去若霄壤矣.

或問於孔子曰: "以德報怨, 何如?" 子曰: "何以報德? 以直報怨, 以德報德." 朱子曰: "以德報怨, 可謂厚矣. 然以聖人之言觀之, 則見其出於有意之私, 而怨德之報, 皆不得其平也." 愚謂, 或者之問, 施恩以報怨也, 老子之言, 修德而忘怨也, 其指固不同矣. 然誦老子之言, 而不得其意, 則其弊必將有矯情市譽, 如郭解之爲者. 此吾夫子之訓所以爲萬世法也.

1) “그 시작에서…… 할 수 있겠는가?”: 『道德眞經註』, 54장 주, “若不早圖之急爲之於其始, 則其終也, 易者漸難, 細者不大, 心力俱困, 無爲其可得乎?” 옮긴이가 보기에 이 인용문에서 ‘細者不大’ 구절은 홍석주가 인용한 것처럼 ‘細者漸大’로 수정되어야 한다.

2) 청담淸談: 魏晉 시대에 노장 학파에 속하는 高節·達識의 선비들이 정계에 실망을 느껴 세상사를 버리고 산림에 은거하여 청정무위의 설을 담론한 일.

3) 어떤 사람이…… 말씀하셨다: 『論語』, 「憲問」, “或曰: ‘以德報怨, 何如?’ 子曰: ‘何以報德? 以直報怨, 以德報德.’”

4) “덕으로…… 알 수 있다”: 『論語』, 「憲問」, 朱子註, “或人之言, 可謂厚矣. 然以聖人之言觀之, 則見其出於有意之私, 而怨德之報皆不得其平也.”

5) 곽해郭解: 前漢의 협객으로 젊어서 건달 노릇을 했으나 장성함에 따라 덕을 닦아 俠氣로 민간의 衆望을 모았다.

6) 爲: 필사본에는 ‘馬’로 되어 있는데, 잘못 기록한 것이다.

64장

편안할 때는 구하기가 쉽고 아직 조짐이 없을 때는 도모하기가 쉬우며, 약할 때는 흩어 버리기가 쉽고 미약할 때는 분산시키기가 쉽다. 아무것도 없을 때 무엇인가 하고 아직 어지러워지기 전에 다스린다. 아름드리 나무도 털끝같이 가는 것에서 자라나고, 9층 누대도 한줌 흙을 쌓아 올리는 데서 세워지며, 천리 길도 아주 가까운 곳에서 시작된다. 무엇인가 하는 자는 실패하고 붙잡는 자는 놓친다. 아무것도 하는 것이 없으므로 실패가 없고 아무것도 붙잡는 것이 없으므로 놓침이 없다. 백성이 일을 할 때는 항상 기틀이 이루어진 다음에 하니 실패한다. 처음 시작하는 마음처럼 끝내기를 삼간다면 실패할 일이 없다. 이 때문에 성인은 (일반인들이) 욕심 내지 않는 것을 욕심 내고 구하기 어려운 재화를 귀하게 여기지 않으며, (일반인들이) 배우지 않는 것을 배우고 일반인들이 소홀히 하는 바에서 반복하여 (살피고 삼가) 만물이 저절로 그렇게 되는 것을 돕고 감히 무엇인가 하지 않는다.

其安易持, 其未兆易謀, 其脆易泮, 其微易散. 爲之於未有, 治之於未亂. 合抱之木, 生於毫末, 九層之臺, 起於累土, 千里之行, 始於足下. 爲者敗之, 執者失之. 無爲故無敗, 無執故無失. 民之從事, 常於幾成而敗之. 愼終如始, 則無敗事.[1] 是以聖人欲不欲, 不貴難得之貨, 學不學, 復衆人之所過, 以輔萬物之自然, 而不敢爲.

1) 事: 『道德眞經註』에는 뒤에 '矣' 자가 더 있다.

본문의 '지持'는 '구하다'(扶)의 뜻이고, '취脆'는 '약하다'의 뜻이다. '판泮'은 흩어 버린다는 의미인데, 어떤 본에는 '파破' 자로 되어 있다.[1] 양손을 합해 껴안는 것을 '합포合抱'라 하니, 그 둘레가 크다는 말이다. '누累'는 거듭 쌓는다는 의미이고, '족하足下'는 아주 가까운 곳을 가리킨다. 이는 모두 쉬운 것에서 어려운 것을 도모하고 미세한 것에서 큰 것을 행한다는 의미이니, 앞 장과 이어져야 한다. 대개 앞 장에서는 처음부터 삼가는 것에 대해 말했고, 이 장의 "백성이 일을 함"(民之從事) 구절 이하로부터는 끝마침을 삼가는 것에 대해 말했으니, 모두 무언가 함이 있는 것이다. 그러나 그 이른바 무언가 함이란 일반인들이 말하는 무언가 함이 아니다. 그러므로 중간에서 "아무것도 함이 없음"(無爲)을 말함으로써 거듭하였다. '욕불욕欲不欲'은 일반인들이 욕심 내지 않는 것을 욕심 낸다는 말이고, '학불학學不學'은 일반인들이 배우지 않는 것을 배운다는 말이다. '난득지화難得之貨'는 바로 일반인들이 욕심 내는 것이다. '복復'은 '반복하다'의 뜻이다. '과過'는 "지나쳐 버리고 보지 못한다"(過而不視)고 할 때의 '과過'와 같으니, 소홀히 하는 것을 말한다. 우환이 생기는 것은 항상 사람들이 소홀히 하는 것에 있다. 그러므로 성인께서는 반드시 이런 것에서 반복하여 살피고 삼가시어 감히 가볍게 여기시지 않는다.

어떤 사람은 다음과 같이 말하였다. "겸손하게 행동하고 나서지 않으며 낮게 처신하고 연약한 듯 보이는 것은 일반인들이 소홀히 하는 것인데, 노자의 학문은 오직 이것을 근본으로 삼았다. 그러므로 '(일반인들이) 배우지 않는 것을 배우고 일반인들이 잘못한 바에서 반복한다'고 하였다."[2] 본문의 '보輔'는 "(천지의 도를) 마름질하여 완성하고 (천지의 마땅함을 도와 백성을) 돕는다"(裁成輔相[3])고 할 때의 '보輔' 자와 같은 의미이다. 만물에는 저절로 그렇게 되는 법칙이 있으며 또한 저절로 그렇게 되는 기세도 있으니, 성인이라면 한결같이 저절로 그렇게 되는 것을 따르고 감히 자신의 생각을 개입시키지 않는다. 그러나 덕이 성대하고 이치가 순리대로 되며 기氣가 조화로워 사물이 각기 자신의 본성을 이루게 되는 것은 곧 성인의 공이다. 그러므로 '돕는다'(輔)고 하였다. "미세한 것에서 큰 것을 행한다"고 하고, "아무것도 없을 때 무엇인가 한다"고 하고, "처음 시작하는 마음처럼 끝내기를 삼간다"고 한 것은 모두 아무것도 하지 않으려는 것인 듯하다. 또 "무엇인가 하는 자는 실패한다"고 하고, "아무것도 하는 것이 없으므로 실패가 없다"고 하였는데, 이는 또 사람들이 감히 아무것도 하지 못하도록 한 것이다. 그렇다면 어떻게 해야 하는가? 대개 담박하고 소박하게 되어 사람들이 한결같이 욕심 내는 것을 탐하지 않고, 부지런하고 공손하며 두려워하고 삼가게 되어 사람들이 쉽게 소홀히 하는 바를 감히 소홀히 하지 않는 것이니, 이는 모두 자신에게 있는 것을 행하는 것일 뿐이다. 사물에 대해서는 이치에 따라 그것을 대하여 한결같이 저절로 그렇게 됨을 따르니, 이것이 노자가 말한 '무엇인가 함'이다. 만약 자신을 뽐냄으로써 명예를 구하고 험한 것을 행함으로써 이로움을 구하며, 진정(情)을 꾸미고 은혜를 팖으로써 백성이 자신을 가까이하기를 구하고 법을 엄하게 하고 위엄을 부림으로써 백성이 자신을 두려워하기를 강제한다면, 이는 곧 일반인들이 무엇인가를 하여 실패하게 되는 까닭이다. 비유하자면 농부가 아직 날씨가 쌀쌀해지지 않았는데도 종자를 저장해 두고, 가뭄들 일이 없는데도 물을 모아 놓으며, 잡초가 자라지 않았는데도 서둘러 김을 매는 것이다. 힘써 밭 갈고 널리 씨를 뿌려 열매 먹기를 기다리니, 군자가 무엇인가 하는 것은 이와 같을 뿐이다. 아직 아무것도 없을 때 그것('君子之爲')을 할 수 없는 자는 새싹에 김매지 않는 자이고, 무엇인가 해서 실패하고 붙잡아 놓치게 되는 자는 새싹을 당겨 놓음으로써 (잘 자라기를) 조장하는 자[4]이다.

어떤 판본에는 앞 장의 "가볍게 응낙하면 반드시 믿음이 적다"(夫輕諾必寡信)는 구절 이하의 스물두 자를 이 장의 "지극히 가까운 곳에서 시작된다"(始於足下)는 구절 다음에 놓고, 또 "무엇인가 하는 자는 실패한다"는 구절 이하의 열여덟 자를 "(처음 시작하는 마음처럼 끝내기를 삼간다면) 일을 실패하지 않는다"([愼終如始,] 則無敗事)는 구절의 다음에 놓았는데, 문맥상 훌륭하다.[5] 다만 "작은 것 보기를 큰 것처럼 하고 적은 것 보기를 많은 것처럼 하며, 덕으로 원한을 갚는다"(大小多少, 報怨以德)는 여덟 글자는 "이 때문에 성인은 끝내 큰 일을 하지 않는다. 그러므로 그 큼을 이룰 수 있다"(是以聖人終不爲大, 故能成其大)는 구절 앞에 옮겨 놓아야 한다. 그런데 "끝내 어려움이 없다"(終無難)는 구절 앞에 함께 놓은 것은 또한 아주 잘못된 것이다.[6]

持, 猶扶也. 脆, 柔軟也. 泮, 解散也, 一本作破. 合兩手而抱之曰合抱, 言其圍之大也. 累, 重積也. 足下, 謂至近之地也. 此皆卽圖難於易, 爲大於細之意, 當屬上章. 蓋上章言愼始, 此章自民之從事以下言愼終, 皆有爲之事也. 然其所謂爲者, 非衆人之所謂爲也. 故中言無爲以申之. 欲不欲, 謂欲衆人之所不欲也. 學不學, 謂衆人之所不學也. 難得之貨, 卽衆人之所欲也. 復, 反復之也. 過, 猶過而不視之過, 謂所忽也. 患之所起, 常在人所忽. 故聖人必於此, 反復審愼, 而不敢輕也.

或曰: "謙退卑弱者, 衆人之所忽也, 而老氏之學, 獨以此爲宗. 故曰學不學, 復衆人之所過." 輔, 如裁成輔相之輔. 萬物有自然之則, 亦有自然之勢, 聖人則一順其自然, 而不敢以私知干焉.[7] 然德盛理順而氣和, 物無不各遂其性者, 則聖人之功也. 故曰輔. 夫曰爲大於其細, 曰爲之於未有, 曰愼終如始, 是皆猶恐其不肯爲也, 而又曰爲者敗之, 曰無爲故無敗, 是又使人不敢爲也. 然則將何如而可也? 蓋恬憺樸素, 而不貪乎人之所同欲, 勤謹畏愼, 而不敢忽人之所易忽, 是皆惟爲其在己者而已. 其於物也, 則順以待之, 而一聽其自然, 斯老氏之所謂爲也. 若夫衒己以求名, 行險以徼利, 飾情市恩以要民之親己, 嚴法作威以强民之畏己, 此則衆人之所以爲之而敗也. 譬之農夫未凍而藏種, 未旱而貯水, 草未長而疾耘之. 力耕廣播以竢食實, 君子之爲之也, 亦如斯而已. 不能爲之於未有者, 不耘苗者也. 爲而敗執而失者, 揠苗而助之長者也.

一本以上章夫輕諾必寡信以下二十二字, 置諸此章始於足下之下, 又以爲者敗之以下十八字, 置諸則無敗事之下, 於文義爲長. 但以大小多少, 報怨以德八字, 移冠於是以聖人終不爲大, 故能成其大之上, 而俱置諸終無難之上, 則又失之遠矣.

1) 어떤…… 되어 있다: 『新註道德經』, 『老子品節』, 『老子解』에는 '破'로, 『老子注』와 『道德眞經集解』에는 '泮'으로 되어 있다.

2) "겸손하게…… 하였다": 혹자의 말에서 "學不學, 復衆人之所過"는 경우에 따라서 "(일반인들이) 배우지 않는 것을 배워 그들이 잘못한 바를 되돌린다"라고 해석할 수도 있다. 홍석주가 '復' 자를 '反復'으로 주석한 것은 특이하다.

3) "(천지의 도를)…… 돕는다"(裁成輔相): 『易經』, 「泰卦」, "象曰: '天地交, 泰, 后以財成天地之道, 輔相天地之宜, 以左右民'"; 『朱子語類』, 권13, "問……天佑下民, 作之君, 作之師, 只是爲此道理. 所以作箇君師以輔相裁成, 左右民, 使各全其秉彝之良, 而不失其本然之善而已."

4) 새싹을…… 조장하는 것: 『孟子』, 「公孫丑章句上」, "宋人有閔其苗之不長而揠之者. 芒

芒然歸, 謂其人曰: '今日病矣, 予助苗長矣.' 其子趨而往視之, 苗則槁矣. 天下之不助苗長者寡矣. 以爲無益而舍之者, 不耘苗者也. 助之長者, 揠苗者也, 非徒無益, 而又害之."

5) 어떤…… 훌륭하다: 여기서 '어떤 판본'(一本)은 吳澄의 『道德眞經註』이다. 『道德眞經註』 54장은 다음과 같다. "爲無爲, 事無事, 味無味, 圖難於其易, 爲大於其細, 天下難事, 必作於易, 天下大事, 必作於細, 其安易持, 其未兆易謀, 其脆易泮, 其微易散, 爲之於未有治之於未亂, 合抱之木, 生於毫末, 九層之臺, 起於累土, 千里之行, 始於足下, 夫輕諾必寡信, 多易必多難, 是以聖人猶難之, 故終無難. 大小多少, 報怨以德, 是以聖人終不爲大, 故能成其大, 民之從事, 常於幾成而敗之, 愼終如始, 則無敗事矣, 爲者敗之, 執者失之, 無爲故無敗, 無執故無失, 是以聖人欲不欲, 不貴難得之貨, 學不學, 復衆人之所過, 以輔萬物之自然, 而不敢爲."

6) 어떤…… 잘못된 것이다: 앞 장 63장에 관한 언급이다. 곧 『道德眞經註』를 따를 경우 63장의 본문도 다음처럼 수정되어야 한다는 말이다. 본문 "爲無爲, 事無事, 味無味, 大小多少, 報怨以德, 圖難於其易, 爲大於其細, 天下難事, 必作於易, 天下大事, 必作於細, 是以聖人終不爲大, 故能成其大, 夫輕諾必寡信, 多易必多難, 是以聖人猶難之, 故終無難"에서 "夫輕諾必寡信, 多易必多難, 是以聖人猶難之, 故終無難" 구절을 64장으로 옮길 경우 63장의 본문은 "爲無爲, 事無事, 味無味, 大小多少, 報怨以德, 圖難於其易, 爲大於其細, 天下難事, 必作於易, 天下大事, 必作於細, 是以聖人終不爲大, 故能成其大" 구절만 남으니, 여기에서 "大小多少, 報怨以德" 구절을 "是以聖人終不爲大, 故能成其大" 구절 앞으로 옮겨 놓으라는 말이다.

7) 焉: 필사본에는 '馬'로 되어 있는데, 잘못 기록한 것이다.

65장

옛날에 도를 잘 행한 자는 백성을 밝게 되도록 하지 않고 어리석게 되도록 하였다. 백성을 다스리기 어려운 것은 그들의 지모(智)가 많아졌기 때문이다. 그러므로 지모로 나라를 다스리는 것은 나라를 해치는 것이고, 지모로 나라를 다스리지 않는 것은 나라를 복되게 하는 것이다. 이 두 가지 사실을 아는 것이 또한 모범이다. 모범을 알 수 있는 것이 바로 현묘한 덕이다. 현묘한 덕은 심원하여 사람들과는 상반되지만, 이 때문에 크게 이치를 따르게 된다.

古之善爲道者, 非以明民, 將以愚之. 民之難治, 以其智多. 故以智治國, 國之賊, 不以智治國, 國之福. 知此兩者, 亦楷式. 能知楷式, 是謂玄德. 玄德深矣遠矣, 與物反矣, 迺至大順.

'어리석음'이란 '지모'(智)의 반대로 이른바 "부지불식간에 상제의 법칙을 따르게 하라"[1]는 것이다. 지모는 교묘한 속임수와 기교가 생겨나는 곳이다. 옛날에 천하를 다스리는 자는 자신을 삼가며 위에서 몸소 행하여 사람들을 대함에 오로지 진실함으로 하니, 백성이 집안에 들어와서는 힘써 스스로 먹을 줄 알고 집밖에 나아가서는 윗사람의 명령을 따를 줄 알 뿐이었다.

부족한 덕으로 백성을 교화시키려 하자 백성도 점점 교묘함을 많이 사용하게 되었다. 이 때문에 기교를 써 속임수를 막고 법을 제정하여 간사함을 방지하지만 백성의 지모가 점점 법과 기교의 밖으로 벗어나니, 이것이 다스리기 어려워진 까닭이다. 기교와 지모로 백성(物)을 다스리는 자는 백성도 기교와 지모로 그에게 대응하고, 진실함으로 사람들을 대하는 자는 사람들도 진실함으로 그에게 대응한다. 진실함만 오로지 하여 교묘한 임기응변의 책략을 행하지 않는 것이 진실로 담박한 풍속에서 말하는 '어리석음'이다. 노자는 주대周代 말기에 문식이 널리 퍼지고 지모를 숭상하여 상하 모두 서로 허위로 대하는 것을 보았으므로 울분을 참지 못해 이런 글을 남겼으니, 글의 의미를 잘 이해하는 자는 오직 묵묵히 그 뜻을 깨달아야 한다. '해楷'와 '식式'은 모두 '모범'이다.

오유청은 다음처럼 말하였다. "사람들은 모두 지모를 사용하고자 하는데 나만 어리석고자 하니, 이는 사람들과 상반되는 것이다. '상반되는 것'이란 '서로 거역하는 것'(相逆)이니, 이렇게 하는 것이 크게 이치를 따르는 되는 까닭이다."[2) 내가 생각하기에는 이 장에서 '지차양자知此兩者' 이하로는 앞 문장과 (의미가) 전혀 이어지지 않으니 아마도 빠진 부분이 있는 것 같다.

愚者, 智之反, 所謂不識不知, 順帝之則也. 智則機巧變詐之所由生也. 古之治天下者, 恭己而躬行於上, 其待人也壹以誠信, 民入則知服力以自食, 出則知從上之令而已.

及夫德不足以化民, 而民亦滋多巧. 於是乎, 設機以逆詐, 制法以防奸, 而民之智滋出於法與機之外, 此其所以難治也. 夫以機智御物者, 物亦以機智應之, 以誠信待人者, 人亦以誠信應之. 壹於誠信, 而不能爲機變之巧者, 固薄俗之所謂愚也. 老子見衰周之世彌文尙智, 而上下皆以僞相蒙, 故有激而爲是言, 善讀者, 唯默識其意, 可也. 楷式, 皆法也.

吳幼淸曰: "人皆欲智, 我獨欲愚, 是與物相反也. 相反者, 相逆也, 而迺所以爲順之大也." 愚謂此章自知此兩者以下, 與上文不甚相屬, 疑或有佚脫也.

1) "부지불식간에…… 따르게 하라": 『詩經』, 「大雅 · 文王之什 · 皇矣」, "帝謂文王, 予懷明德, 不大聲以色, 不長夏以革. 不識不知, 順帝之則. 帝謂文王, 詢爾仇方, 同爾兄弟, 以爾鉤援, 與爾臨衝, 以伐崇墉."

2) "사람들은…… 까닭이다": 『道德眞經註』, 55장 주, "人皆欲智, 我獨欲愚, 是與物相反也. 相反, 相逆也. 不相反, 相順也. 與物相順, 而不足以爲順, 相逆雖不順, 迺所以爲順之大. 故爲玄妙深遠不可測之德也."

66장

강과 바다가 모든 개울의 왕이 될 수 있는 것은 그것들이 잘 낮추기 때문이다. 그러므로 모든 개울의 왕이 될 수 있다. 이 때문에 성인이 남들보다 윗자리에 오르고자 할 때는 반드시 말을 겸손하게 하고, 남들보다 앞서고자 할 때는 반드시 자신이 앞서 나아가지 않는다. 이 때문에 윗자리에 있더라도 남들이 중압감을 느끼지 않고 앞서 있더라도 사람들이 방해가 된다고 생각하지 않는다. 이 때문에 천하가 기꺼이 추대하고 염증을 느끼지 않는다. 다투지 않기 때문에 천하에서 아무도 그와 다툴 수 없다.

江海所以能爲百谷王者, 以其善下之也. 故能爲百谷王. 是以聖人欲上人, 必[1]以[2]言下之, 欲先人, 必以身後之. 是以處上而人不重, 處前而人不害. 是以天下樂推而不厭. 以其不爭, 故天下莫能與之爭.

1) 必: 『道德眞經註』에는 이 글자가 없다. 다음에 나오는 '必'도 마찬가지이다.
2) 以: 『道德眞經註』에는 뒤에 '其' 자가 더 있다. 다음에 나오는 '以'도 마찬가지이다.

모든 개울의 물이 똑같이 강과 바다로 흘러가는 것은 사방의 사람들이 똑같이 왕에게 귀의하는 것과 같으므로 "모든 개울의 왕이 된다"고 하였다. 본문의 '낮춘다'는 것은 말(을 낮춘다는 것)이고, '뒤로 한다'는 것은 행동(을 뒤로한다는 것)으로, 상호 보완하여 뜻을 나타낸 구절이다. 오유청은 다음과 같이 말하였다. "성인은 겸양의 덕으로 남보다 위가 되고 앞서는 데 마음을 두지 않는다. 그러니 독자들은 본문의 구절을 곧이곧대로 받아들임으로써 그 의미를 해치지 말아야 한다."[1] 내가 생각하기에 『노자』라는 책은 겸손과 유약함의 의미에 대해 말한 것이 아주 많으니, 요 임금의 성실과 공손함과 자신의 마음을 눌러 남에게 겸양한 것, 순 임금의 온순함과 공손함과 아주 성실하여 조금도 거짓이 없는 것, 문왕의 은미함과 부드러움과 조심스러움과 삼감, 공자의 온순함과 어짊과 공손함과 검소함은 모두 (노자와) 동일한 법이다. 단지 노자는 공효를 말한 것이 너무 많고 표현도 억양에서 지나쳤으니, 도리어 혹 술수를 끼고 꾀를 사용하는 자들의 핑계거리가 되었을 뿐이다.

윗자리에 있는 자가 자신의 권세로 항상 사람들을 억압하므로 사람들이 그 중압감을 고통스럽게 여기니, 직위가 올라갈수록 마음을 더욱 낮추면 사람들이 그런 중압감을 느끼지 않는다. 본문의 '해害'는 '방해하다'(妨)와 의미가 같다. 비유하자면 길을 가는데 사람들과 앞서 가기를 다툰다면 앞에 있는 자가 반드시 뒷사람에게 방해가 되는 것과 같으니, 진실로 겸양하는 마음이 있다면 비록 앞서 있더라도 사람들이 방해가 된다고 여기지 않는다. 이와 같이 한다면 천하 사람들이 모두 그를 추대해 윗사람으로 삼고자 할 것이므로 "기꺼이 추대하고 염증을 느끼지 않는다"고 하였다. 천하의 사람들이 모두 진심으로 추대하니, 비록 그와 다투려는 사람이 있더라도 그렇게 할 수 있겠는가?

百谷之水, 同趍江海, 猶四方之人, 同歸于王也, 故曰爲百谷王. 下之曰言, 後之曰身, 互文也. 吳幼淸曰: "聖人謙讓之德, 非有心於上人先人也. 讀者, 不以辭害意可也." 愚謂, 老子一書, 言謙下柔弱意最多, 堯之允恭克讓, 舜之溫恭允塞, 文王之微柔小心, 孔子之溫良恭儉, 皆一揆也. 但老子言功效太多, 而辭又過於抑揚, 反或爲挾數用權者所藉口耳.

處上者, 其勢常壓人, 故人苦其重, 位益上, 而心益卑, 則人不知其重矣. 害, 猶妨也. 譬如行路, 與人爭進, 則居前者, 必妨其後, 苟以退讓爲心, 則雖前而人不以爲害矣. 夫如是, 則天下皆欲戴之, 以爲其上, 故曰樂推而不厭. 夫天下皆誠心而戴之矣, 雖欲有與之爭者, 得乎?

1) "성인은…… 말아야 한다": 『道德眞經註』, 66장 주, "言下之, 卑屈其言, 而不尊高, 身後之, 退却其身, 而不前進. 此聖人謙讓盛德, 非有心於上人先人, 爲之. 讀者, 不以辭害意可也."

67장

천하 사람들은 모두 나의 도가 크지만 남과 비슷하지 않다고 한다. 오직 크기 때문에 남과 비슷하지 않다. 비슷하다면 오래 전에 몹쓸 사람이 되었을 것이다. 나에게는 세 가지 보물 같은 신조가 있어 이를 보물로 여기면서 지키니, 첫째는 자애요 둘째는 검소함이요 셋째는 감히 천하에서 앞서 나아가지 않는 것이다. 자애로우므로 용맹스러울 수 있고, 검소하므로 광대하게 시행할 수 있으며, 감히 천하에서 앞서 나아가지 않으므로 남들의 우두머리가 될 수 있다. 이제 자애를 버리고 용맹스러워지려 하고, 검소함을 버리고 광대하게 시행하려 하며, 뒤로 하기를 버리고 앞서 나아가려 하면 죽게 될 것이다. 자애로 전쟁을 한다면 승리할 것이요, (자애로) 수비를 한다면 철통 같을 것이다. 하늘이 나를 구원하려 할 적에도 자애로 호위할 것이다.

天下皆謂我道大似不肖. 夫唯大, 故似不肖. 若肖, 久矣其細夫. 我有三寶, 寶而持之, 一曰慈, 二曰儉, 三曰不敢爲天下先. 夫慈故能勇, 儉故能廣, 不敢爲天下先, 故能成器長. 今舍慈且勇, 舍儉且廣, 舍後且先, 死矣. 夫慈以戰則勝, 以守則固. 天將救之, 以慈衛之.

본문의 '초肖'는 '비슷하다'의 뜻이다. '대사불초大似不肖'는 비록 크기는 하나 비슷하지 않은 것 같다는 말이다. 노자가 도를 말함에 비록 그 큼을 극진히 했지만 항상 겸손함과 부드러움을 근본으로 하였으므로 사람들이 모두 (우리와) 비슷하지 않다고 말하였다. 사람들은 모두 강한 것을 좋아하는데 자신만 자애롭고, 사람들은 모두 사치스러움을 숭상하는데 자신만 검소하며, 사람들은 모두 앞서기를 다투는데 자신만 감히 앞서려고 하지 않으니, 이것이 일반 사람들과 비슷하지 않은 점이다. '자애로운' 자는 사람들을 사랑해서 차마 해치지 못하니, '마음이 약한 것'과 비슷하다. 그러나 사랑으로 용맹을 삼은 다음에야 용맹스럽더라도 난폭해지지 않는다. '검소한' 자는 쓰는 데 인색하여 감히 함부로 소비하지 않으니, '속이 좁은 것'과 흡사하다. 그러나 검소함으로 광대함을 삼은 다음에야 광대하게 시행하더라도 궁해지지 않는다. '감히 천하에서 앞서 나아가지 않는' 자는 마땅히 항상 남의 아래에 있어 천하 사람들이 기꺼이 추대하고 염증을 느끼지 않으니, 그러므로 사람들의 우두머리(器長)가 될 수 있다.

'기장器長'은 '사람들의 우두머리'라는 말과 같다. 한비자는 이 부분을 인용하여 "감히 천하에서 앞서 나아가지 않으므로 일을 이루는 우두머리가 될 수 있다"[1]고 하였다. 자애를 버리고 용감하게 행동하는 자는 난폭한 무리이고, 검소함을 버리고 광대하게 시행하는 자는 탐욕으로 인도하는 자이며, 뒤로 하기를 버리고 앞서 나아가는 자는 아주 성급해서 다투려는 자이니, 모두 자신을 보존할 수 없을 것이다. 천하의 일에 용기를 숭상하지 않을 수 없는 것은 전쟁만한 게 없다. 그러나 진秦 시황始皇과 수隋 양제煬帝,[2] 오吳의 부차夫差, 부견苻堅[3]은 모두 승리만을 원하다가 멸망하였으니, 천하에서 뜻을 이루면서도 뒤탈이 없을 수 있는 자는 반드시 살인을 좋아하지 않는 것으로 마음을 삼는 자이다. 내가 진실로 사랑으로 백성을 호위한다면 하늘도 반드시 사랑으로 나를 호위해 줄 것이다. 이를테면 한漢 고제高帝[4]는 너그럽고 어질고 사람을 사랑하는 아량이 있었으면서도 항적項籍[5]에게 여러 차례 곤란을 당했었다. 그러나 마침내 그 곤란을 벗어나 천하를 소유하였으니, 이 어찌 하늘이 구원한 것이 아니겠는가? 이 장에서는 유독 자애(慈)에 대해 반복한 까닭에 용맹의 뜻까지 할 수 있었으니, 대개 하나를 들었지만 그 둘을 유추할 수 있다.

한비자는 다음과 같이 말하였다. "자애로운 어머니는 약한 자식에 대해 힘써 복이 오게 하고 화를 제거하려고 한다. 그렇게 하면 사려가 깊어지고, 사려가 깊어지면 사리事理를 깨달을 수 있고, 사리를 깨달으면 반드시 공을 이루게 되고,

공을 이루면 실행하는 데 의심스러울 것이 없게 되니, 의심스러울 것이 없음을 '용맹함'이라고 한다. 의심스러울 것이 없음은 자애에서 나오므로 '자애로우므로 용맹스러울 수 있다'고 하였다."[6] 지혜로운 선비가 그 재화를 검소하게 쓸 수 있다면 집안이 부유해지고, 성인이 그 신명을 아껴 보물처럼 할 수 있다면 정묘함이 성대해지며, 임금이 전쟁에서 병졸들을 귀중하게 여긴다면 백성이 많아진다. 백성이 많아지면 나라가 광대해지니, 이 때문에 그것을 들어 "검소하므로 광대하게 수행할 수 있다"고 하였다. 내가 생각하기에는 요순이 띠풀로 지붕을 이고 흙으로 계단을 만들었지만 그 백성은 배를 두들길 정도로 배불리 먹었으며, 한漢 문제文帝[7]는 몸에 검은 명주를 걸치고 있었지만 백성의 세금을 덜어 주었으니, 이것이 검소함으로써 광대하게 시행할 수 있는 효험이다. "감히 천하에서 앞서 나아가지 않으므로 남들의 우두머리가 될 수 있다"는 구절에 대해서는 그 의미를 이미 앞 장에서 상세히 설명하였다.

肖, 類也. 大似不肖, 謂雖大而似不肖也. 老氏之言道也, 雖極其大, 而恒以謙約柔弱爲宗, 故人皆謂之不肖. 人皆好强, 而我獨慈, 人皆尙侈, 而我獨儉, 人皆爭先, 而我獨不敢, 此所以不類於衆人也. 慈者, 愛人而不忍傷, 似乎怯矣, 而以愛爲勇, 然後勇而不暴. 儉者, 嗇於用, 而不敢妄費, 似乎狹矣, 而以儉爲廣, 然後廣而不窮. 不敢爲天下先者, 宜常居人下也, 而天下樂推之不厭, 故能成器長.

器長, 猶言物之長也. 韓非引此曰: "不敢爲天下先, 故能爲成事長." 舍慈而勇者, 暴之徒也, 舍儉而廣者, 貪之媒也, 舍後而先者, 躁競之首也, 其能保其身者, 俱尠矣. 天下之事, 不可以不尙勇者, 莫如戰. 然秦始皇・隋煬帝・吳夫差・苻堅, 皆以亟勝而亡, 其能得志於天下, 而無後災者, 必其以不嗜殺人爲心者也. 我誠能以慈衛民, 則天亦必以慈衛我. 如漢高帝有寬仁愛人之度, 困於項籍者, 數矣, 而卒能脫其身, 以有天下, 是豈非天之救之哉? 此獨申慈, 故能勇之意, 蓋擧一, 而其二可推矣.

韓非曰: "慈母之於弱子也, 務致其福, 而除其禍, 則思慮熟, 思慮熟, 則得事理, 得事理, 則必成功, 必成功, 則其行之也不疑, 不疑之謂勇. 不疑生於慈, 故曰慈故能勇." 知士儉用其財則家富, 聖人愛寶其神則精盛, 人君重戰其卒則民衆. 民衆則國廣, 是以擧之曰儉故能廣. 愚謂堯舜茅茨土階, 而其民含哺鼓腹, 漢文帝身衣弋綈, 而除民之租稅, 此儉而能廣之効也. 不敢爲天下先, 故能成器長, 其義已詳上章.

1) "감히…… 될 수 있다": 『韓非子』, 「解老」, "凡物之有形者, 易裁也, 易割也. 何以論之? 有形, 則有短長, 有短長, 則有小大, 有小大, 則有方圓, 有方圓, 則有堅脆, 有堅脆, 則有輕重, 有輕重, 則有白黑. 短長大小方圓堅脆輕重白黑之謂理, 理定而物易割也. 故議於大庭而後言則立, 權議之士知之矣. 故欲成方圓而隨其規矩, 則萬事之功形矣, 而萬物莫不有規矩, 議言之士, 計會規矩也. 聖人盡隨於萬物之規矩, 故曰: '不敢爲天下先.' 不敢爲天下先, 則事無不事, 功無不功, 而議必蓋世, 欲無處大官, 其可得乎? 處大官之謂爲成事長, 是以故曰: '不敢爲天下先, 故能爲成事長.'"

2) 수隋 양제煬帝: 隋의 제2대 황제. 성은 楊, 이름은 廣. 文帝의 아들로, 무도하여 부친을 시해하고 즉위하였다. 대운하를 개통하고 長城을 쌓는 등 큰 토목 공사를 일으키고 극도의 사치를 즐기며 주색에 빠져 모든 사람들이 원망하였다. 신하 宇文化及에게 피살당하였다.

3) 부견苻堅: 苻秦 곧 前秦의 군주. 처음엔 王猛을 등용하여 제법 세력을 떨쳤으나 晉에게 망하였다.

4) 한漢 고제高帝: 漢의 시조. 성은 劉, 이름은 邦이다. 楚나라의 項羽를 垓下에서 격파하고 제위에 올라 400여 년의 왕조를 창업하였다.

5) 항적項籍: 秦末의 下相 사람. 字는 羽. 秦末에 陳勝과 吳廣이 擧兵하자 숙부 梁과 吳中에서 군사를 일으켜 스스로 西楚의 覇王이라 일컬었다. 漢 高祖와 천하를 다투다가 垓下에서 敗死하였다.

6) "자애로운…… 하였다": 『韓非子』, 「解老」, "愛子者慈於子, 重生者慈於身, 貴功者慈於事. 慈母之於弱子也, 務致其福, 務致其福, 則事除其禍, 事除其禍, 則思慮熟, 思慮熟, 則得事理, 得事理, 則必成功, 必成功, 則其行之也不疑, 不疑之謂勇. 聖人之於萬事也, 盡如慈母之爲弱子慮也, 故見必行之道. 見必行之道則, 其從事亦不疑, 不疑之謂勇. 不疑生於慈, 故曰慈故能勇."

7) 한漢 문제文帝: 前漢의 제5대 임금으로 高祖의 아들이다. 이름은 恒. 재위 23년. 仁慈恭儉하기로 이름난 英主이다.

68장*

훌륭한 전사戰士는 위용을 뽐내지 않고, 전쟁을 잘하는 자는 분노하지 않으며, 적을 잘 이기는 자는 관여하지 않고, 사람을 잘 다루는 자는 남의 아래가 된다. 이것이 다투지 않는 덕이요 남을 부리는 힘이요 하늘과 짝하는 것이니, 옛 도의 극치이다.

善爲士者不武, 善戰者不怒, 善勝敵者不與, 善用人者爲之下. 是謂不爭之德, 是謂用人之力, 是謂配天, 古之極.

*『道德眞經註』에는 이 장이 앞 장과 연결되어 57장에 있다.

이 장은 앞 장의 "(자애로) 전쟁을 한다면 승리할 것이다"(戰勝)라는 말을 이어서 말하였다. 본문의 '사士'는 '전사戰士'를 말한다. '무武'는 '위용'이다. '위용을 뽐내지 않음'과 '노하지 않음'은 모두 자애로운 자의 일이다. '불여不與'는 "순 임금과 우 임금이 천하를 소유하고도 관여하지 않았다"[1]고 할 때와 같은 의미이다. 백성의 부득이한 것으로 말미암아 전쟁을 하고, 적에게 이길 수 있는 것으로 말미암아 이기니, 자신이 관여한 것이 없다. '용인用人'도 전쟁을 위주로 말한 것이다. 오직 자신을 굽혀 남을 따를 수 있은 다음에 모든 사람들의 책략을 받아들여 사용할 수 있다. 그러므로 "사람을 잘 다루는 자는 남의 아래가 된다"고 하였다. "위용을 뽐내지 않는다"는 것과 "노하지 않는다"는 것, "관여하지 않는다"는 것 모두 다투지 않는 덕이다. 사람들의 아래가 되면 남의 힘을 부릴 수 있다. 옛

군자는 어짊으로 백성을 위로함에 오직 그것이 해침이 될까 염려하고, 순리로 이웃 나라와 외교를 함에 오직 그것이 잘못될까 염려하였으니, 다투려는 마음이 없었다. 부득이하게 전쟁을 할 경우에는 불쌍하게 여기는 마음과 슬퍼하는 마음으로 대중을 경계시키고 삼가는 마음과 두려운 마음으로 적에게 맞서게 했으니, 또한 감히 다툼을 즐긴 것이 아니다.

이 때문에 백성이 은혜를 입었다는 생각을 품고 기꺼이 희생하며, 하늘이 그 덕을 거울삼아 기꺼이 도와준다. 그러나 다투지 않는 덕이 있지만 남의 힘을 쓸 수 없는 자는 백성이 비록 그에게 귀의해도 반드시 완전히 승리할 수 없으며, 남의 힘을 쓸 수 있지만 안으로 다투지 않는 덕이 없는 자는 비록 승리하여도 반드시 뒤탈이 없을 수 없다. 안으로 다투지 않는 덕이 있고 밖으로 남의 힘을 쓸 수 있음이 이와 같은 자는 천하에 적이 없다. 천하에 적이 없는 자는 천지의 조화에 참여할 수 있으니, 그러므로 "하늘과 짝한다"고 하였다. '극極'이란 더할 것이 없음에 대한 말이다. 어떤 사람은 이렇게 말했다. "천도는 낳기를 좋아하여 어떤 사물도 감히 이길 수 없고, 천도는 아무것도 하지 않아 만물이 각기 자신의 직분을 수행하니, 그러므로 다투지 않는 덕과 남을 부리는 힘에 대해 '하늘과 짝한다'고 한다."

此承上章戰勝而言. 士, 謂戰士也. 武, 威勇也. 不武不怒, 皆慈者之事也. 不與, 猶舜禹有天下而弗與之意. 因民之不得已而戰, 因敵之可勝而勝之, 我無與也. 用人, 亦主於戰而言. 夫唯能屈己從人, 然後可以獲羣策之用. 故曰: "善用人者, 爲之下也." 不武不怒不與, 皆不爭之德也. 爲之下, 則能用人之力矣. 古之君子, 撫民以仁, 唯恐傷之, 交隣以順, 唯恐失之, 未嘗有爭心也. 及乎不得已而有戰, 則必哀矜惻怛以使衆, 戒愼兢懼以應敵, 亦不敢以爭爲樂也.

是以民懷其惠, 而樂爲之用, 天鑑其德, 而樂爲之助. 然有不爭之德, 而不能用人之力者, 民雖歸之, 未必能全勝也. 能用人之力, 而內無不爭之德者, 雖勝, 未必無後灾也. 內有不爭之德, 而外能用人之力, 若是者, 必無敵於天下矣. 無敵於天下者, 可以與天地參, 故曰配天. 極者, 無以復加之辭也. 或曰: "天道好生, 而物莫敢勝, 天道無爲, 而萬物各効其職, 故不爭之德, 用人之力, 命之曰配天."

1) "순 임금과…… 않았다": 『論語』, 「泰伯」, "子曰: '巍巍乎! 舜禹之有天下也, 而不與焉.'"

69장*

용병술에 방법이 있으니, "내가 감히 주인이 되지 않고 객이 되는 것이며, 감히 한치(寸)도 나아가지 않고 한 자(尺)로 물러나는 것이다." 이것이 무기를 잡고 있어도 (잡고 있는) 무기가 보이지 않는다는 것이고, 소매를 걷어 올려도 (걷어 올리는) 손이 보이지 않는다는 것이며, 군대가 행렬을 지어도 행렬이 없고, 끌어당겨도 (당기는) 상대가 없다는 것이다. 화는 적국을 깔보는 것보다 큰 것이 없다. 적국을 깔보면 거의 자신의 보배를 잃게 될 것이다. 그러므로 군대를 일으켜 서로 침범해도 슬퍼하는 쪽이 승리한다.

用兵有言, 吾不敢爲主而爲客, 不敢進寸而退尺.[1] 是謂執無兵, 攘無臂, 行無行, 仍無敵.[2] 禍莫大於輕敵. 輕敵幾喪吾寶. 故抗兵相加, 哀者勝矣.

*『道德眞經註』에는 이 장도 앞 장과 함께 그 앞 장에 연결되어 57장에 있다.

1) 尺: 필사본에는 '天'으로 되어 있는데, 잘못 기록한 것이다.

2) 是謂執無兵, 攘無臂, 行無行, 仍無敵: 『道德眞經註』에는 "是謂行無行, 攘無臂, 執無兵, 仍無敵"으로 되어 있다.

본문의 '유언有言'은 '방법이 있다'고 말하는 것과 같다. 어떤 사람은 "옛날에 이런 말이 있었다"[1]고 하였다. '불감위주不敢爲主'는 병란兵亂의 단초를 행하지 않는 것이다. 적이 자신을 침범하면 부득이하여 대응하니, 이른바 "객이 된다"는 것이다. 한치를 쌓아 열에 이르게 되는 것을 '한 자'라고 한다. 나아감이 비록 하잘것없더라도 감히 하지 않고 물러남이 비록 많더라도 부끄러워하지 않으니, 곧 앞 68장의 "위용을 뽐내지 않는다"는 의미이며 "분노하지 않는다"는 의미이다. '병兵'은 무기를 말한다. '무항無行'의 '항行'은 '항航' 자와 같이 읽으니 군대의 행렬이다. '잉仍'은 38장에서 "팔을 걷고 끌어당긴다"고 할 때의 '당기다'의 의미와 같다. '적敵'은 적국이다. 잡는 것은 반드시 무기이고 소매를 걷어올리는 것은 반드시 팔인데, 잡아도 잡은 무기가 없고 소매를 걷어올려도 걷는 팔이 없으니, 27장의 "감쪽같이 닫아 놓으면 자물통이 없어도 열지 못하며, 귀신같이 묶어 놓으면 밧줄이 없어도 풀 수 없다"는 의미이다. '항抗'은 '일으키다'의 뜻이다. '애哀'는 "불쌍히 여기고 삼가는 마음으로 옥사를 처결한다"[2]고 할 때의 '불쌍히 여긴다'는 의미와 같으니, 불쌍히 여겨 슬퍼하는 마음이 있는 것을 말한다.

나아감을 승리로 여기고 물러남을 패배로 여기는 것이 병가의 상식이다. 그런데 전쟁을 잘하는 자는 항상 물러나고 남과 다투지 않아 사람들이 누구도 그와 다툴 수 없으니, 이 때문에 분노하지 않고도 위엄을 뽐내고 '날래고 용맹한 군대'(銳)에 의지하지 않고도 강하며 교전을 기다리지 않고도 이긴다. 이것이 이른바 "전쟁을 하지 않고 남의 군대를 굴복시키는 것이니, 좋은 것 중에서 좋은 것이다."[3] 그 다음은 비록 부득이하여 교전을 하게 되더라도 불쌍히 여기고 차마 하지 못하는 마음으로 평소 백성을 미쁘게 대하고 또 조심스럽게 일하는 마음을 보태는 것이다. 그러므로 백성은 그 덕에 감격하고 적들은 그 틈을 넘볼 수 없으니, 이 또한 온전히 승리하는 방법이다. 전쟁을 즐기는 저런 군주들은 반드시 화를 즐기는 마음이 있으며, 물러나기를 수치로 여기고 나아가기를 자랑스러워하는 자는 군대의 용맹을 믿고 남을 능멸한다. 이와 같은 자는 백성 부리기를 반드시 함부로 하고 일에 대해 생각하기를 반드시 거칠게 하며 적에 대해서는 반드시 쉽게 여긴다. 백성이 아래에서 수고를 하는데도 임금은 위에서 교만하게 구니, 그렇게 하고도 목숨을 잃지 않고 나라를 위태롭게 하지 않은 자는 없었다. 자신의 목숨과 나라는 자신이 가장 아끼는 보물이다. 어떤 사람은 이렇게 말하였다. "본문의 '오보吾寶'는 바로 앞 67장의 '(나에게는 세 가지 보물 같은 신조가 있어) 이를 보물로 여기면서 지킨다'(我有三寶, 寶而持之)고 할 때의 '보물로 여기는 것'(寶)이니, '자애'라 하고 '감히 앞서 나아가지 않는다'는 것이 여기에 속한다." 소황문은 이렇게 말했다. "두 나라가 군대를 일으켜 서로 침범하는데 자신이 부득이하여 출병했다면 살상하기를 불쌍히 여기는 마음이 있는 것이다. 불쌍히 여기는 마음이 드러나면 하늘과 사람이 도와주니 승리한다."[4]

有言, 猶言有道也. 或曰: "古有是言也." 不敢爲主, 不爲兵端也. 敵加於己, 則不得已而應之, 所謂爲客也. 積寸至十, 曰尺.[5] 進雖小而不敢, 退雖多而不愧, 卽上章不武不怒之意也. 兵, 謂戎器. 無行之行, 讀如航, 陣列也. 仍, 如攘臂而仍之之仍. 敵, 敵國也. 執者, 必以兵, 攘者, 必以臂, 執無兵, 攘無臂, 猶言善閉無關鍵, 善結無繩約也. 抗, 擧也. 哀, 如哀敬折獄之哀, 謂有矜愼惻怛之心也.

以進爲勝, 以退爲敗, 兵之常也. 善用兵者, 常退不與人爭, 而人莫能與之爭, 是以不用怒而威, 不恃銳而强, 不待交兵而克, 此所謂不戰而屈人之兵, 善之善者也. 其次則雖不得已, 而至於交兵, 惻怛不忍之心, 素孚乎[6]民, 而又加之以臨事之懼. 故民懷其德, 而敵不得乘其隙, 此亦全勝之術也. 彼好爲兵主者, 必有樂禍之心, 恥退而矜進者, 必恃其銳而淩人. 若是者, 其用民也, 必輕, 其慮事也, 必踈, 而其於敵也, 必易之. 民勞於下, 而主驕於上, 然而不喪身危國者, 未之有也. 身與國, 皆吾之至寶也. 或曰: "吾寶卽前章寶而持之之寶, 曰慈, 曰不敢爲先, 是也." 蘇黃門曰: "兩敵擧兵相加, 而吾出于不得已, 則有哀閔殺傷之心. 哀心見, 而天人助之, 勝也."

1) "옛날에…… 있었다": 『新註道德經』에 "用兵有言, 言古之用兵者, 有此言也"라는 구절이 있다.
2) "불쌍히…… 처결한다": 『書經』, 「周書 · 呂刑」, "上刑適輕下服,……哀敬折獄, 明啓刑書胥占……."
3) "전쟁을…… 좋은 것이다": 『孫子兵法』, 「謀攻篇」, "孫子曰: '凡用兵之法, 全國爲上, 破國次之, 全軍爲上, 破軍次之, 全旅爲上, 破旅次之, 全卒爲上, 破卒次之, 全伍爲上, 破伍次之. 是故百戰百勝, 非善之善者也, 不戰而屈人之兵, 善之善者也.'"
4) "두 나라가…… 승리한다": 『老子解』, 69장 주, "兩敵相加, 而吾出于不得已, 則有哀心. 哀心見, 而天人助之, 雖欲不勝不可得矣."
5) 尺: 필사본에는 '叉'로 되어 있는데, 잘못 기록한 것이다.
6) 乎: 필사본에는 '子'로 되어 있는데, 잘못된 듯하다. '子'로 볼 경우, "素孚子民" 구절을 다소 어색하나 "평소 백성을 자식처럼 미쁘게 여기고"로 해석해야 할 것 같다.

70장

나의 말은 아주 알기 쉽고 아주 행하기 쉬운데 천하에서 아무도 알지 못하고 아무도 행하지 못한다. 말에는 근본이 있고 일에는 으뜸이 있다. 오직 무지하기 때문에 나를 알아보지 못한다. 나를 아는 자가 드물다면 나는 귀한 사람이다. 이 때문에 성인은 행색이 초라하지만 가슴속에 옥 같은 진리를 간직하고 있다.

吾言甚易知, 甚易行, 天下莫能知, 莫能行. 言有宗, 事有君. 夫唯[1)]無知, 是以不我知. 知我者希, 則我貴矣. 是以聖人被褐懷玉.

1) 唯:『道德眞經註』에는 '惟'로 되어 있다.

노자의 말이 비록 고원하고 미묘한 것 같아도 실은 두 가지를 근본으로 한 것에 지나지 않으니, 사람들이 안으로 청정淸靜하여 욕심을 줄이고 밖으로 겸손하여 다른 사람들에게 낮추도록 하는 것일 뿐이다. 이것이 어찌 알기 어렵고 행하기 어려운 것이겠는가? 대개 이 두 가지 근본은 진실로『도덕경』오천 글자의 기본이고 천하 만사의 으뜸이다. 사람들이 단지 무지하기 때문에 이것을 알 수 없고, 이것을 알 수 없기 때문에 또한 이것을 행할 수 없다. '갈褐'은 모포毛布로 신분이 낮은 자의 의복이다.[1)] 성인께서는 마음속에 지극한 보배를 간직하고 있지만 밖으로 자랑하지 않으니, 이 때문에 일반인들이 알 수 없다. 만약 사람마다 알게 된다면 세상을 떠들썩하게 하면서 총애를 취하는 자와 다를 것이 없으니,

또 어찌 귀하게 되기에 충분하겠는가?

오유청은 "(사람들이 자신의 말을 몰라주는 것을) 한탄하고 나서 또 그것을 다행으로 여긴 것 같지만, 다행으로 여긴 것이 아니라 아주 안타깝게 여긴 것이다"[2]라고 말하였다. 내가 생각하기에 성인의 도는 안으로 자신에게 만족하고 밖으로 천하와 함께하는 것이다. 그러나 사람들이 알아주거나 알아주지 않거나 하는 것은 또한 내가 어떻게 할 수 있는 것이 아니다. 그러므로 "사람들이 알아주지 않아도 서운해하지 않는다면 군자가 아니겠는가!"[3]라고 하셨고, 또 "동지가 먼 지방에서 찾아온다면 즐겁지 않겠는가!"[4]라고 하셨다. 노자의 말이 비록 세상에서 남들이 알아주는 데 급급한 자를 경계하려는 것이라 하더라도 그 폐단은 스스로 사사롭게 한 것을 면할 수 없으니, 이 때문에 군자가 저 미묘한 차이를 삼가는 것이다.

老子之言, 雖若高遠微妙者, 其實不過二端, 欲使人內淸靜而寡慾, 外謙柔以下人而已. 此豈有難知且難行哉? 蓋此二端者, 寔五千言之宗, 而天下萬事之君也. 人唯無所知識, 故不能知此, 不能知此, 故亦不能行此爾. 褐, 毛布, 賤者之服也. 聖人中有至寶, 而不衒于外, 此衆人所以不能知也. 若人人而知之, 則與譁世取寵者, 無異矣, 又安足貴哉?

吳幼淸曰: "旣已歎之, 又若幸之, 非幸之也, 深惜之爾." 愚謂, 聖人之道內足於己, 而外欲與天下共. 然人之知不知, 亦非我所能爲也. 故曰: "人不知而不慍, 不亦君子乎!" 又曰: "有朋自遠方來, 不亦樂乎!" 老子之言, 雖欲以警夫世之急於人知者, 然其弊, 則將未免於自私, 此君子所以謹夫豪釐也.

1) '갈褐'은…… 의복이다: 『道德眞經註』에도 "褐, 毛布, 賤者所服"이라는 주가 있다.
2) "한탄하고…… 여긴 것이다": 『道德眞經註』, 58장 주, "老子嘆時人愚而無知, 是以不知我言之可貴也. 旣已嘆之, 又若幸之, 非幸之也, 深嘆之爾."
3) "사람들이…… 아니겠는가!": 『論語』, 「學而」, "人不知而不慍, 不亦君子乎!"
4) "동지가…… 않겠는가!": 『論語』, 「學而」, "有朋, 自遠方來, 不亦樂乎!"

71장

남들이 알아주는데도 알아주지 않는 것처럼 여기는 것은 최상이고, 남들이 알아주지 않는데도 알아주는 것처럼 여기는 것은 병통이다. 단지 병통을 병통으로만 볼 수 있다면 그 때문에 병통이 없을 것이다. 성인이 병통이 없는 것은 병통을 병통으로 여기기 때문이니, 이 때문에 병통이 없는 것이다.

知, 不知, 上, 不知, 知, 病. 夫唯[1]病病, 是以不病. 聖人不病, 以其病病, 是以不病.

1) 唯: 『道德眞經註』에는 '惟'로 되어 있다.

(남들이) 알아주는데도 알아주지 않는 것처럼 여기는 것이 위대하니, 41장의 "아주 깨끗한 것은 욕된 듯하고 성대한 덕은 부족한 듯하다"[1]는 것으로서 덕의 최상이다. (남들이) 알아주지 않는데도 스스로 알아준다고 여기는 것은 안으로 부족하여 사람들에게 자랑하는 것이니, 또한 끝내 (남들이) 알아주지 않을 뿐이다. 눈으로 볼 수 있는 것이 없고 귀로 들을 수 있는 것이 없으며 마음이 어둡게 막혀 통하는 것이 없으므로 '병통'이라고 하였다. 본문의 '병병病病'은 병통을 병통으로 여기는 것이니, 병통이 될 만함을 알고 병통으로 여기면 병통이 되지 않을 것이다. 이 구절은 앞 70장의 "나를 알아보지 못한다"는 구절을 이어서 말한 것이다. 대개 사람들은 항상 남들에게 알려지지 않는 것을 병통으로 여기고 그 병통이 여기에 있지 않음을 알지 못한다. 그러므로 거듭 반복하여 말했으니, 사

람들이 자신을 알아주지 않는다고 그다지 병통으로 여길 것이 없다. 오직 세상 사람들이 나를 알아주지 않는데 스스로 알아준다고 여기는 것이 바로 진실로 심한 병통이니 슬퍼할 만할 따름이다.

어떤 사람은 "알아주지 않는 것을 알아주는 것으로 여기는 것은 떠돌이 광대나 천한 사람이 하는 행위일 뿐이니, 어찌 성인을 기다린 후에야 이런 병통에서 벗어나겠는가?"라고 하였다. 그런데 이에 대해 다음처럼 반박하겠다. 이런 병통은 최상의 성인이 아니면 오직 지극히 어리석고 소박하고 비루한 자만이 간혹 벗어날 수 있고, 그 이상은 비록 총명하고 통달한 선비라도 병통이 없다고 말할 만한 자가 아직 없었다. 저서를 내고 이론을 밝혀 후세에 교훈을 주는 것은 진실로 총명하고 아주 통달한 선비가 아니면 할 수 없다. 그런데 주변머리 없이 스스로 옳다고 생각하여 대단한 기세로 남을 배척하는 자 가운데 성인이 보기에 도에 어긋나지 않은 사람이 얼마나 되겠는가? 이런 자는 모두 병통이 깊은데도 스스로 그것이 병통인 줄 모르는 자일 뿐이다. 아! (병통을 병통으로 볼 수 있는 것은) 오직 성인뿐이로구나!

知而若不知者大, 白若辱, 盛德若不足, 德之上也. 不知而自以爲知者, 內不足而衒於人, 亦終於不知而已. 目將無所見, 耳將無所聞, 心將昏塞而無所通, 故曰病. 病病, 以病爲病也, 知其可病而病之, 則將不病矣. 此承上章不我知而言. 蓋人恒以不見知爲病, 而不知其病之不在是也. 故反復申言之, 以爲人不我知, 未足以爲我病也. 唯世人之不我知, 而自以爲知, 是眞病之病者, 爲可哀耳.

或曰: "以不知爲知, 浮俳淺陋者之爲耳, 何待聖人而後, 免斯病哉?" 曰: "是病也, 非上聖, 則唯至愚魯朴鄙者, 或免焉. 自玆已往, 雖聰明特達之士, 未有足以言不病者也. 夫著書立言, 垂之後世, 固非聰明特達之士, 不能也. 其硜硜然, 自以爲是, 而盛氣以斥人者, 由聖人視之, 其不悖於道者, 幾何哉? 是皆病深, 而不自知其病者耳. 嗚呼其唯聖人乎!"

1) "아주…… 부족한 듯하다": 『訂老』, 41장, "大白若辱, 廣德若不足." 41장의 '廣'이 위의 註에서는 '盛'으로 되어 있다.

72장

백성이 재앙을 두려워하지 않으면 죽음이 닥친다. 자신이 거처하는 곳을 함부로 여기지 말고 생을 유지하게 하는 것에 대해 만족하다고 생각하지 말라. 단지 만족하다고 생각하지 않기 때문에 싫어하지 않게 된다. 이 때문에 성인은 자신을 알지만 드러내지는 않고 자신을 사랑하지만 귀하게 여기지는 않는다. 그러므로 저것을 제거하고 이것을 취한다.

民不畏威, 大威至矣. 無狎其所居, 無厭其所生. 夫唯[1]不厭,[2] 是以不厭. 是以聖人自知不自見, 自愛不自貴, 故去彼取此.

1) 唯: 『道德眞經註』에는 '惟'로 되어 있다.
2) 厭: 『道德眞經註』에는 '狎'으로 되어 있다.

'위威'란 재앙과 형벌이니, 모든 두려워할 만한 일이 모두 이런 것들이다. '대위大威'는 죽음을 말한다. 하늘을 두려워하지 않는 자는 반드시 재앙을 당하고, 사람을 경외하지 않는 자는 반드시 허물을 뒤집어쓰며, 법을 두려워하지 않는 자는 반드시 형벌을 당하고, 죽임을 두려워하지 않는 자는 반드시 질병이 생기며, 근심할 것이 사소하다 해서 두려워하지 않는 자는 반드시 큰 욕을 당한다. 관자管子는 "질병처럼 위의를 두려워하는 것이 최상의 백성이다"[1]라고 하였다.

'압狎'은 '익숙하여 함부로 여긴다', '익숙하다'는 것이니, 두려워하는 것의 반대이다. 사람들은 비상시의 사태를 두려워할 줄은 알지만, 더욱 두려워해야 할 것이 거처에서 항상 일용하는 것들에 있음을 알지 못한다. 그러니 『장자』에서는 "사람들이 두려워해야 할 것은 침실 안과 식사시간인데 그것을 경계할 줄 모르니 잘못입니다"[2]라고 하였다. '압狎' 자는 어떤 판본에는 '협狹' 자로 되어 있다.[3] 자신의 거처를 함부로 여기지 않으면 족함을 안다고 할 수 있다. '소생所生'은 의복이나 음식으로 자신을 봉양하는 것이니, 내가 의지해서 살아가는 것들이다.

'무염無厭'과 '불염不厭'의 '염'은 모두 '만족하다'의 뜻이다. '시이불염是以不厭'의 '염'은 '싫어하다'의 뜻이다. 음식에 비유하자면, 부족하면 항상 만족하지 못하는데 만족함이 지나치면 물리게 되고 물리면 싫어하게 된다. 사람이 살아가는데 진실로 자신을 봉양하지 않을 수 없다. 그러나 넘칠 정도로 많을 바에는 차라리 항상 부족한 것이 낫다. 부족하기 때문에 다하지 않고, 다하지 않기 때문에 종신토록 그것을 누리며 항상 여유가 있으니, 이 부족함이야말로 바로 여유 있게 되는 까닭이다. 그러므로 "단지 만족하다고 생각하지 않기 때문에 싫어하지 않게 된다"고 하였다. 저 마음껏 한때의 만족을 누리는 자는 비록 아름다운 것이라도 계속 이을 방법이 없으니, 계속 이어갈 방법이 없으면 죽음이 닥친다.

"자신이 거처하는 곳을 함부로 여기지 말라"는 것은 두려워할 줄 앎으로써 삶을 기르라는 것이고, "생을 유지하게 하는 것에 대해 만족하다고 생각하지 말라"는 것은 만족할 줄 앎으로써 자기에게 인색하라는 것이니, 모두 재앙을 두려워하는 도이다. '현見' 자는 '현現' 자와 같이 읽으니 밖으로 드러낸다는 의미이다. '귀貴'란 존중한다는 의미이다. 자신을 사랑하는 자는 자신을 봉양하는데 두텁게 하고자 하고 자신이 좋아하는 것을 얻고자 하며 명성과 녹위祿位가 다른 사람에게 영향을 미치고자 하니, 이는 소인의 자기 사랑이다. 진실로 자신의 삶을 사랑하는 자는 본디 삶을 두텁게 하고자 하지 않는다. 그러므로 다음의 75장에서 "삶을 위하지 않는 것이 삶을 귀중하게 여기는 것보다 낫다"고 하였다. 자신을 알고 자신을 사랑하면 안에 소유하고 있는 것이 온전해지고, 자신을 드러내지 않고 귀하게 여기지 않는다면 밖에 의지하는 것이 간략해진다. 안으로 온전하게 하면 섭생할 수 있고 밖으로 간략하게 하면 아낄 수 있으니, 이 때문에 함부로 생각하는 것과 만족하다고 생각하는 것을 제거하고 함부로 생각하지 않는 것과 (생을 유지하게 하는 것들에 대해) 만족하다고 생각하지 않는 것을 취한다.

威者, 灾禍刑辟, 凡可畏之事, 皆是也. 大威, 謂死亡也. 不畏天者, 灾必逮之, 不畏人者, 咎必萃之, 不畏法者, 刑必加之, 不畏戕賊者, 疾病必嬰之, 患小而不畏者, 大僇必從之. 管子曰: "畏威如疾, 民之上也."

狎, 狃也, 玩也, 畏之反也. 人知畏非常之事, 而不知可畏之尤在於居恒日用之間也. 莊子曰: "人之所取畏者, 衽席之上, 飮食之間, 而不知爲之戒者, 過也." 狎, 一本作狹. 無狹其所居, 則謂知足也. 所生, 謂服食奉養之具, 吾之所資以生者也.

無厭不厭之厭, 皆厭足也. 是以不厭之厭, 謂厭惡也. 譬諸飮食, 不足則常不厭, 過足則飫, 飫則斯惡之矣. 人之有生, 固不能以無養也. 然其有餘也, 毋寧常不足. 不足故不盡, 不盡故終身享之, 而常有餘, 是其不足, 乃所以爲有餘也. 故曰: "夫惟不厭, 是以不厭." 彼快然足於一時者, 雖美而無以繼之, 無以繼之, 則大威且至矣.

無狎其所居者, 知懼以攝生, 無厭其所生者, 知足以嗇己, 皆畏威之道也. 見, 讀如現, 表諸外也. 貴者, 尊重之意. 愛其身者, 奉養欲其厚, 耆好欲其得, 聲名祿位欲其加乎人, 此小人之愛也. 夫能眞愛其生者, 固不欲生生之厚. 故下章曰: "夫唯無以生爲者, 是賢於貴生也." 自知自愛, 則其所以有諸內者全, 不自見自貴, 則其所以待乎外者約. 全乎內則能攝生, 約乎外則能嗇, 此所以去彼之狎且厭, 而取此之不狎不厭也.

1) "질병처럼…… 백성이다": 옮긴이가 확인한 바로는 『管子』에는 이런 구절이 없고, 『國語』 권10 「晉語四」에 "昔管敬仲有言, 小妾聞之. 曰: '畏威如疾, 民之上也. 從懷如流, 民之下也. 見懷思威, 民之中也'"라는 구절이 있고, 『小學』 「敬身」에 "管敬仲曰: '畏威如疾, 民之上也. 從懷如流, 民之下也. 見懷思威, 民之中也. 右, 明心術之要'"라는 구절이 있다.

2) "사람들이…… 잘못입니다": 『莊子』, 「達生」, "田開之曰: '……夫畏塗者, 十殺一人, 則父子兄弟相戒也, 必盛卒徒而後敢出焉, 不亦知乎? 人之所取畏者, 衽席之上, 飮食之間, 而不知爲之戒者, 過也.'"

3) '압狎' 자는…… 되어 있다: 『新註道德經』과 『老子品節』, 『道德眞經集解』, 『老子解』에는 '狹', 『老子注』에는 '狎'으로 되어 있다.

73장

과감하게 행하는 데 용감하면 (사람들을) 죽이게 될 것이고, 과감하게 행하지 않는 데 용감하면 (사람들을) 살리게 될 것이다. 그러니 이 두 가지 중에서 하나는 이롭고 하나는 해롭다. 하늘이 미워하는 바에 대해 누가 그 까닭을 알겠는가? 이 때문에 성인도 오히려 어렵게 여긴다. 하늘의 도는 다투지 않으면서도 잘 이기고, 말하지 않으면서도 잘 감응시키며, 부르지 않으면서도 저절로 오게 하고, 아무 생각도 하지 않으면서도 잘 계획한다. 하늘의 그물은 넓고도 넓어 엉성하지만 놓치는 것이 없다.

勇於敢則殺, 勇於不敢則活. 此兩者, 或利或害. 天之所惡, 孰知其故? 是以聖人猶難之. 天之道, 不爭而善勝, 不言而善應, 不召而自來, 坦然而善謀. 天網恢恢, 踈而不失.

본문의 '감敢'은 과감하게 행한다는 말이다. '불감不敢'은 곧 두려워하고 삼가고 겸손하고 물러나는 것을 말한다. 과감하게 행하지 않는 것은 용기 있는 것이 아니다. 그러나 두려워하고 삼가고 겸손하고 물러나는 덕을 남들은 행하지 못하는데 자신만 결연히 행하니, 이것이야말로 용기 있는 행동이다. 과감하게 행하는 데 용감한 자는 강하고 과감하다고 말할 수 있을 것 같지만 그 끝은 대부분 사람을 죽이는 것이 되며, 과감하게 행하지 않는 데 용감한 자는 겁쟁이라고 말할 수 있을 것 같지만 그 공은 차마 사람을 죽이지 못하는 것이 된다. 사람을 많이 죽인 자는 그 행위 또한 스스로 화를 초래하고, 사람을 차마 죽이지 못하는 자는 또한 자신을 살릴 수 있으니, 이것들 중 어느 것이 이롭고 어느 것이 해로운지는 여러 말 하지 않아도 저절로 판별된다.

'하늘이 미워하는 바'는 과감하게 행하는 데 용감한 자를 가리켜 말하였으며, "누가 그 까닭을 알겠는가"는 헤아릴 수 없다는 말이다. 과감하게 행하는 데 용감한 자는 항상 화를 면치 못하는 경우가 많으니, 이는 하늘이 미워하는 바이기 때문이다. 성인은 알지 못하는 것이 없는 분인데도 오히려 어렵게 여기고 삼가서 감히 과감하게 행하는 데 용감하지 않다. 그런데 하물며 다른 사람들은 말해 무엇하겠는가? 비록 그렇기는 하지만 과감하게 행하지 않는다는 것이 겁을 먹고 물러나서 끝내 아무것도 하지 않는 것은 아니다. 저절로 그렇게 되는 기틀을 타고 저절로 그렇게 되는 기세에 맡겨 놓으니, 자신이 하는 일은 없지만 사물은 어느 것도 천명을 따르지 않는 것이 없게 된다. 이 때문에 처음에는 비록 과감하게 행하지 않지만 끝에는 이루지 못함이 없으니, 이것이 곧 하늘의 도이고 성인이 본받는 것이다. '탄연坦然'은 아무 생각도 하지 않는다는 뜻이고, '회회恢恢'는 넓어서 조밀하지 않다는 것이다.

어떤 사람은 다음처럼 말하였다. "'하늘이 미워하는 바'는 마땅히 죽여야 하는 자를 말한다. 그러나 하늘의 뜻은 심오하여 억지로 헤아릴 수 없으므로 성인께서도 오히려 어렵게 여기고 과감하게 사람들을 죽이지 않으신다. 하늘의 그물은 넓고도 넓어 엉성하고 조밀하지 않은 것 같지만 한 사람의 악인도 놓친 적이 없다. 그러므로 하늘에 죄를 얻은 자는 성인이 비록 죽이지 않더라도 하늘이 끝내 반드시 죽이니, 엎드려 죄를 고백하지 않음을 걱정할 필요가 없다."

내가 생각하기에는 이 설명이 비록 교묘하기는 하나 성인께서 하늘을 본받는다는 의미는 아니다. 사람이 자신의 지력을 쓸 때는 하늘도 어찌할 수 없는 것이 있는 것 같으나 평정되는 것으로 보면 끝내 어느 것도 하늘을 어길 수 없으니, 이것이 본문에서 말한 "다투지 않으면서도 잘 이긴다"는 것이다. 모든 일(萬類)이 시시각각으로 변화하면서 스스로 이루어지기도 하고 스스로 훼손되기도 하니, 하늘이 어찌 마음에 두는 것이 있겠는가? 아무도 그렇게 되도록 하지 않았는데도 그렇게 되는 것은 지극하게 교묘한 것이라도 관여할 수 없으니, 이것이 이른바 "아무 생각도 하지 않으면서도 잘 계획한다"는 것이다. 선한 자는 복을 받고 선하지 않는 자는 화를 당하며, 하늘을 업신여기는 자는 벌을 받고 하늘을 거역하는 자는 망한다. 하늘의 도는 가까이 눈과 귀로 헤아려 보면 막연하여 징계할 수 없을 듯 하지만, 멀리 백년이나 천년쯤 뒤로 기약해 보면 끝내 도망칠 수 있는 자가 없으니, 이것이 이른바 "엉성하지만 놓치는 것이 없다"는 것이다. 이와 같은 것은 무엇 때문인가? 하늘은 자신의 마음을 수고롭게 함으로써 스스로 무엇인가 하는 것이 아니라 저절로 그렇게 되는 것을 그저 주재할 뿐이다. 성인은 천하에 대해서는 담담하기가 아무것도 생각하지 않는 듯하고 나서지 않음이 아무것도 할 수 없는 듯하며, 사람에 대해서는 측은하게 여겨 차마 죽이지 못한다. 그러니 (성인은) 무엇인가 한 것이 있으면 자신이 그렇게 한 것이 아니라 이치가 저절로 그렇게 되어 천하가 그렇게 한 것이고, 죽인 것이 있으면 자신이 죽인 것이 아니라 그가 스스로 죽은 것이고 천하가 죽인 것이다. 그러므로 죽여야 하기 때문에 죽이는 자는 성인도 하늘에 맡겨 죽이지 않은 적이 없다. 그러나 측은하게 여기고 차마 하지 못하는 마음은 끝내 감히 잊은 적이 없다. 그러므로 비록 누구를 죽이더라도 또한 감히 갑자기 죽이라고 말한 적이 없다. 이것이 이른바 "과감하게 행하지 않는 데 용감하면 (사람들을) 살리게 될 것이다"라는 것이고, 이것이 이른바 "살리는 도로 사람을 죽인다"[1]는 것이다. 이것이 세 가지 용서와 세 가지 사면[2]을 두고, 오형을 적용함에 의심이 있거든 용서하고 다섯 가지 벌금을 적용함에 의심이 있어도 용서하라[3]는 까닭이며, 옛날의 성군과 어진 사람이 소복을 입고 성찬을 들지 않고 눈물을 흘리면서 죄지은 자를 청단한 까닭이다.

敢, 敢爲也. 不敢, 則畏愼謙退之謂也. 不敢, 非勇也. 然畏愼謙退之爲德也, 人不能行, 而我獨能斷然行之, 是亦勇也. 勇於敢者, 若可謂剛果矣, 而其究也, 爲多殺人, 勇於不敢者, 若可謂怯懦矣, 而其効也, 爲不忍殺人. 多殺人者, 行亦必自禍, 不忍殺人者, 亦可以自活, 此其孰利孰害, 亦不待多言而辨矣.

天之所惡, 指勇於敢者而言, 孰知其故, 謂不可測度也. 勇於敢者, 恒多不免於禍, 是天之所惡也. 聖人無所不知者也, 猶且其難其愼, 而不敢勇於敢也, 而况於他人乎? 雖然所謂不敢者, 非終於畏懦退縮, 而不爲而已也. 乘其自然之機, 而任諸自然之勢, 我則無爲, 而物莫不聽命. 是以始雖不敢, 而終莫不有成, 此則天之道也,而聖人之所則焉者也. 坦然, 無思無慮之意, 恢恢, 廣而不密也.

或曰: "天之所惡, 謂當殺者也, 而天意幽遠, 不可臆度. 故聖人猶難之, 而不敢殺也. 天網恢恢若疏而不密者, 然未嘗失一惡人. 故得罪於天者, 聖人雖不殺之, 而天必竟殺之, 不患其不伏罪也."

愚謂, 此說雖巧然, 非聖人則天之意也. 人之用其知力也, 天亦若有無可奈何者, 及其定而視之, 則終莫有能違天者, 是所謂不爭而善勝也. 萬類營營, 自成自毁, 天何所容心哉? 而及其莫之然而然也, 雖至巧不能與也, 是所謂坦然而善謀也. 善者福, 不善者禍, 嫚[4]天者罰, 逆天者亡. 天道也, 近而校之於耳目之間, 則若或漠然, 而不可徵, 遠而期之於千百世之後, 則亦未有能終逃焉者也, 是所謂疏而不失也. 若是者, 何也? 非天之勞其心, 以自爲之, 而宰其所自然者耳. 聖人之於天下也, 澹然若無思, 退然若不能爲, 其於人也, 惻然而不忍殺. 其有爲也, 非我爲之也, 理自然而天下爲之也, 其有殺也, 非我殺之也, 彼自殺而天下殺之也. 故當殺而殺者, 聖人亦未嘗委諸天而不殺也. 然其惻然不忍之意, 則終未嘗敢忘也. 故雖殺之, 而亦未嘗敢遽言殺也. 是則所謂勇於不敢則活者也, 是則所謂以生道殺人者也. 此所以有三宥三赦, 五刑之疑五罰之疑之赦, 而古之聖君仁人, 所以素服不擧, 涕泣而聽之者也.

1) "살리는…… 죽인다": 『孟子』, 「盡心章句上」, "孟子曰: '以佚道使民, 雖勞不怨, 以生道殺民, 雖死不怨殺者.'"
2) 세 가지…… 사면: 『周禮』, 「秋官司寇」, "司刺, 掌三刺三宥三赦之法, 以贊司寇聽獄訟."
3) 오형을…… 용서하라: 『尙書』, 「周書 · 呂刑」, "五刑之疑有赦, 五罰之疑有赦, 其審克之."
4) 嫚: 필사본에는 '𡢃'으로 되어 있는데, 무슨 글자인지 모르겠다.

74장*

백성이 죽음을 두려워하지 않는데 어떻게 사형으로 두렵게 만들겠는가? 만약 백성이 항상 죽음을 두려워한다면 사악한 짓을 하는 자를 내가 체포해서 사형에 처할 것이니, 누가 감히 (사악한 짓을) 하겠는가? 항상 법을 두고 (사악한 짓을 한 자에게) 사형을 내린다. 그런데 법을 대신해 사형을 집행한다면 이는 목수를 대신해 나무를 다듬는 것이다. 목수를 대신해 나무를 다듬다가 손을 다치지 않는 경우는 별로 없다.

民不畏死, 奈何以死懼之? 若使民常畏死, 而爲奇者, 吾得執而殺之, 孰敢? 常有司殺者殺. 夫代司殺者殺, 是謂代大匠斲. 夫代大匠斲, 希有不傷手矣.

*『道德眞經註』에는 이 장이 앞 장과 연결되어 61장에 있다.

이 장은 앞 장을 이어서 말했으니, (그 목적은) 오로지 사람들이 형벌을 줄이고 사형을 없애도록 하는 것이다. 형벌로 백성이 나쁜 짓을 하지 못하도록 금지할 수 있는 것은 백성이 형벌을 두려워하기 때문이다. 그런데 형벌이 번다하면 백성이 형벌을 피할 길이 없어지며, 백성이 형벌을 피할 길이 없어지면 형벌에 걸려드는 자가 날로 많아지니, 백성이 형벌에서 벗어날 길이 없음을 알게 되면 감정이 격렬해져 무리를 지어 투쟁하게 될 것이며, 백성이 그것이 날로 늘어나는 것을 보면 형벌을 조롱하며 두려워하지 않을 것이다. 사람들이 호랑이를 두려워하여 피하는 까닭은 그것이 드물게 보이기 때문이다. 그런데 호랑이를 사람들에게 날마다 익숙한 닭이나 개처럼 여기도록 한다면 비록 호랑이가 하루에 사람들을 만 명쯤 잡아먹더라도 다시는 피하지 않을 것이다. 이 때문에 진나라 말기에 길거리는 온통 죄수들로 가득했는데도 범법자가 그치지 않았으니, 백성이 죽음을 두려워하지 않아서 (형벌로) 두렵게 할 수 없었기 때문이다.

옛날의 성왕은 백성의 삶을 풍족하게 하고 생활을 편안하게 해주어 항상 백성이 마음속으로 삶을 즐겁게 여기고 죽음을 두렵게 여기도록 하였으니, 형벌에 있어서는 부득이한 다음에야 그것을 사용하였다. 부득이한 다음에야 사용했으니 형벌이 번다하지 않고, 형벌이 번다하지 않았으니 백성이 피하기에 쉬웠다. 피하기 쉬웠으므로 백성이 형벌에 걸려드는 일이 더욱 드물었으니, 형벌에 걸려드는 일이 드물어 백성이 그것을 두려워하는 것도 더욱 심했다. 백성에게 형벌을 두려워하는 마음이 있고 사형으로 다스림이 또한 죄에 합당하다면, 누가 감히 두려워하지 않고 단지 죄만 모면해 보려고 하겠는가?

본문의 '기奇'는 '사악하다'의 뜻이고, '사살자司殺者'는 법法을 의미한다. 법으로 보아 사형을 내려야 하는데도 내가 그를 위해 그 목숨을 구해 보려 하고, 반드시 어떻게 해볼 도리가 없게 된 후에야 사형을 내리니, 이는 내가 사형을 내린 것이 아니라 법이 사형을 내린 것이다. 법으로 보아 사형을 내리지 않아야 하는데도 내가 고의적으로 사형을 내린다면, 이는 내가 법을 대신해 사형을 내린 것이다. 법으로 보아 사형을 내려야 하더라도 나에게 측은하게 여기고 차마 하지 못하는 마음이 없다면, 이 또한 내가 법을 대신해 사형을 내린 것이다. "목수를 대신해 나무를 다듬다가 손을 다친다"는 것은 법을 대신해 사형을 집행하다가 그 해침(傷)이 자신에게 미침을 비유한 것이다. 천하를 다스리면서 사람을 죽이지 않을 수 없는 경우는 단지 전쟁을 하고 형을 집행하는 것뿐이니, 그러므로 노자가 오직 이 두 가지 일에 대해 근심하였다. 그런데도 『도덕경』이 어진 덕을 베푸는 방법에 관한 책이 아니라고 한다면 나는 믿지 않을 것이다.

此承上章而言, 專欲人省刑去殺也. 刑之所以能禁民爲非者, 以民之畏之也. 刑繁, 則民不勝避, 民不勝避, 則罹於刑者, 日益多. 民知其不可不勝避也, 則將激而與爭, 民見[1]其日益多也, 則將玩而無畏. 人之所以畏虎而避之者, 以其罕見也. 使虎如鷄犬之日與人狎也, 則雖日噉萬人, 人亦復不避矣. 是以嬴氏之季, 赭衣滿路,而犯法者不止, 民不畏死, 而不可懼也.

古之聖王, 厚民之生, 安民之居, 常使之有樂生重死之心, 其於刑也, 則不得已而後用之. 不得已而後用之, 則刑簡, 刑簡, 則民易避. 易避也, 故民益稀見于刑, 稀見于刑, 而其畏之也, 亦益甚矣. 民有畏刑之心, 而其殺之也, 又當罪, 則孰敢不競競焉, 唯罪之避哉?

奇, 邪也. 司殺者, 法也. 法當殺之, 而吾且爲之求生, 必不可奈何, 而後殺者, 非我也, 法殺之也. 法不當殺, 而我有意於殺之, 則是我代法殺之也. 法雖當殺, 而我無惻怛不忍之心, 是亦我代法殺之也. 代大匠斲, 而傷手, 以喻代法殺人, 而傷及於其身也. 爲天下而不免於殺人者, 唯兵與刑, 故老氏特於是二者, 拳拳焉. 謂其書非仁術, 吾不信也.

1) 見: 필사본에는 '皃' 자로 되어 있는데, 오기인 듯하다. 뒤 구절 '以其罕見也'의 '見' 자도 마찬가지이다.

75장

백성이 굶주리는 것은 위에서 세금으로 받는 것이 많기 때문이다. 이 때문에 백성이 굶주린다. 백성을 다스리기 어려운 것은 위에서 무엇인가 하기 때문이다. 이 때문에 다스리기 어렵다. 백성이 죽음을 경시하는 것은 너무 잘살려고 하기 때문이다. 이 때문에 죽음을 경시한다. 그러니 오직 삶을 위함이 없는 것이 삶을 귀하게 여기는 것보다 낫다.

民之饑, 以其上食稅之多. 是以饑. 民之難治, 以其上之有爲. 是以難治. 民之輕死, 以其生生之厚. 是以輕死. 夫惟無以生爲者, 是賢於貴生也.

위에서 세금으로 받는 것이 많아 백성이 굶주리게 되는 것은 사람들이 쉽게 알 수 있는 것이다. 그러나 위에서 무엇인가 하는 것이 있어 백성이 다스리기 어려워지는 것은 아는 자가 거의 없다. 너무 잘살려고 하여 도리어 죽음을 경시하게 되는 것은 더욱 알 수 없는 것이다. 그러므로 먼저 쉽게 알 수 있는 것에 대해 말함으로써 알 수 없는 것을 드러냈다. 본문의 '경輕'은 '쉽게 여긴다'(易)는 의미이고, '현賢'은 '낫다'의 뜻이다. 위에서 무엇인가 하는 것이 있어 백성이 다스리기 어려워진다는 것에 대해서는 이미 57장[1]과 65장[2]에서 그런 의미가 나왔다. 너무 잘살려고 하여 죽음을 경시하게 된다는 것은 그 뜻이 50장[3]에서 나왔다. 하늘이 너무 잘살려는 데 급급한 자에게는 반드시 그 신명(神)을 피로하지 않을 수 없게 함으로써 그 몸을 봉양하도록 하니, 이는 신명이 몸을 위해 사역하는 것이다. 이렇게 하고도 신명이 피폐해지지 않는 경우는 없다. 신명이 피폐해졌는데 몸이 홀로 영원할 수 있는 경우 또한 없다. "삶을 위함이 없는 것"은 몸으로 신명에 누를 끼치지 않는 것이다. 몸으로 신명에 누를 끼치지 않으면 신명이 완전해지니, 신명이 완전한데 몸이 불완전한 경우 또한 없다. 삶을 위함이 없는 것이 삶을 귀중하게 여기는 것보다 나음을 안다면, 아무것도 하지 않으면서 다스리는 것이 무엇인가 하면서 다스리는 것보다 나음을 알 것이다.

上多稅, 而民饑, 人所易知也. 上有爲, 而民難治, 則知之者, 益尠矣. 生生之厚, 而反輕於死, 尤人所不能知也. 故先言其易知者, 以形其不能知者. 輕, 易也. 賢, 勝也. 上有爲, 而民難治, 其義已見五十七章六十五章. 生生之厚, 而輕死, 其義見五十章. 夫汲汲於厚其生者, 必不能不勞其神, 以養其形, 是神爲形役也. 如是而神不弊者, 未之有也. 神弊而形能獨久者, 亦未之有也. 無以生爲者, 不以形累其神. 不以形累其神, 則神完, 神完而形不全者, 亦未之有也. 夫能知無以生爲者之賢於貴生, 則知無爲而治者之賢於有爲矣.

1) 57장: 『訂老』, 57장, "以正治國, 以奇用兵, 以無事取天下. 吾何以知其然哉? 夫天下多忌諱, 而民彌貧, 民多利器, 國家滋昏, 人多技巧, 奇物滋起, 法令滋章, 盜賊多有, 是以聖人云: '我無爲而民自化, 我好靜而民自正, 我無事而民自富, 我無欲而民自樸.'"

2) 65장: 『訂老』, 65장, "古之善爲道者, 非以明民, 將以愚之. 民之難治, 以其智多. 故以智治國, 國之賊, 不以智治國, 國之福. 知此兩者, 亦楷式. 能知楷式, 是謂玄德. 玄德深矣遠矣, 與物反矣, 迺至大順."

3) 50장: 『訂老』, 50장, "出生入死. 生之徒十有三, 死之徒十有三. 人之生, 動之死地, 亦十有三, 夫何故? 以其生生之厚. 蓋聞善攝生者, 陸行不遇兕虎, 入軍不被甲兵, 兕無所投其角, 虎無所措其爪, 兵無所容其刃, 夫何故? 以其無死地."

76장

사람은 살아서는 부드럽고 약하며 죽어서는 견고하고 강하다. 초목도 살아서는 부드럽고 무르지만 죽어서는 견고하고 단단하다. 그러므로 견고하고 강한 것은 죽을 무리이고 부드럽고 약한 것은 살 무리이다. 이 때문에 군대가 강하면 승리하지 못하고 나무가 강하면 부러진다.[1] 그러므로 강하고 큰 것은 아래에 있으며 부드럽고 약한 것은 위에 있다.

人之生也柔弱, 其死也堅强. 草木之生也柔脆, 其死也枯槁. 故堅强者死之徒, 柔弱者生之徒. 是以兵强則不勝, 木强則共. 故强大處下, 柔弱處上.

1) 부러진다: 홍석주는 '共' 자가 무슨 의미인지 알 수 없다고 하였다. 그러나 그의 주석 전체에 맞추어 해석하면 '부러진다'로 보는 것이 좋을 것 같다. 박세당도 『신주도덕경』에서 이 글자에 대해 무슨 의미인지 모르겠다고 하면서 혹자가 '折' 자로 본 것을 인용하고 있다.

'견강堅强'은 굽히거나 펼 수 없다는 말이다. '고고枯槁'는 견고하고 단단한 것으로 말하였다. "군대가 강하면 승리하지 못한다"는 것은 그 강함을 지나치게 믿어 교만해지기 때문이다. '공共' 자에 대해서는 잘 모르겠다. 오유청은 "나무에 있어 강하면서 움직이지 않는 것은 뿌리에 가까운 아름드리 큰 줄기이다"[1]라고 했는데, 이것이 본문의 "(강하고 큰 것은) 아래에 있다"는 의미이다. 이 장에서 앞의 한 구절은 약한 것은 살고 강한 것은 죽는다고 말하고, 뒤의 한 구절은 약한 것은 위에 있고 강한 것은 아래에 있다고 말했으니, 곧 36장의 "부드러움이 강함을 이기고 약함이 굳건함을 이긴다", 42장의 "덜어서 더하고 더해서 덜어내게 된다"는 의미이다.

堅强, 謂不能屈伸也. 枯槁, 亦以堅硬言也. 兵强則不勝, 恃强而驕也. 共, 未詳. 吳幼淸曰: "木之强而不動者, 爲近根合拱之大幹", 是處下也. 此章前一節, 言弱生而强死, 後一節, 言弱上而强下, 卽柔勝剛, 弱勝强, 損之而益, 益之而損之意也.

1) "나무에…… 큰 줄기이다": 『道德眞經註』, 63장 주, "木之弱而搖動者, 爲近末之小枝, 强而不搖動者, 則爲近根合拱之大幹也."

77장

하늘의 도는 활을 쏘는 것과 같구나! 높은 것은 내려 주고 낮은 것은 올려 주듯이 충분한 것은 덜어내고 부족한 것은 보태 준다. 하늘의 도는 충분한 것에서 덜어내 부족한 것에 보태 주는데, 사람의 도는 그렇게 하지 않고 부족한 것에서 덜어내 충분한 것을 봉양한다. 누가 충분한 것으로 천하를 봉양할 수 있는가? 도를 체득한 자뿐이다. 이 때문에 성인은 무엇인가를 해 주고도 그것에 의지하지 않고 공이 이루어졌는데도 그것을 자처하지 않으니, 자신의 현명함을 드러내려고 하지 않는 것이겠지!

天之道, 其猶張弓乎! 高者抑之, 下者擧之, 有餘者損之, 不足者補之. 天之道損有餘, 而補不足, 人之道則不然, 損不足, 以奉有餘. 孰能有餘以奉天下?[1] 唯[2]有道者. 是以聖人爲而不恃, 功成而不居, 其不欲見賢耶![3]

1) 孰能有餘以奉天下: 『道德眞經註』에는 '孰能以有餘奉天下'로 되어 있다.
2) 唯: 『道德眞經註』에는 '惟'로 되어 있다.
3) 耶: 『道德眞經註』에는 '邪'로 되어 있다.

"높은 것은 내려 주고 낮은 것은 올려 준다"는 것은 활쏘기에 대한 설명이다. "충분한 것은 덜어내고 부족한 것은 보태 준다"는 것은 하늘의 도에 대한 설명이다. 사수가 활시위를 당길 때 겨냥을 너무 높게 하면 표적(鵠)을 지나치고 너무 낮게 하면 표적에 미치지 못하니, 그러므로 반드시 내려 주기도 하고 올려 주기도 한 후에 명중시킨다. 하늘의 도가 충분한 것에서 덜어내 부족한 것에 보태 주는 것도 이와 같다. '사람'은 세속의 범인을 가리켜 말한 것이다. 부자가 재물을 취하면 취할수록 가난한 자는 더욱더 빈곤해지며, 고귀한 자가 높이 거만을 떨면 떨수록 천한 자는 더욱더 굽실거려야 하니, 일상적인 사람의 정에서 그렇지 않은 경우가 드물다. 그러므로 "부족한 것에서 덜어내 충분한 것을 봉양한다"고 하였다. 이와 같은 것은 비록 사람에게는 익숙하더라도 반드시 하늘을 거역하는 것이니, 하늘을 거역하는 자는 하늘이 반드시 그에게 재앙을 내린다. 이는 충분한 것이 반드시 덜어내는 일을 당하게 되는 까닭이다. 천하로 자신을 봉양하지 않을 뿐 아니라 (도리어) 자신의 충분한 것으로 천하를 봉양한 다음에야 하늘이 덜어내는 것을 면할 수 있으니, 이는 오직 도를 체득한 자만이 할 수 있다.

오유청은 다음과 같이 말하였다. "도를 체득한 임금은 귀하기로는 천자가 되고 부유하기로는 사해를 소유하지만 야채를 반찬으로 식사를 하고 의복을 화려하게 치장하지 않음으로써 백성의 집안이 넉넉해지고 사람들이 충분해지도록 하니, 이것이 자신의 충분한 것으로 천하를 봉양하는 것이다."[1] 내가 생각하기에 "충분한 것으로 천하를 봉양한다"는 것은 녹위가 충분한데도 스스로 덜어낼 수 있다는 의미이다. "무엇인가를 해주고도 그것에 의지하지 않고 공이 이루어졌는데도 그것을 자처하지 않는다"는 것은 덕과 공업이 충분한데도 스스로 덜어낼 수 있음을 의미한다. 충분한 것을 반드시 덜어내는 것은 녹위에서만 그런 것이 아니니, 비록 덕과 공업이라 해도 이것을 면할 수 없다. 이 때문에 군자가 천하에서 감히 자신의 현명함을 드러내지 않는 것이다. 본문의 '현見' 자는 '현現' 자와 같이 읽어야 한다. 『역경』에서 "천도는 (가득) 찬 것에서 덜어내 겸손한 것에 보태 준다"[2]고 하였고, 공자께서는 "수고를 했는데도 자랑하지 않고 공덕이 있는데도 공덕이라고 여기지 않으니, 지극히 두터운 것이다. 겸손이란 공손함을 이룸으로써 그 자리를 보존하는 것이다"[3]라고 하셨다.

高者抑之, 下者擧之, 言張弓也. 有餘者損之, 不足者補之, 言天道也. 射者之張弓也, 太高則過鵠, 太下則不及鵠, 故必或抑或擧而後中. 天道之損有餘補不足, 亦猶是也. 人, 指世俗凡人而言. 富者彌取, 而貧者彌困, 貴者彌亢, 而賤者彌詘, 恒人之情, 尠不然者. 故曰損不足以奉有餘. 如是者, 雖狃于人, 而必逆于天, 逆于天者,天必殃之. 此有餘者, 所以必受其損也. 唯不以天下奉己, 而以己之有餘奉天下, 然後可以免于天損, 此唯有道者能之.

吳幼淸曰: "有道之君, 貴爲天子, 富有四海, 而菲飮食惡衣服, 使民家給人足, 是以己之有餘, 而奉天下也." 愚謂, 有餘以奉天下, 祿位之有餘, 而能自損者也. 爲而不恃, 功成而不居, 德業之有餘, 而能自損者也. 夫有餘之必損也, 不獨祿位爲然, 雖德業, 亦不能免. 此君子所以不敢自見其賢于天下也. 見, 讀如現. 易曰: "天道虧盈而益謙." 孔子曰: "勞而不伐, 有功而不德, 厚之至也. 謙也者, 致恭, 以存其位者也."

1) "도를…… 봉양하는 것이다": 『道德眞經註』, 64장 주, "有道之君, 貴爲天子, 富有四海, 而不自有其富貴, 菲飮食惡衣服卑宮室, 爲天下惜財,……使民家給人足, 是以己之有餘, 而奉天下也."

2) "천도는…… 보태 준다": 『周易』, 「謙」, "彖曰: '謙, 亨. 天道下濟而光明, 地道卑而上行. 天道虧盈而益謙, 地道變盈而流謙, 鬼神害盈而福謙, 謙尊而光, 卑而不可踰, 君子之終也.'"

3) "수고를…… 보존하는 것이다": 『周易』, 「繫辭上」, 8장, "子曰: '勞而不伐, 有功而不德, 厚之至也, 謂以其功下人者也. 德語盛禮言恭, 謙也者, 致恭, 以存其位者也.'"

78장

천하에 물보다 더 유약한 것은 없는데 견고하고 강한 것을 공격하는 데는 아무도 이것을 이길 수 없으니, 더 이상 보탤 것이 없다. 부드러움이 굳건함을 이기고 약함이 강건함을 이기는데, 천하에서 아무도 알지 못하고 아무도 행하지 못한다. 이 때문에 성인은 "나라의 더러움을 받아들이는 자가 바로 사직의 주인이고, 나라의 불미스러움을 받아들이는 자가 바로 세상의 왕이다"라고 말씀하셨다. 정상적인 말인데 역설적인 것 같다.

天下柔弱莫過於水, 而攻堅强者, 莫之能勝, 其無以易之. 柔之勝剛, 弱之勝强, 天下莫不知, 而莫能行. 是以聖人云: "受國之垢, 是謂社稷主, 受國之不祥, 是謂天下王." 正言若反.

(물은) 충격을 줘도 다치게 하지 못하고 찔러도 창상을 입히지 못하며 날카로운 칼날로도 자를 수 없고 아주 뜨겁게 해도 태울 수 없으니, 이것이 이른바 "아무도 이길 수 없다"는 것이다. '무이역지無以易之'는 "더할 것이 없다"고 말하는 것과 같으니, 그것을 칠 수 있는 물건이 없다는 말이다. '불상不祥'은 불미스럽다는 것과 같으니, 더럽고 비천하다는 말이다. 천하의 큰일을 이룰 수 있는 자는 반드시 더러움을 받아들이고 욕을 참으면서 자신을 남에게 낮춘다. 이것을 세속의 관점에서 보면 나라의 더러움과 불미스러움을 받아들이는 것이니, 모두 아래의 천한 자들의 일이다. 그런데 여기서 그것을 (사직의) 주인과 (세상의) 왕(의 일)이라고 말씀하셨으니, 이렇게 말씀하신 것을 또한 역설적이라고 평할 수 있

지만, 그것이 실로 천하의 올바른 이치인지는 모르겠다. 『도덕경』 81장 중에서 겸손하게 낮춤과 유약함에 대해 말한 것이 열에 일곱인데, 대개 그 응용이 오직 여기에 있다.

擊之不傷, 刺之不創, 利刃不能截, 大烈[1]不能灼, 此所謂莫之能勝也. 無以易之, 猶言無以加之, 謂無他物可相伐也. 不祥, 猶不美, 謂汚辱卑賤也. 夫能濟天下之大事者, 必含垢忍辱, 自卑以下人. 繇世俗視之, 則受國之垢與不祥, 皆下流賤者之事也. 而乃謂之主與王, 爲是言者, 亦可謂反矣, 而不知其實天下之正理也. 老氏之書, 八十一章, 言謙下柔弱者, 居其十七, 蓋其用專在是也.

1) 大烈: 필사본에는 '烈大'로 되어 있는데, 잘못 기록한 것으로 보인다.

79장

원한이 크면 화해를 해도 반드시 앙금이 남으니 어찌 선하다고 할 수 있겠는가? 이 때문에 성인은 왼쪽 문서를 가지고 있더라도 남을 문책하지 않는다. 덕이 있으면 문서를 사찰하고 덕이 없으면 명철함을 사찰한다. 하늘의 도는 친함이 없이 항상 선한 사람과 함께한다.

和[1]大怨, 必有餘怨, 安可以爲善? 是以聖人執左契, 而不責於人. 有德司契, 無德司徹. 天道無親, 常與善人.

1) 和: 필사본에는 '知'로 되어 있는데, 잘못 기록한 것이다.

원한에 대해 앙갚음하는 것이 범인들의 일반적인 실정이니, 앙갚음하지 않고 화해하려 한다면 또한 선하다고 할 수 있을 것이다. 그러나 화해하는 것으로 일을 삼는 것은 여전히 원한을 원한으로 알고 있는 것이니, 이는 그 마음에서 여전히 원한을 잊지 못한 것이다. 겉으로 비록 화해했더라도 마음속으로는 반드시 깨끗이 씻어버리지 못하므로 본문에서 "앙금이 남는다"고 하였다. 이는 그저 반드시 앙갚음하려는 자보다 나을 뿐이니, 선하다고 할 수 없다.

'계契'란 빚을 돌려 받는 문서이다. 빚 문서를 갖고 있는 자가 빚을 갚으라고 독촉할 수도 있으나 그렇게 하지 않는 것으로써 앙갚음을 할 수 있으나 하지 않는 것을 비유하였다. 대개 화해라는 것은 지금 세상에서 말하는 사적으로 화해하는 것과 같으니, 비록 빚 문서를 찢어 버림으로써 관청에 송사를 벌이지 않더라도 마음속으로는 여전히 잊어버리지 못하는 것이다. 빚 문서를 갖고 있으면서도 독촉하지 않는다면 잊은 것이니, 이는 진실로 선하다고 할 수 있다.

'무덕사철無德司徹' 구절에 대해서는 자세히 알 수 없다. 오유청은 다음과 같이 말하였다. "'계契'란 나무를 깎아 문서를 만든 다음 좌우로 중간을 나누어 각자 하나씩 갖고 있다가 신표로 합해 보는 것이다. 『사기』에서 '오른쪽 문서(右契)를 가지고 요구한다'고 했으니, (이 구절로) 왼쪽 문서는 빚을 갚는 자가 갖고 있는 것임을 알 수 있다. 왼쪽 문서를 가진 자는 그 자신은 문서의 내용을 이행하라고 남에게 요구할 수 없고, 오른쪽 문서를 갖고 와서 합쳐 보는 자를 기다렸다가 문서의 내용대로 응해 주는데, 사람이 와서 문서의 내용대로 취해 가는 것에 맡겨 두고 속으로 헤아리는 것이 없다. 그러므로 '덕이 있다'고 하였다. 고대에는 아홉에 하나를 세금으로 냈으니, 여덟 집이 공동으로 나라의 땅을 경작하면서 제각기 자신의 땅을 경작하였다.[1] 그런데 주대周代에는 사람들이 수확의 불균등을 염려하였으므로 조법助法을 철법徹法으로 바꾸어 힘을 합쳐 함께 경작하고 수확을 고르게 나누도록 하였으니, 이는 수확이 고르지 않음을 염려하여 의도적으로 헤아린 것이다. 그러므로 '덕이 없다'고 하였다."[2] 진심陳深은 "덕이 있는 자는 좌계를 주관해 무엇을 찾으려는 마음이 없는데, 덕이 없는 자는 헤아리는 것으로 마음을 삼아 반드시 명철한 것을 구한 후에 그만둔다"[3]고 말하였다.

내가 생각하기에 '유덕사계有德司契' 구절에 대해서는 오씨의 설이 뛰어난 것 같고 '무덕사철無德司徹' 구절에 대해서는 진씨의 설이 조금 통하지만, 모두 아주 분명한 것은 없으니 잠시 부족한 그대로 놔두는 것이 좋을 듯하다. '무친無親'은 사사로이 두텁게 하는 바가 없다는 뜻이다. 선한 사람은 항상 남들과 논쟁하지 않고, 항상 다른 사람에게 굽히는 것을 당연시한다. 그러나 하늘의 도는 항상 선한 사람과 함께하니, 또한 그가 잘못될까 염려하지 않는다. 원한 가운데 큰 것은 후세의 붕당의 화 만한 것이 없으니, 서로 보복하는 데 힘써 자신의 사사로움을 흡족하게 한 다음에야 그만두는 자는 진실로 더 이상 말할 필요조차 없다. 송대宋代 원우元祐 연간의 조정調停[4]과 근세의 탕평책[5]이 이른바 "원한이 크면 화해를 해도 반드시 앙금이 남는다"는 것이다. 오직 초연히 홀로 서서 일신에 은혜가 되는지 원수가 되는지 알지 못하고 임금에 대한 충성과 백성을 이롭게 하는 것으로 마음을 삼을 뿐인 자가 본문에서 말하는 '선한 사람'에 가까울 것이다! 아! 나는 아직까지 그런 사람을 본 적이 없다.

修怨者, 凡人之恒情也, 不欲修而和之, 則亦可謂善矣. 然以和怨爲事, 是猶知怨之爲怨也, 是其心猶未能忘怨也. 外雖和之, 而其中必不能廓然, 故曰有餘怨. 是但賢于必欲報怨者而已, 未可以謂之善也.

契者, 取債之券也. 執契者, 可以責而不責, 以喩可以報怨而不報也. 蓋和者, 如今俗所謂私和, 雖折棄契券, 不訟于官, 而其心猶不能忘, 有契而不以責, 則忘之矣, 是眞可以爲善矣.

無德司徹, 未詳. 吳幼淸曰: "契者, 刻木爲券, 中分之, 有左右, 各執其一, 而合之以表信. 史記云: '操右契以責', 則知左契爲受責者之所執矣. 執左契者, 己不責於人, 待人有持右契來合者, 則與之, 以其任人來取, 無心計較, 故曰有德. 古者九一而助, 八家同耕公田, 而各耕私田. 周人恐其所取之不均, 故改助爲徹, 令通力合作, 而均收之, 是患其不均, 而有心計較已. 故曰無德." 陳深曰: "有德者, 主此契, 而無求索之心. 無德者, 以計較爲心, 必求明徹, 而後已也."

愚謂, 有德司契, 吳氏似長, 無德司徹, 陳氏稍通, 然俱有未甚瑩者, 姑缺之可也. 無親, 無所私厚也. 善人常不與人計較, 宜其常屈於人矣. 然天道常與之, 亦不患其不能申也. 夫怨之大者, 莫如後世朋黨之禍, 其務相報復, 以快己私而後已者, 固不足道也. 元祐之調停, 近世之蕩平, 所謂和大怨而有餘怨者也. 夫唯超然獨立, 不知一身之有恩讐, 唯以忠於君利於民爲心而已者, 其庶幾所謂善人者乎! 嗚呼! 吾未之見也.

1) 고대에는…… 경작하였다: 殷·周 二代의 田制로서 900畝의 田地를 井 자형으로 300畝씩 9등분한 다음 주위를 여덟 집에 나누어 경작시켜 제각기 그 수확으로 살아가게 하고, 중앙을 여덟 집이 공동으로 경작하여 그 수확을 국가에 세금으로 바치게 하였다. 여덟 집이 경작하는 주위의 땅을 私田이라 하고, 공동으로 경작하는 중앙의 땅을 公田이라고 한다.

2) "'계契'란…… 하였다": 『道德眞經註』, 66장 주, "執左契, 不責於人, 無心待物也. 契者, 刻木爲券, 中分之, 各執其一, 而合之以表信.……臨川王氏曰, 史記云, 操右契以責事. 禮記云,……則知左契爲受責者之所執證. 謂執左契者, 己不責於人, 待人來責於己, 有持右

契來合者, 卽與之, 無心計較其人之善否."; "古者助法, 一田之田, 分爲九區, 八家各受私田一區, 其中一區, 爲公田, 八家同耕公田, 而各耕私田. 私田百畝所收, 或食九人, 或食八人, 或食七人, 或食六人, 下食五人, 由其各家丁力多寡强弱不同故也. 周改助爲徹法, 恐八家私田所收之不均, 故八家私田, 亦令通力合作, 而均收之. 八家所得均平, 而無多寡之異. 司左契者, 任人衆取, 無心計較其人. 故曰有德. 司徹法者, 患其不均, 有心計較. 故曰無德."

3) "덕이…… 그만둔다": 『老子品節』, 「下經 · 42장」 주, "有德者, 主此契, 而無求索之心. 無德者, 以計較爲心, 必求明徹, 而後已也."

4) 원우元祐 연간의 조정調停: 宋代 神宗이 재위 18년 만에 38세의 젊은 나이로 세상을 떠나자 세자인 哲宗이 10세의 어린 나이로 재위에 올라 친정을 펼 수 없었다. 元祐 연간(1086~1093)에는 할머니 高太后가 섭정을 맡았는데, 그녀는 司馬光과 文彦博 등을 재상으로 임명하고 神宗 때의 모든 신법 정책을 배척하였다. 高太后가 죽자 哲宗은 친정을 펴면서 모든 신법 정책을 다시 회복시키고 變法派인 章惇과 曾布 등을 재상으로 임명하는 한편 元祐 연간의 원로 대신 10명을 파면하였다. 이 때문에 신법과 구법 양당 사이에 보복과 분쟁의 국면이 형성되었다.

5) 근세의 탕평책: 조선 肅宗(1674~1720)의 사후 장희빈의 소생이 즉위하여 景宗(1720~1724)이 되면서 노론은 세력을 잃고 소론이 일시 득세하였는데, 景宗이 재위 4년 만에 의문의 죽음을 맞게 되자 뒤이어 노론의 지지를 받던 숙빈 최씨의 소생이 즉위하여 英祖(1724~1776)가 되었다. 그는 당쟁으로 약화된 왕권을 강화하기 위해 蕩平策으로 노·소론의 균형을 잡으려고 하였다. 그러나 1728년(英祖 4) 李麟佐가 중심이 된 소론과 남인의 급진 세력이 대규모의 반란을 일으켜 청주 지방을 점령하는 사태가 일어났다. 이 때문에 英祖는 소론을 몰아내고 노론을 중용하니, 英祖 때는 이후 오랫동안 노론이 득세하게 되었다.

80장

영토를 작게 하고 백성의 수를 적게 한다. 병장기가 있더라도 사용하지 못하게 하고 백성이 죽음을 가볍게 여기지 않아서 멀리 이사하지 못하게 한다면, 비록 배와 수레가 있더라도 그것을 탈 일이 없고 비록 갑옷과 병기가 있더라도 그것을 진열할 일이 없다. 백성이 다시 새끼를 꼬아 (글자 대신) 부호로 사용하며, 자신들의 음식을 맛있게 먹고 자신들의 의복을 아름답게 여기며, 자신들의 거처를 편안하게 여기고 자신들의 풍속을 좋아하게 한다. 이웃 나라가 서로 바라보며 닭 울고 개 짖는 소리가 서로 들릴 만큼 가까이 있더라도 백성이 늙어 죽을 때까지 서로 왕래하지 않게 한다.

小國寡民. 使有什佰[1]之器而不用, 使民重死而不遠徙, 雖有舟輿, 無所乘之, 雖有甲兵, 無所陳之. 使民復結繩而用之, 甘其食, 美其服, 安其居, 樂其俗. 隣國相望, 鷄狗[2]之聲相聞, 使民至老死, 不相往來.

1) 佰: 필사본에는 '百'으로 되어 있는데, 잘못 기록한 것이다. 『道德眞經註』에는 '伯'으로 되어 있다.
2) 狗: 『道德眞經註』에는 '犬'으로 되어 있다.

'소국과민小國寡民'은 영토를 작게 하고 백성의 수를 적게 하는 것을 말한다. 나라가 크면 뜻이 커지기 쉽고, 뜻이 커지기 쉬우면 마음이 피로해지기 쉽다. 백성이 많으면 일이 번거로워지기 쉽고, 일이 번거로워지기 쉬우면 백성이 또한 불안해지기 쉽다. 그러므로 선왕이 나라를 다스릴 때는 큰 나라가 백 리에 불과했으니, 백성을 안정시켜 뜻을 전일하게 하기 위함이다. 춘추 시대 말기에는 강대국이 약소국을 병합하여 국토가 천리에 달하기도 했으나, 천하의 백성은 더욱 많은 일에 시달렸다. 노자는 선왕의 제도를 상고하여 천하의 국가들이 소국으로 되돌아가게 하기를 원했으나 그렇게 할 수 없었으므로 그 말이 이와 같았다.

열 사람이 '십什'이 되고 백 사람이 '백佰'이 되니, 대개 군대가 행진할 때 행렬을 가리키는 말이다. '십백지기什佰之器'는 병장기이다. 본문의 '중重'은 가볍게 여기지 않는다는 뜻이다. 백성은 오직 삶을 편안하게 여기지 않은 다음에야 죽음을 가볍게 여기고 죽음을 가볍게 여긴 다음에야 자신이 있을 곳을 떠난다. 그러므로 "백성이 죽음을 가볍게 여기지 않아서 멀리 이사하지 못하게 한다"고 하였다. 병장기가 사용되지 않는다면 갑옷이나 무기를 진열할 일이 없고, 백성이 멀리 이사하지 않는다면 배나 수레를 탈 일이 없으니, 이와 같이 하면 또한 새끼를 꼬아 (글자 대신) 부호로 사용할 수 있을 것이다. 풍속이 순박해지고 일이 간소해지는 것에 대해 지나칠 정도로 말하였다.

'감기식甘其食'은 자신들이 먹는 것을 맛있다고 여기는 것이고, '미기복美其服'은 자신들이 입는 것을 아름답다고 여기는 것이다. 명아주잎과 콩잎 같은 거친 음식을 맛있다고 할 정도면 고기를 바라지 않을 것이고, 갈옷 같은 거친 옷을 아름답다고 할 정도면 화려하게 수놓은 비단옷을 바라지 않을 것이다. 자신이 있는 곳을 따라 편안히 여기고 즐거워한다면 비록 지극히 가깝더라도 구하는 곳이 없을 것이니, 이 때문에 닭 울고 개 짖는 소리가 서로 들릴 정도로 가까이 있더라도 서로 왕래하지 않는 것이다. 이는 모두 밖으로 바라는 것이 없음을 말한 것이다. 위에서 아무것도 하지 않는다면 백성이 다투지 않을 것이고, 위에서 아무것도 하고자 하지 않는다면 백성이 저절로 소박해질 것이니, 오직 소박하기 때문에 밖에서 구하는 것이 없고 오직 다투지 않기 때문에 갑옷과 병기를 사용할 곳이 없다. 이 장은 대개 3장과 57장의 공효를 이루고 공을 극진하게 한 것이다.

小國寡民, 謂小其國寡其民也. 國大, 則意易廣, 意易廣, 則心易勞. 民衆, 則事易繁, 事易繁, 則民亦易以不安. 故先王制國, 其大者, 不過百里, 所以靜民, 而壹其志也. 春秋之季, 强者倂弱, 或連地數千里, 而天下之民, 益困於多事. 老子思先王之制, 欲使之反於小也, 而不可得, 故其言如此.

十人爲什, 百[1]人爲佰, 蓋軍旅行伍之稱. 什佰之器, 謂戎器也. 重, 不輕之也. 民唯不安其生, 然後輕其死, 輕其死, 然後輕去其所. 故曰: "使民重死, 而不遠徙." 戎器不用, 則甲兵無所陳, 民不遠徙, 則舟輿無所乘, 如是, 則亦可以結繩而用之矣. 甚言其俗淳而事簡也.

甘其食, 以其所食爲甘也, 美其服, 以其所服爲美也. 以藜藿爲甘, 則不慕芻豢, 以布褐爲美, 則不慕其綺繡, 隨其所在, 而安樂之, 則雖至近而亦無所求, 是以鷄狗之聲相聞, 而不相往來. 此皆言其無外慕也. 夫上無爲, 則民不爭, 上無欲, 則民自樸, 唯其樸, 是以無求於外, 唯其不爭, 是以無所用甲兵. 此章蓋第三章五十七章之成効極功也.

1) 百: 필사본에는 '佰'으로 되어 있는데, 잘못 기록한 것이다.

81장

신실한 말은 좋게 들리지 않고, 좋게 들리는 말은 신실하지 않다. 선한 자는 논쟁하지 않고, 논쟁하는 자는 선하지 않다. 아는 자는 해박하지 않고, 해박한 자는 알지 못한다. 성인은 쌓아 두는 일이 없이 이미 남을 위하지만 자신이 더욱더 갖게 되고, 이미 남들에게 주지만 자신이 더욱더 많아진다. 하늘의 도는 이롭게 하면서 해치지 않고, 성인의 도는 위해 주면서 다투지 않는다.

信言不美, 美言不信. 善者不辯,[1] 辯者不善. 知者不博, 博者不知. 聖人不積, 旣以爲人, 己愈有, 旣以與人, 己愈多. 天之道, 利而不害, 聖人之道, 爲而不爭.

1) 辯: 『道德眞經註』에는 '辨'으로 되어 있다. 다음의 '辯' 자도 마찬가지이다.

본문의 '미美'는 사람들이 좋게 여기는 것을 말한다. 도만 말해 충실하기만 한 말은 들어 봐도 별것이 없고 아무 재미가 없다. 들어서 좋은 것은 그 말에 반드시 꾸밈이 있다. 그러므로 일반적으로 세상에서 말하는 화려하고 고와 사람들을 기쁘게 한다는 글은 모두 신실하지 못한 말들이다. '변辯'은 다른 사람과 논쟁하는 것이다. 선한 자는 충실함이 자신에게 있어 남들이 그것을 저절로 알게 되며, 다른 사람들과 시비곡직是非曲直을 다툼으로써 드러나기를 구하는 자는 반드시 그 마음속에 부족한 것이 있다. (행동을) 단속하여 지키는 자는 그 뜻이 돈독하고, (마음을) 전일하게 하는 자는 그 정신이 응결되어 있다. 정신이 응결되어 있는 것은 신명이 명철한 것이다. 해박한 자는 반드시 전일하지 못하니, 전일하지 못하면 공업이 반드시 정밀하지 못하다. 해박한 자는 반드시 수고로우니, 수고로우면 그 신명이 반드시 완전하지 못하다. 완전하지 않은 신명으로 정밀하지 못한 공업을 닦아 앎이 있을 수 있는 경우는 아직까지 없었다.

'적積'이란 모아서 흩어지지 않게 하는 것이다. 쌓는 것으로 모아 놓음을 삼는 자는 자신에게서 덜어낸 다음에 남에게 더할 수 있으니, 오직 쌓지 않는 것으로 모음을 삼는 자이어야 남을 위하면서도 자신이 더욱더 갖게 되고 남에게 주면서도 자신이 더욱더 많아지게 된다. 어떤 사람은 다음과 같이 말하였다. "재물을 남에게 베풀면 남이 그것을 얻어 자신은 궁핍해지지만, 선을 남에게 베풀면 남의 선이 모두 자신의 선이니, 이것이 이른바 '더욱더 많아진다'는 것이다." 내가 생각하기에는 하늘의 때를 사용하고 땅의 힘으로 말미암아 백성이 제각기 자신의 일에 부지런하고 이로움을 다투지 않게 한다면, 백성은 부유해지고 국가도 풍족해질 것이다. 이러하니 비록 재물을 남에게 주는 자라 해도 진실로 그 도를 얻었다면 또한 자신에게 더욱더 많아지지 않을 수 없다. 만약 오직 쌓아 놓기만을 힘써 그것으로 많음을 삼는다면 재산은 모이지만 사람들은 흩어져 도리어 큰 도적이 (자신의 재물을) 지키는 꼴이 될 것이다.[1]

이롭게 하는 것은 해로움의 빌미이고, 무엇인가 하는 것은 다툼의 시작이다. 오직 이롭게 하는 데 아무 의도도 없이 마치 하늘이 만물을 생육하듯이 이롭게 하여 그 흔적을 드러내지 않는다면, 이는 이롭게 하면서 해치지 않는 것이다. 오직 아무것도 하지 않는 것으로 무엇을 해서 만물이 저절로 그렇게 됨을 도와 주고 자신이 관여하지 않는다면, 이는 위해 주면서 다투지 않는 것이다. 이 장에서 앞의 한 구절은 '참됨에 힘씀'(務實)과 '돌이켜 단속함'(反約)에 대해 설명하고, 뒤의 한 구절은 사물을 이롭게 하고 알맞은 때를 따름에 대해 설명했으니, 자신과 남을 다스리는 요지가 대략 구비되었다.

美, 謂人之所美也. 言止於道, 其實而已者, 聽之淡乎, 其無味. 聽之而美者, 其辭必夸. 故凡世俗所謂, 華艶富麗, 悅人之文, 皆不信之言也. 辯, 與人辯也. 善者, 實有諸已, 而人自知之, 凡與人爭是非曲直, 以求顯者, 必其中有未足者也. 守約者,其志篤, 致一者, 其精凝. 精之所凝, 神明之所徹也. 博者, 必不專, 不專, 則其業必不精. 博者, 必勞, 勞, 則其神必不完. 以不完之神, 攻不精之業, 而能有知者, 未之有也.

積者, 有之而不散也. 夫以積爲有者, 損諸己然後, 可以益人, 唯以不積爲有, 則爲人而己愈有, 與人而己愈多矣. 或曰: "以財物與人, 則人得而己則乏, 以善與人, 則人之善, 皆我之善, 此所謂愈多也." 愚謂, 用天之時, 因地之力, 使民各勤其業, 而不與之爭利, 則民富而國亦足. 是則雖以財物與人者, 苟得其道, 亦未嘗不愈多於己也. 若唯積之是務, 而以爲多, 則財聚人散, 而反爲大盜守矣.

夫利者, 害之機也, 爲者, 爭之端也. 唯無意於利, 利之如天之生育萬物, 不見其迹, 斯所以利而不害也. 唯以無爲而爲之, 輔萬物之自然, 而我無與焉, 斯所以爲而不爭也. 此章前一節言務實反約, 後一節言利物順時, 爲己治人之要, 大畧備矣.

1) 큰 도적이…… 될 것이다: 덕이 없이 모은 재물은 약탈한 것과 마찬가지이기 때문에 이런 표현을 하였다.

부록

『정노』에 나타난 홍석주의 사상
—『신주도덕경』과의 비교를 중심으로

Ⅰ. 서문

홍석주는 13세에 주희의 『송명신록宋名臣錄』을 모방하여 『삼한명신록三漢名臣錄』 저술에 착수할 만큼 남다른 의욕으로 많은 저술을 남겼다. 그의 관심 영역은 성리학에 국한되지 않고 도가, 불가, 양명학, 고증학까지 두루 포괄하였다. 홍석주의 학문관은 주로 송학을 중심으로 주희의 경세학 곧 학문의 실천성과 경세적 요소를 재천명하는 것이었다. 그의 이런 학문관은 관념적인 송학을 비판하던 당시의 시대적 조류와 무관하지 않다. 성리학자들이 리기론이나 심성론 같은 이론에 빠져 공리공론을 일삼고 있을 때, 일련의 학자들은 주희 성리학의 관념성을 원시 유학의 관점에서 비판하며 이를 벗어나려고 했으니, 이것이 조선 후기 실학의 발단이다. 그런데 홍석주는 주자학의 실천성과 경세적 요소에서 도리어 이 같은 시대적 요구를 해명하려고 하였다. 이런 점에서 오늘날 그의 사상을 새롭게 주목할 필요가 있다. 지금까지는 조선 후기 실학을 주로 탈주자적 관점에서 조명해 왔으므로 주희의 입장을 옹호하는 홍석주의 사상을 새롭게 주목할 필요가 있는 것이다.

필자의 주된 관심사의 하나는 조선 시대 학자들이 『도덕경』을 어떻게 해석하고 있는지 살펴보는 것이다. 필자가 보기에 조선 유학자들의 『도덕경』 주석은 모두 유학의 관점에서 노자를 해석하는 '이유석노以儒釋老'의 입장으로, 이는 시대적 조류와 긴밀한 관계가 있다. 이이의 『순언醇言』은 성리학의 완숙기에 나올 수 있는 저술로서 유가의 형이상학으로 노자까지 해석할 수 있다는 자신감의 표출이다. 곧 이이가 『도덕경』의 일부를 발췌하여 도체道體 · 심체心體 · 수기치인修己治人 등의 체계로 『순언』을 편집한 것[1]은 성리학적 체계로 『도덕경』을 재구성한 것이다. 이어서 박세당의 『신주도덕경新註道德經』은 『도덕경』 전문을 주석한 것으로, 이는 박樸(質)을 강조하는 노자의 사상으로 당시의 관념적 명분론 곧 문文에 치우친 집권층을 비판한 것이다. 당시 이미 성리학은 완숙기에 접어들었고, 집권층은 주자학의 명분론을 이용하여 예송禮訟으로 주도권 다툼을 벌일 만큼 공리공론에 빠져 있었다. 박세당은 이처럼 문에 치우친 당시의 세태를 비판하기 위해 탈주자학적 관점에서 실질(質: 樸)을 강조하는 『도덕경』을 주석했던 것이다.[2]

홍석주가 주희의 사상에서 학문의 실천성과 경세적 요소를 재발견하려고 한 것이나 박세당이 『신주도덕경』에서 노자의 박樸을 강조한 것은 모두 문文에 치우친 시대적 폐해를 시정하려는 목적 때문이다. 이런 점에서 양자의 사상은 동일선상에 있다고 할 수 있지만, 홍석주는 여전히 주희를 계승한다는 점에서 탈주자적인 박세당과 상반된 입장에 있다. 박세당은 원시 유학의 관점 곧 『논어』의 '문질빈빈文質彬彬'을 기반으로 『도덕경』을 주석하

---

1) 『醇言』, "右醇言, 凡四十章. 首三章言道體, 四章言心體. 第五章摠論治己治人之始終, 第六章七章, 以損與嗇爲治己治人之要旨. 自第八章止十二章, 皆推廣其義. 第十三章因嗇字, 而演出三寶之說, 自十四章止十九章, 申言其義. 二十章言輕躁之實, 二十一章言淸靜之正. 二十二章推言用功之要, 二十三章四章申言其全天之效. 二十五章言體道之效, 二十六章止三十五章言治人之道及其功效. 三十六章言愼始慮終, 防於未然之義. 三十七章八章言天道福善禍淫虧盈益謙之理. 三十九章四十章歎人之莫能行道以終之."

2) 徐命膺의 『道德指歸』와 李忠翊의 『談老』는 시간적으로 박세당의 『신주도덕경』과 홍석주의 『정노』 사이에 위치해 있지만 필자는 아직 이것들에 대해서는 자세한 고찰을 하지 못했다. 필자는 예문서원을 통해 『신주도덕경』을 이미 번역 출간하였고, 또 이번에 『순언』과 『정노』까지 번역 출간하게 되었다. 이 때문에 필자는 조선 유학자들의 노자 주석서 가운데 『도덕지귀』와 『담노』 외에는 비교적 자세히 살펴볼 기회가 있었다. 『도덕지귀』는 몇 년 전에 어느 정도 초역해 놓은 상태이지만 아직 자세히 고찰하지는 못했으며, 『담노』는 최근까지 「談老後序」만 알려져 오다 작년에 발견되었다는 소식을 들었다. 이것들에 대해서는 이후 번역과 함께 별도로 고찰할 기회를 갖겠다.

였다. 비록 체용론 같은 주희의 사유 방법으로 『도덕경』을 해석하고 있기는 하지만, 이는 주희의 사상을 계승하기 위한 것이 아니라 바로 주자학으로 무장한 당시의 학자들에게 가장 효과적으로 문文(名: 禮)의 근본이 질質(樸) 임을 강조함으로써 성인의 말씀인 '문질빈빈'을 이룩하기 위한 것이었다. 박세당이 체용불리體用不離를 강조하는 것은 문文(禮·名·用)과 질質(樸·道·體)의 조화 곧 문질빈빈을 강조함으로써 무엇보다 문文에 치우친 당시의 세태를 비판하기 위함이다.

홍석주의 『정노』에도 박세당의 『신주도덕경』과 동일하게 주희의 사유 방식과 원시 유학의 관점이 혼재한다. 그러나 양자의 관점은 서로 다르다. 박세당은 주희를 벗어나려는 관점에서, 홍석주는 주희를 계승하려는 관점에서 그 주석이 이루어지기 때문이다. 홍석주는 『도덕경』을 주석하면서 원시 유학의 관점과 주희의 사유 방법을 연결하는데, 이는 주희의 사유 방법이 결코 원시 유학과 어긋나지 않음을 강조하기 위한 것이다. 필자가 보기에 양자는 『도덕경』 주석에서 서로 주희의 사상에 대하여 상반된 입장을 드러내고 있다. 곧 양자 모두 『도덕경』 해석에 동일하게 원시 유학의 관점과 주희의 사유 방법을 동원하고 있기는 하지만, 그 주석은 제각기 주자학에 대한 이탈과 계승이라는 상반된 입장을 보이는 있는 것이다. 이런 점을 살펴보기 위해 필자는 II장에서 홍석주의 경학관을 간략하게 정리하고 그 다음 장에서 박세당의 노자관을 살펴볼 것이며, 이어서 IV장에서 홍석주의 노자관을 정리하면서 양자의 관점을 비교·고찰하겠다.

II. 홍석주의 경학관

1. 중국 경학에 대한 평가

홍석주는 역대 저서들을 다섯 등급으로 나누면서, 도道를 밝힘으로써 덕

德을 바르게 하는 것을 최상으로, 경세치용에 관한 것을 그 다음으로, 말을 다듬어 보기 좋게 하는 것을 그 다음으로, 사물을 상고하여 견문을 넓히는 것을 그 다음으로, 소설이나 잡다한 기록을 말류로 보았다.

> 옛날의 저서는 그 고하에 대략 다섯 등급이 있다.…… 최상은 도를 밝힘으로써 덕을 바르게 하는 것이니, 육경과 사서와 여러 성현의 말씀이 이것이다. 그 다음은 경세치용이니, 성인의 경서에 이것이 들어 있고 역대의 역사책과 예악병형禮樂兵刑의 전적에도 들어 있다. 그 다음은 말을 다듬어 보기 좋게 하는 것이고, 그 다음은 사물을 상고하여 견문을 넓히는 것이다.…… 또 그 아래는 소설과 번쇄한 기록이니, 근거 없는 이야기로 시간을 보내는 것일 뿐이다. 음란한 외설과 괴상한 말이 사람들의 속마음을 흔들어 놓고 보고 듣는 것을 헷갈리게 하는 것이라면 교화를 펴는 데 장애물이니, 저서의 한 종류로 볼 수도 없다.[3)]

역대 저서에 대한 평가에서 홍석주의 학문관이 역시 유학의 근본 이념인 수기치인의 범주를 벗어나지 않음을 확인할 수 있다. 도와 덕은 수기와 연결되고, 경세치용은 치인과 연결되기 때문이다. 곧 도를 바탕으로 덕을 닦는 것이 수기라면, 닦은 덕을 남에게 미쳐 공을 이루는 것이 바로 치인으로서 경세치용이기 때문이다.

그는 또한 경술經術의 시행을 기준으로 중국 경학을 세 시기로 나누어서 본다. 그 첫 번째 시기는 군주가 경학의 내용을 몸소 실천해서 경술이 가장 흥성했던 삼대 이전이다. 두 번째 시기는 삼대 이후로 공자에서 주희까지 경학의 내용이 비록 군주에게서 실천되지는 않았지만 성현에게서 밝게 빛나던 때이다. 세 번째 시기는 주희 이후로 경학이 쇠퇴해 사람들이 심신을 닦는 수양과는 무관하게 지면만 낭비하던 때이다.

---

3) 『鶴岡散筆』, 권2, 1쪽, "古之著書者, 其高下大率有五等,……太上明道以正德, 六經四書群聖賢之言, 是也. 其次經世以致用, 聖人之經兼乎是者也, 而歷代史乘禮樂兵刑之典籍亦與焉. 其次修辭以美觀, 其次稽物以洽聞.……又其下則小說瑣記遊談以破閒而已. 若淫媟之辭, 譎怪之談, 蕩人心志而惑人視聽, 則名教之罪人也, 又不足以與于著書之數矣."

> 경술은 세상에서 모두 세 번 흥하고 쇠퇴하였다. 삼대까지는 경술을 위에서 실천하여 이른바 경술이란 것이 임금이 몸소 실천하고 마음으로 체득하는 가운데 있었다. 이 때 사해가 모두 경술의 안에서 보호되었으니 경술이 이 시기보다 흥성한 적이 없었다. 삼대 이후로는 경술이 아래에서 실천되어 하늘이 성인을 내놓고 맞이하면서 과거를 이어 미래를 열었다. 우리 공자님 같은 분이 실제로 이 도에 대한 책임을 통감하시고…… 안연과 증자, 자사, 맹자께서 앞에서 이 도를 선창하시니, 주렴계와 정자, 장횡거, 주자께서 뒤에서 이어받으셨다. 그리하여 경술의 도가 비록 세상에 행해지지는 않았지만, 경술이 경술로 여겨졌던 것은 해와 별의 밝음보다 빛나고 번화한 길의 큼보다 평탄하여 사람들이 모두 볼 수 있고 모두 실행할 수 있었기 때문이다…… 경술이 이 때 또 한 번 흥성했다고 할 수 있다. 후대의 학자들은 이미 성현의 심법을 깨닫지 못했으니, 그들이 경술이라고 하는 것은 지면만 낭비하는 공허한 말로 자신의 심신 공부와 무관한 것이었다…… 경술이 이 때 가장 쇠락하였다.[4)]

홍석주는 송대에 성립된 유학의 도통관에 따라 경술의 흥망성쇠를 기술하면서 송대 주희를 기점으로 그 이후는 경술이 위에서나 아래에서 실천되지 않았다고 보았다. 그에게 학문의 평가 기준은 의리義理이다. 이런 점에서 그는 한대의 학이 송대보다 시간적으로 성인과 가까움에도 불구하고 명물名物과 훈고訓詁에 관한 것 외에는 별 가치를 두지 않는다.

> 근세 중국의 유학자들은 대부분 한대의 유학을 숭상하고 송대의 유학을 배척하니, 이는 한대의 유학이 성인과 시간적으로 가까워 송대의 유학보다 믿을 만한 것이 많다고 여기기 때문이다. 그런데 내가 보기에는 시간적으로 가까워 믿을 만한 것은 명물名物과 훈고訓詁에 대한 것뿐이다. 의리가 사람의 마음에 있는 것은 아무리

4) 『淵泉集』, 권12, 「經術策」, "經術之在天下, 凡三興衰矣. 三代以上, 經在乎上, 而所謂經者不出於人君躬行心得之中. 於是則四海之內, 咸囿於經術之中, 而經術莫盛焉. 三代以後, 經在乎下, 而天縱將聖, 續往開來. 若吾孔夫子者, 實膺斯道之任,……顔曾思孟, 暢之於前, 周程張朱, 續之於後. 經之道, 雖不行於天下, 而經之所以爲經者, 煥乎日星之明, 坦乎康莊之大, 人皆可見, 人皆可行.……經術之於是時也, 亦可謂一盛矣.……後之學者, 旣不得聖賢之一部心法, 則其所以爲經者, 在紙上之空言, 而於自己身心上工夫無交涉,……經術之衰也, 於是乎甚矣."

> 세월이 흘러도 동일하니, 진실로 고금으로 제한할 수 없다.[5]

이런 점에서 홍석주의 경학은 의리를 중심으로 하는 것임을 알 수 있다. 그는 동중서董仲舒나 정현鄭玄 같은 대학자에 대해서도 주희와 이정二程의 학문을 기준으로 비판한다.[6] 그가 주희를 따르는 것은 주희의 학이 변함없는 의리를 드러내는 인정에 합치한다고 보기 때문이다.

> 옛사람들은 지금 사람들과 시간상으로 멀리 떨어져 있지만, 옛사람들의 글 가운데 통할 수 없는 것은 거의 없으니, 인정은 예나 지금의 차이가 없기 때문이다. 말은 마음의 정을 표현한 것이고 시는 더욱 그러하다. 그러므로 옛사람들의 글 중 인정에 가까운 것으로 『시경』 삼백 편 만한 것이 없다. 우리 스승 주자께서 『시경』을 해석한 것은 언제나 인정에 가깝다. 그러므로 『시경집전詩經集傳』이 나오자 제가諸家의 설이 모두 사라지고 천하에서 주자의 해석을 으뜸으로 하여 다른 해석이 없게 된 지가 수백 년인데, 그것은 주자를 따른 것이 아니라 인정에 합치하는 점을 따른 것이다.…… 정현의 설은 어렵고 힘만 드니 인정을 벗어남이 또한 심하다. 요즘 경을 설명하는 자들이 가끔 주자의 설을 버리고 정현의 설을 따르지만, 내가 함부로 따를 수 없는 것은 인정에 어긋나기 때문이다.[7]

이런 관점에 따르자면 홍석주에게 중요한 것은 마음 공부에 관한 것인데, 그는 마음 공부를 실용實用이나 실공實功과 연관시키면서 고증학을 비판한다.[8] 홍석주는 물론 명물이나 훈고가 경학과 예속에 도움이 됨을 알고 있었

---

5) 『鶴岡散筆』, 권1, 20쪽, "近世中國之儒, 率多崇漢而抑宋, 以爲漢儒去聖人近, 比宋儒宜多可信. 余謂世近而可信者, 唯名物訓詁耳. 義理之在人心者, 千世一揆, 固未可以古今限也."

6) 같은 책, 같은 곳, "西漢之儒, 莫醇於董生, 東漢之儒, 莫盛於康成. 董子之釋春秋,……康成之釋詩也,……其說則皆本於公羊氏. 公羊氏, 子夏之門人也, 其去聖人尤近矣. 然使是說行於天下, 父子君臣夫婦之倫, 幾何不大壞而無餘也. 幸而有程朱氏出, 然後婦人孺子, 皆能知大倫之所重, 而聖人六經之教, 始免爲悖常傷化者之所藉口矣."

7) 같은 책, 권3, 12쪽, "古人與今人, 其相去亦遠矣, 而古人之文, 鮮有不可通者, 人情無古今之殊也. 言者, 情之發也, 而詩爲尤然. 故古人之文, 近於人情者, 未有如三百篇也. 朱夫子之釋詩, 常近於人情. 故集傳出, 而諸家皆廢, 天下宗之, 無異辭者, 數百年, 非從朱子也, 從乎人情之所同也. 鄭康成之說,……其說之崎嶇費力, 而不順乎人情也, 亦甚矣. 今世之言經者, 往往捨朱子, 而趨康成, 余不敢從者, 爲其遠於人情也."

다. 그러나 그에게 명물이나 훈고는 부차적인 것일 뿐[9] 인정人情이나 의리처럼 시대나 장소에 따라 불변하는 것이 아니었다.[10]

2. 주자학에 대한 평가

홍석주의 학문은 무엇보다 의리를 중시하기 때문에 그의 경학은 당연히 이정과 주희를 중심으로 할 수밖에 없다. 그에게 정주의 학문은 일반인까지 의리를 알게 하여 풍속을 단번에 변화시킬 수 있는 것이었고,[11] 주자학의 대의는 성인이 다시 나오더라도 고칠 수 없는 것이었다.

> 주자의 설은 경전에 대한 해석에서만 고칠 수 없는 것이 아니다. 사부詞賦와 소예小藝에 관한 것이더라도…… 주자의 저술은 지극히 많아서 문인들이 편집하다가 또 혹 그 뜻을 그르친 것이 있으니 세세한 부분에서는 이동異同이 있을 수 있다. 그러나 대의에 있어서는 성인이 다시 나오더라도 고칠 수 없다.[12]

이렇듯 홍석주는 주희에 대해 극찬하면서도 송유宋儒들이 만물의 본성이나 리기 또는 태극 같은 형이상학적 논의를 한 것에 대해서는 부정적이

---

8) 같은 책, 권1, 22쪽, "近世中國之儒學, 率多斥宋儒爲空言, 而考證爲徵實之學, 吾未知主敬求放之工, 與偏傍音詁之辨, 果孰爲實用也. 又未知君臣父子之倫, 與草木蟲鳥之名, 果孰爲輕重也. 宋儒之學, 非一槩也, 而其醇者, 必宗論語. 近世之學, 亦非一率也, 而其精者, 乃以爾雅說文爲宗. 吾又未知爾雅說文之與論語, 孰切於實功也."; 권4, 14쪽, "日知錄歷擧韓墨呂覽諸書, 時世牴牾者, 至于莊列寓言, 亦皆條辨, 則殆不免辭費矣…… 自古考證之精且博, 未有與亭林京者, 而猶尙有此誤, 又況於它人乎?"; 17쪽, "考證之學, 惡言心學, 余已嘗論之矣…… 日知錄引唐伯元之言, 以爲心學二字, 六經孔孟所不道. 然則傳說之前, 亦未有言學者. 亦可曰學之一字, 堯舜禹湯所不道耶. 且理學之名, 亦六經語孟之所未有也. 其爲說亦太局矣."

9) 같은 책, 권5, 11쪽, "金德叟嘗與人言,……余謂欲講古書, 固不可不究名物. 然務民之義, 當以實用爲急, 此言雖戱, 亦不爲無理也. 名物訓詁之辭, 有涉於經禮之學者, 固儒者所宜講也. 然畧曉其大者足矣. 立專心弊精, 矻矻以求之, 亦非所謂務實也."

10) 같은 책, 권5, 9쪽, "今之名物, 變於古者多矣. 東俗所稱, 尤別於中華, 衣服宮室器用之號, 無一與傳記合者."

11) 같은 책, 권1, 44쪽, "宋朝文物, 比漢唐爲寖隆, 而其鹵莽繆盭如此. 程朱夫子倡明義理, 街童巷婦, 皆能知簒賊可誅. 今北京帝王之廟, 腏食至多, 堂階之上, 殆無所容籩豆, 而竊國簒位之君, 黨賊助亂之臣, 無一人得廁其列者, 程朱夫子之功, 豈可誣哉?"

12) 같은 책, 권1, 7쪽, "朱子之說, 非唯經訓爲不可易也. 雖詞賦小藝,……朱子著述至富, 門人所綴緝, 又或不免失其旨, 其細者容或有異同, 至大義所繫, 雖聖人復起, 不能易也."

다. 이런 논의를 하는 것은 송학의 말류들이 하는 짓으로서 크게 꾸지람을 들어야 할 일이었다.

> 성현의 가르침은 반드시 중인衆人이 알 수 있는 것으로 하셨으니, 사람들이 알 수 없는 것은 성인도 가볍게 말씀하지 않으셨다. 이 때문에 성性과 천도天道에 관해서는 자공도 오히려 공자께 들을 수 없음을 탄식하였으며, 맹자께서 성에 대해 말씀하신 것은 사단이 이미 발한 것으로 설명하신 정도이다…… 그런데 이제 송유宋儒를 근본으로 해야 한다고 하는 자들이 걸핏하면 만물일원萬物一原의 성性과 기질미잡氣質未雜의 리理와 음양미분陰陽未分의 태극에 대해 말하는데, 이것에 관해 과연 누가 알 수 있고 설명할 수 있겠는가? 그러므로 "송유의 말류들은 또한 진실로 쓸데없는 말을 한 것 때문에 꾸지람을 들어야 한다"고 하였다.[13]

홍석주가 보기에 이정과 주희가 성명性命이나 리기 등을 논한 것은 불가나 도가의 이론에 맞서 유학을 변론하기 위해 어쩔 수 없이 한 일이었다. 그는 이정과 주희가 요즘에 태어났다면 그렇게 하지 않았을 것이라고 말한다.

> 정자와 주자께서 계실 때 석가와 노자의 가르침이 크게 유행했다. 그 설을 전파하는 자들이 거의 대부분 성명性命 리기에 대해 거칠게나마 언급할 수 있었으니, 이치에 근사함이 참됨을 어지럽히고 사람의 심술을 무너뜨렸다. 유학자 가운데 고명한 자들까지 가끔 그 학설에 빠졌으니, 정자와 주자께서 어찌 그런 것에 대해 말씀하지 않을 수 있었겠는가?…… 가령 정자와 주자께서 요즘에 태어나셨다면 그 설교에 또한 반드시 마땅함이 있었을 것이다.[14]

홍석주가 보기에 성명과 리기에 대한 탐구는 성인과 길을 달리하는 것이

---

13) 같은 책, 권1, 23쪽, "(然爲宋學之末學者, 亦固有以召此譏矣.)聖賢之訓, 必就夫衆人之所可見者, 人之所不能見者, 聖人亦未嘗輕言也. 是以性與天道, 子貢猶歎其不可聞, 而孟子言性, 不過以四端之已發者證之……今號爲能宗宋儒者, 動輒言萬物一原之性, 氣質未雜之理, 陰陽未分之太極. 是果孰見而孰證之耶? 故曰: '爲宋儒之末學者, 亦固有以召空言譏也.'"

14) 같은 책, 권1, 23～24쪽, "程朱之時, 釋老之敎大行, 爲其說者, 率多能言性命理氣之糟粕, 而近理亂眞壞人心術. 吾儒之高明者, 亦往往陷溺於其中, 程朱夫子之言, 豈得已哉?……使程朱夫子, 生於今日, 其所以說敎也, 亦必有其宜矣."

므로 정자나 주자라 해도 부득이한 경우가 아니면 그것을 언급하지 말아야 한다. 성인이 사람들에게 가르친 것은 모두 실사實事이고 들어서 알 수 있는 것들이다. 그는 이러한 예로 『대학』에서 격물치지에 대해 설명하면서 '리理'라고 하지 않고 '물物'이라고 한 것을 들고 있다.[15] 성명과 리기의 근원에 관한 것은 공자의 제자나 정주程朱라 해도 쉽게 알 수 없는 것이고, 『논어』나 『맹자』에서도 쉽게 볼 수 없는 것이었다.

> 성명의 근원과 리기의 오묘함은 천하에서 아주 궁구하기 어려운 것이니, 비록 공자의 제자라 해도 갑자기 들어서 알 수 있는 것이 아니며, 비록 정자와 주자의 설명이라 해도 동이同異의 불일치가 없을 수 없는 것이다. 그런데 하물며 후대의 학자들임에랴? 넓게 살피고 조심스럽게 생각하여 자득해야 한다.…… 『논어』 20편은 학자가 도를 구하는 데 표준이 되는 책이다. 이것을 살펴보면 성명에 대해서는 몇 번 말하지 않았고 리기에 대해서는 처음부터 한 번도 언급하지 않았는데, 어찌 공자께서 사람들을 가르침에 고의적으로 근본을 버리고 말단을 추구하도록 한 것이겠는가?…… 맹자의 가르침은 사람들 스스로 본성이 선함을 알게 하여 인의예지의 사단을 확충하게 하는 것일 뿐이다. 그런데 『맹자』 7편 중에도 만물일원萬物一原의 본체本體와 태극, 음양혼융陰陽渾融의 묘妙함에 대한 것은 한마디도 없다.[16]

홍석주에게 주자학은 근본적으로 공허하게 성명이나 리기, 음양미분陰陽未分의 태극 같은 것을 논하는 이론적 학문이 아니라, 실용과 실공實功에 절실한 것으로 방심放心을 구하고 경敬을 주로 하며 인륜을 회복하는 것과 같은 실천적 학문이다.[17] 이런 점에서 홍석주 경학의 중심은 성리학의 의리

15) 같은 책, 권2, 45쪽, "夫聖人教人, 皆實事也, 言之可聽而無以證其實者, 聖人蓋罕及也. 大學之說格致也, 不曰理而曰物, 古之人其亦有所慮者哉!"

16) 같은 책, 권2, 44~45쪽, "性命之原, 理氣之奧, 天下難窮者也. 雖孔氏之門人, 亦不得以遽聞, 雖程朱之言, 亦不能無異同之不一也, 而況於後學乎? 博觀愼思, 以待其自得, 可也.…… 夫論語二十篇, 學者求道之準的也. 顧未嘗數數於性命, 至理氣, 則初未有一言及也. 豈吾夫子之教人, 故欲其舍本而趨末乎?…… 然孟子之所以教人, 欲使之自知其本性之善, 而擴充其仁義禮知之端而已. 七篇之中, 亦未嘗一言及乎萬物一原之體太極陰陽渾融之妙也."

17) 같은 책, 권1, 22쪽, "近世中國之儒學, 率多斥宋儒爲空言, 而考證爲徵實之學, 吾未知主敬求放之

를 기반으로 학문의 실천성과 경세 정신을 강조하는 것이었다.

주자학에 대한 홍석주의 이런 태도는 조선 후기에 공리공론만 앞세우던 성리학의 폐해를 비판하던 것과 직결된다. "송대 말기 이후 지리한 훈고학이 유행하고 당쟁이 분분했던 것은 공언을 앞세우고 궁행을 등한시했기 때문이다"[18]라는 그의 말에서 이것을 확인할 수 있다. 그럼에도 불구하고 홍석주는 주희의 근본 정신이 담긴 『소학小學』 곧 예속의 법도를 가장 잘 꽃피운 곳이 조선이라고 말한다.

> 우리 나라의 예속은 중국보다 훨씬 뛰어난 점이 있다…… 이씨 조선이 세워지자 유학만을 숭상하여 선비 된 자들은 공맹이나 정주가 아니면 감히 입에 올리지 않았다. 주자의 『소학』은 중국에서도 드러내 밝히지 못했는데 우리 나라에서는 사서삼경과 더불어 학교에서 함께 가르쳤다. 그러니 우매한 선비가 책을 읽더라도 이 책을 먼저 읽고 다른 책을 읽었다. 생원시生員試나 진사시進士試에서는 먼저 이 책을 강講하게 한 다음에 시험을 보게 했고, 복시覆試에서도 동일하게 했다. 예속의 법도가 전고前古보다 뛰어나게 된 것이 어찌 까닭 없이 그렇게 되었겠느냐?[19]

『소학』은 사실 주희의 문인 유자징劉子澄이 경서나 고금의 전기傳記 중에서 수신修身이나 도덕에 관한 이야기를 모아 놓은 것인데, 홍석주는 이것을 주희의 저술로 보는 듯하다. 위 인용문에서 홍석주가 『소학』과 관련하여 우리 나라의 예속이 중국보다 뛰어나다고 설명한 것이 주목할 만한데, 이는

工, 與偏傍音詁之辨, 果孰爲實用也. 又未知君臣父子之倫, 與草木蟲鳥之名, 果孰爲輕重也. 宋儒之學, 非一槩也, 而其醇者, 必宗論語. 近世之學, 亦非一率也, 而其精者, 乃以爾雅說文爲宗. 吾又未知爾雅說文之與論語, 孰切於實功也."

18) 『洪氏讀書錄』, 集, 86a쪽, 「王文成全書」, "朱子之道, 尊于天下, 三百餘年, 昌言攻之, 自王氏始. 春秋之法, 先治首惡, 王氏不能免矣. 然自晩宋以後, 支離訓詁, 黨訟異同, 先空言而後躬行, 其弊亦已甚矣."

19) 『鶴岡散筆』, 권2, 17~18쪽, "我東禮俗, 有遠過中國者……本朝立國, 專尙儒敎, 爲士者, 非孔孟程朱, 不敢言. 至於朱子小學, 則中國之所未能表章, 而我朝則與四書三經, 幷行于學校, 蒙士讀書者, 必先此而後及於它書. 生員進士之試, 先令講此, 而後赴擧, 至覆試又如之. 禮俗之度越前古, 豈無所自而然哉?"

주자학의 실천성을 강조하기 위한 것이다. 그가 보기에 리기나 심성心性(道德) 같은 것을 논하는 것은 이단과 흡사한 것들에 유학을 어지럽힐 틈을 주는 것이기 때문에, 학자들이 우선해야 할 것은 인륜이나 일용에 가까운 실사實事에 관한 것이다.

> 옛사람의 가르침은 반드시 실사實事를 주로 했으니, 그 일이란 또 반드시 인륜과 일용에 가까운 것과 부부나 부자지간에 관한 것을 우선하였다. 후세에 가르침을 설하는 자는 심성과 리기와 도덕에 대해 말하는데, 이런 것이 더없이 아름답지 않다는 게 아니고 또 우뚝하게 높지 않다는 게 아니다. 비록 그렇기는 하지만 헛된 것에 매달려 설하니, 실행으로 드러낼 수 있는 것을 구하기가 쉽지 않다. 이 때문에 이단과 흡사한 것들이 또한 혹 이것을 틈타 유학의 참됨을 어지럽힌다. 성인의 가르침은 반드시 『시경』의 「주남周南」과 「소남召南」으로 시작하니, 이것이 유학의 도가 이단과 다른 까닭이다.20)

이상에서 홍석주의 경학관을 간략하게 살펴보았다. 그의 경학관은 주희의 의리를 중심으로 실천성과 경세를 강조하는 것으로, 리기나 심성에 관한 논의를 주자학의 핵심으로 보는 것과는 차이가 있다. 이런 점에서 조선 후기의 실학과 긴밀한 관련이 있기도 하다. 곧 홍석주의 경학관은 주희를 계승하는 쪽에서도 실학이 어느 정도 진행되고 있었음을 보여 주는 근거이다.

Ⅲ. 서계 박세당의 노자관

홍석주가 『도덕경』을 주석했다는 것은 매우 흥미로운 일이다. 평이하지 않은 『도덕경』의 내용을 주석하기 위해서는 자신이 부정하는 주희의 형이

20) 같은 책, 권3, 11쪽, "古人之教, 必主乎實事, 其爲事也, 又必先乎人倫日用之近, 夫婦父子之間. 後世之說教者, 曰心曰性曰理曰氣曰道曰德, 是其說非不洋乎美也, 又非不卓然高也. 雖然懸空而說, 求其可見於行者, 未易也. 於是乎異端之疑似者, 亦或假以亂吾眞. 聖人之教, 必以二南爲始, 此吾道之所以異於異端也."

상학적 사유 방식을 어느 정도 동원하지 않을 수 없는 것으로 보이기 때문이다.[21] 그런데 이런 점은 그에 앞서 박세당의 『신주도덕경』에 보다 잘 나타난다. 박세당은 『사변록』에서 주희의 형이상학적 사유 방법을 고원하다고 부정했음에도 불구하고 자신의 『도덕경』 주석에 체용론 같은 주희의 사유 방법을 원용하였다. 그런데 그는 이렇게 함으로써 도리어 『사변록』에서 강조하던 자신의 관점을 더욱 효과적으로 부각시켰다. 곧 주희의 체용론을 통해 『도덕경』 주석에서 문文의 근본이 질質임을 강조함으로써 문에 치우친 당시 세태를 비판한 것이다.

박세당은 『사변록』에서 체용론과 같은 주희의 형이상학적 사유 방식이 성인의 평이한 가르침에 비해 너무 고원하다고 비판하였다. 이런 비판은 당시 집권층이 관념적인 명분론에 치우쳐 예송과 같은 논쟁을 벌인 것과 관련이 깊다. 곧 박세당은 당시 집권층이 관념적인 명분론에 빠지게 된 일차적 원인을 주희의 형이상학적 경전 해석 방식에서 찾았다.[22] 그런데 『사변록』의 이런 비판에도 불구하고 박세당은 『도덕경』 1장의 주석에서부터 주희의 사유 방식인 체용론을 원용하고 있다. 그는 1장의 도道를 체體로, 명名을 용用으로 분속시키면서 동시에 체와 용이 서로 분리될 수 없음을 언급하고, 이어서 체를 리理로, 용을 상象으로 연결시키면서 다시 체와 용이 분리될 수 없음을 곧 체 속에 용이 있고 용 속에 체가 있음을 말하였다. 결국 그는 1장의 도道·상도常道·무명無名을 체용의 체에, 명名·상명常名·유명有名을 체용의 용에 해당하는 것으로 보면서, 리와 상으로 그것들의 관계를 설명하였다.[23]

---

21) Ⅳ장에서 자세히 고찰하겠지만, 사실 홍석주는 『도덕경』 주석 곧 『정노』에 주희의 형이상학적 사유 방식을 거의 동원하지 않았다.

22) 金學睦, 「朴世堂의 『新註道德經』 研究」(건국대학교 박사학위논문, 1998), 43～54쪽.

23) 『新註道德經』, 1장 주, "道者體, 名者用. 道以名爲用, 名以道爲體. 體用二者, 廢一不可. 故道而但可謂道, 則無其用而體不能自立, 非所謂常道矣. 名而但可謂名, 則無其體而用不能自行, 非所謂常名矣.……無名之體, 理具於天地之先, 有名之用, 象生於萬物之初. 常無云者, 該上常道無名,

1장에 대한 박세당의 이 같은 설명은 정이程頤가 「역전서易傳序」에서 "지극히 은미한 것(至微)은 리이고 지극히 드러나는 것(至著)은 상이니, '체와 용은 한 근원'(體用一源)이고 '드러나는 것(顯)과 은미한 것(微)은 막힘이 없이 서로 연결되어 있다'(顯微无間)"[24]고 한 말과 직결되며, 이에 대한 주희의 주와도 동일한 사유 방식이다.[25] 곧 박세당이 『도덕경』에서 핵심 용어들을 1장에서 체와 용으로 환원시켜 리와 상으로 연결시킨 것은 고원한 정이나 주희의 형이상학과 같은 맥락에 있는 것이다.

이런 점은 『도덕경』의 가장 핵심적인 장인 42장 "도생일道生一, 일생이一生二, 이생삼二生三, 삼생만물三生萬物" 구절의 주석에서도 동일하게 나타난다. 박세당은 이 구절에서 일 · 이 · 삼을 『역경』의 태극 · 양의兩儀 · 삼재三才로 주석하고 있다.[26] 이러한 주석은 일 · 이 · 삼을 태극 · 천지 · 삼재로 주석하는 임희일로부터 어느 정도 영향을 받은 것으로 보이지만,[27] 모두 『역경』 「계사전繫辭傳」에 의거한 것이다. 곧 "역에 태극이 있으니, 이것이 양의를 낳고 양의가 사상을 낳고 사상이 팔괘를 낳는다"[28]는 구절과, "역이라는 책은 광대하고 모두 갖추어 천도天道가 있고 인도人道가 있고 지도地道가 있으니, 삼재를 아울러 겹쳤다. 그러므로 6획으로 이루어졌으니, 6획은 다른 것이 아니라 삼재의 도이다"[29]라는 구절의 응용이다. 단지 사상四象에

以言體. 於此欲以觀至妙之理, 包含萬象. 常有云者, 該上常名有名, 以言其用, 於此欲以觀至著之象, 根源一理. 體不離用, 用不離體, 有無兩者, 其本一, 而異其名, 同謂之玄."

24) 『易經』, 「易傳序」, "至微者, 理也, 至著者, 象也. 體用一源, 顯微无間."

25) 같은 책, 같은 글, 細註, "朱子曰: '至微者, 理也, 至著者, 象也. 體用一源, 顯微无間. 蓋自理而言, 則卽體, 而用在中, 所謂一源也. 自象而言, 則卽顯, 而微不能外, 所謂无間也.' 又曰: '體用一源者, 以至微之理言之, 則冲漠无朕, 而萬象昭然已具也. 顯微无間者, 以至著之象言之, 則卽事卽物, 而此理无所不在也. 言理, 則先體而後用, 蓋擧體, 而用之理已具, 是所以爲一源也. 言事, 則先顯而後微, 蓋卽事而理之體可見, 是所以爲无間也.'"

26) 『新註道德經』, 42장 주, "一, 太極. 老子之道, 以無爲宗, 故曰道生一. 二, 兩儀. 三, 三才. 三生萬物, 三極立, 而萬物生也."

27) 『道德眞經口義』, 42장 주, "一, 太極也, 二, 天地也, 三, 三才也. 言皆自無而生."

28) 『易經』, 「繫辭上」, 11, "是故易有太極, 是生兩儀, 兩儀生四象, 四象生八卦."

29) 같은 책, 「繫辭下」, 10, "易之爲書也, 廣大悉備, 有天道焉, 有人道焉, 有地道焉, 兼三才而兩之,

대한 언급이 삭제되고 만물에 대한 언급이 첨가됐을 뿐이다. 그런데 이에 대한 주희의 주에서도 주희의 사유 방식과 박세당의 사유 방식이 거의 일치함을 확인할 수 있다. 곧 "태극이란 그 리이다. 양의란 (태극으로부터) 비로소 한 획이 되어 음과 양으로 나누어진 것이고, 사상이란 다음에 (음양으로부터) 두 획이 되어 태(태양과 태음)와 소(소양과 소음)로 나누어진 것이고, 팔괘란 다음에 (사상으로부터) 세 획이 되어 삼재의 상象이 비로소 갖추어진 것이다"[30]라는 주희의 주에서 "태극이란 그 리이다" 이상의 구절과 사상四象에 대한 언급만 일단 논외로 하면 박세당의 주석과 잘 부합한다.

이상에서 분명히 드러나는 점은 박세당이 『도덕경』을 주희의 사유 방식으로 주석했다는 것이다. 그가 이처럼 『사변록』에서 극구 비판하던 주희의 관념적 사유 방식을 원용한 것은 성인의 말씀인 '문질빈빈'을 근거로 문文에 치우친 당시의 세태를 비판하기 위함이다. 박세당은 "사람들이 옛날의 일을 많이 아는 것을 예禮로 여기고 그것이 도의 내용(道之實)이 아니라는 것을 모른다"[31]고 했는데, 이 말은 당시 사람들이 예를 도의 내용으로 오해하면서 논쟁하는 것을 비판하기 위한 것이다. 그러면서 박세당은 질質(樸)을 도의 체로 환원시키는데,[32] 이는 성인의 말씀 곧 문질빈빈에 따라 문의 근본이 바로 질質(樸)임을 강조하기 위함이다. 다시 말해 박세당은 박樸(質)을 도로, 예를 문으로 봄으로써 『도덕경』의 중심 개념을 성인의 말씀에 따라 재해석한 것이다.

박세당이 『사변록』에서 주희를 비판했던 것과 상반되게 『도덕경』 주석

故六. 六者, 非他也, 三才之道也."

30) 같은 책, 「繫辭上」, 11 · 本義, "一每生二, 自然之理也. 易者, 陰陽之變, 太極者, 其理也. 兩儀者, 始爲一畫, 以分陰陽, 四象者, 次爲二畫, 以分太少, 八卦者, 次爲三畫, 而三才之象始備."

31) 『新註道德經』, 38장 주, "文勝質衰而刑辟多.…… 多識前古以爲禮, 而不知非道之實, 旣以自愚, 又愚後人, 故曰愚之始."

32) 같은 책, 28장 주, "樸言其質也. 質者, 道之體, 樸散而爲器, 言道生天地萬物也."; 32장 주, "樸卽道也. 所謂無名之樸, 是也."; 37장 주, "樸卽無, 爲敦質之體, 而爲道之本. 故曰無名."

에서 주희의 형이상학적 사유 방법을 원용한 것은 문文(禮·名)에 치우친 당시의 집권층을 가장 효과적으로 비판하기 위함이다. 곧 그는 당시 사람들에게 가장 익숙한 주희의 형이상학적 사유 방법을 원용해 『도덕경』을 주석함으로써 문의 근본이 질임을 보여 주었던 것이다. 표면적으로 보기에 박세당의 이런 노자 주석은 주희의 사유 방법을 계승하고 있는 듯하다. 이 때문에 박세당이 일정 부분 주희의 사유 방법을 계승한 것으로 평가되기도 하지만,[33] 필자가 보기에 이것은 오해이다. 『신주도덕경』은 이미 주자학의 형이상학적 사유 방식에 젖은 사람들에게 그 사유 방식이 잘못되었음을 단지 가장 익숙한 방식을 통해 보여 준 것일 뿐이다. 박세당의 『신주도덕경』을 이렇게 해석하지 않는다면, 『사변록』 전반에 나타나는 그의 사상과 어긋나게 되며, 지금까지 학계에서 그를 탈주자학자 또는 실학의 선구자라고 한 평가도 수정해야 할 것이다.[34]

Ⅳ. 연천 홍석주의 노자관

1. 노자에 대한 홍석주의 입장

노자의 도는 성인의 법에 어긋나지만 수기치인의 관점에서는 유학과 일치한다는 것이 박세당의 입장이다.[35] 노자의 도가 성인의 법에 어긋난다는 박세당의 말은 『도덕경』의 내용이 고원하다는 점을 염두에 둔 것인데, 홍석주도 이런 관점을 크게 벗어나지는 않는다. 그는 노자의 도를 공자나 자사는 물론 주돈이나 정주程朱의 그것과 동일한 것으로 보지만,[36] 노자가 도에

---

33) 李種晟, 「西溪 朴世堂의 『新註道德經』에 있어서의 老子觀」, 『東洋哲學硏究』 第16輯(東洋哲學硏究會, 1996).

34) 박세당의 노자관에 대한 자세한 것은 필자의 논문이나 편저를 참고하기 바람. 「朴世堂의 『新註道德經』 硏究」; 「『新註道德經』에 나타난 西溪의 思想」, 『民族文化』 第21輯(1998); 「朴世堂의 『新註道德經』에 대한 考察」, 『道家哲學』 창간호(1999); 「西溪 朴世堂의 老子觀」, 『道敎文化硏究』 14輯(2000); 『박세당의 노자』(서울: 예문서원, 1999).

35) 『新註道德經』, 「新註道德經序」, "其道雖不合聖人之法, 其意亦欲修身治人."

대해 너무 묘한 것에까지 미루어 황홀하게 설법했기 때문에 잘못 전해지고 미혹되는 폐단이 있다고 하였다. 홍석주의 이런 비판은 박세당의 노자 비판과 동일한 맥락에 있다고 볼 수 있다.

> 노자가 도에 대해 말할 때는 저절로 그렇게 되는 묘함까지 미루어서 다했고, 그 설법이 또 항상 황홀해서 알 수 없을 것 같았으니, 이 때문에 한두 차례 전해지면서 괴이하고 황당한 것을 일삼는 자들이 가탁하는 바가 되었다.[37)]

> 노자는 성인처럼 말하지 않고 "나는 그것이 누구의 자식인지 모른다"고 하고, 또 "뒤섞여 이루어진 무엇인가가 천지가 나온 것보다 앞서 있다"고 하였다. 그 말하는 투가 황홀한 것을 고무해 저 알지 못하는 자들이 쉽게 미혹되도록 하였으니, 이것이 성인께서 고원한 것을 감히 가볍게 말씀하지 않으신 까닭이다.[38)]

너무 고원한 사상을 언급했다는 점에서 사실 박세당에게 노자는 이단이다. 이런 점은 박세당이 "노자의 도가 성인의 법에 어긋난다"[39)]고 말한 것과 '노자는 사적인 사람이며 장자는 공적인 사람'[40)]이라고 평가한 것에서도 나타난다. 그가 보기에 장자가 저술을 한 것은 혜시 같은 무리의 허무맹랑한 소리를 막기 위한 것이기 때문에 공적인 목적이 있는 데 비해, 노자는 아무 이유도 없이 『도덕경』이라는 고원한 사상을 언급하였다. 박세당이 노자를 사적인 사람이라고 평하는 것은 바로 이런 이유 때문이다.

홍석주가 보기에도 노자에게 이런 단점이 있다. 그러나 그에게 노자는

---

36) 『訂老』, 1장 주, "夫自然之謂道, 當行之亦謂道, 是二者, 未始有異道也. 故老子之所謂道, 與孔子子思之所謂道, 亦未始異也.……道之妙, 亦一而已.……而所謂一者, 不可見, 此易所謂太極, 子思所謂上天之載無聲無臭, 周子所謂無極之眞, 程子所謂冲漠無眹也. 故曰: '玄之又玄, 衆妙之門.'"

37) 같은 책, 같은 곳, "老子之語道也, 推而極之於自然之妙, 其爲說, 又恒若恍惚而不可測, 此所以一再轉, 而爲譎詭荒唐者所假託也."

38) 같은 책, 4장 주, "老子則不然, 曰: '吾不知誰之子', 又曰: '有物混成, 先天地生.' 其爲辭, 鼓舞恍惚, 易以使不知者惑, 此聖人所以不敢輕語高遠也."

39) 『新註道德經』, 「新註道德經序」, "其道雖不合聖人之法, 其意亦欲修身治人."

40) 『南華經註解刪補』, 「胠篋」, 562~563쪽, "故曰: '魚不可脫於淵, 國之利器不可以示人'"에 대한 주, "按……老子愚民之術, 其意出於私. 若莊子則無是也. 余嘗以爲老子私莊子公."

이런 단점보다는 장점이 훨씬 더 많은 사람이다. 홍석주는 박세당과는 달리 노자를 아주 긍정적으로 평가한다. 노자가 자애와 검약, 겸손, 다투지 않음 같은 것을 강조한 것은 성인께서도 바꿀 수 없는 진리를 전파한 것이며, 전쟁을 반대한 것은 어진 자의 행위인 것이다.

> 아득함에서 구하면 자질이 좋은 자는 미혹하고 어리석은 자는 위태로워진다. 그러나 성인께서는 사람들을 교화함에 실질적인 것으로 되돌려 지극히 드러나는 것에서 구하게 했으니, 도를 구하고자 하는 자는 성인께서 남긴 경서를 보아야 할 뿐이다. 노자가 자애와 검약, 겸손하게 낮추고 다투지 않음을 말한 것과 같은 것이라면 성인께서도 바꿀 수 없는 진리이다.[41]

> "길한 일에는 왼쪽을 숭상한다"(吉事尙左)는 말 이하는 군자가 군대 동원하기를 기꺼이 하지 않는다는 의미를 거듭 설명하였다. 노자는 춘추 시대 말기에 전쟁이 천하에 독소라는 것을 직접 경험했다. 그러므로 이처럼 반복해서 깊고 절실하게 설명하였으니, 역시 어진 자의 말이라고 할 수 있다.[42]

박세당이 노자를 주석한 주된 목적은 노자의 박樸(質)으로 문文(禮)에 치우친 당시의 세태를 효과적으로 비판하는 것이다. 그는『도덕경』주석에서 주희의 체용론을 성인의 문질론으로 환원시켰는데, 이는 체용불리體用不離를 통해 간접적으로 문질빈빈文質彬彬을 외침으로써 문과 질의 조화를 강조하기 위한 것이다. 이런 점에서 박세당은 주희의 형이상적 사유 방식을 역이용함으로써 도리어 문에 치우치게 하는 주희의 사유 방식을 효과적으로 비판했다고 평할 수 있다. 홍석주도 노자의 무위無爲가 주나라 말기의 문文에 치우친 풍속을 비판하기 위한 것이라고 하였는데, 이는 조선 후기의

---

41)『訂老』, 1장 주, "求之於玄, 則高者惑, 而愚者怠. 聖人之敎人也, 反之於實, 而求之於至著, 夫欲求道者, 觀乎聖人之書而已矣. 若老子之言慈儉卑謙而不爭, 則聖人亦不能易焉."

42) 같은 책, 31장 주, "吉事尙左以下, 申言君子不樂用兵之意. 老子在春秋之季, 親見兵革之毒天下也. 故其反復深切如此, 亦可謂仁者之言矣."

상황을 염두에 둔 것으로 보인다.

> 유학자의 도는 옛날을 모범으로 하지 않는 적이 없다. 그러나 (삼황)오제와 하나라의 우왕, 은나라의 탕왕, 주나라의 문왕을 거치면서 질質과 문文이 서로 변화해 대체로 날마다 유위有爲로 나아가게 되었다. 노자는 태고의 무위로 주나라 말기의 문文에 치우친 풍속을 바로잡고자 하였다.[43)]

이처럼 박세당이나 홍석주가 『도덕경』을 주석한 목적은 대체로 비슷해 보이지만, 노자 자체에 대한 평가에 있어서는 현저하게 차이가 있다. 박세당에게 한편으로 노자의 사상은 수기치인을 강조했다는 점에서 유학과 일치하지만, 다른 한편으로 너무 고원한 사상을 언급했다는 점에서 성인의 법에 어긋난다. 그런데 홍석주에게 노자는 사람들을 미혹시키고 설법을 황홀하게 한 단점이 있기는 하지만 성인도 바꿀 수 없는 진리 곧 자애와 검약, 어짊 같은 많은 장점을 언급한 사상가이다. 이런 점 때문에 그는 "『정노』를 저술한 목적이 열에 아홉은 세상에서 노자를 제대로 알지 못하는 것을 밝히기 위함이고 나머지 하나는 노자를 비판하기 위함"[44)]이라고 하면서, "노자가 허정虛靜에 대해 말한 것은 유학에서 사욕을 없애는 것이며 밝아지고 통달하고 공평해지는 것이기 때문에 유학자들이 일심으로 본받아야 할 것"[45)]이라고까지 하였다.

또 홍석주는 유학자들이 함부로 노자를 이단으로 보는 것에 대해 도리어 노자에게 비웃음을 당할 일이라고 경고한다.[46)] 그가 보기에 세상에서 노자

---

43) 같은 책, 14장 주, "儒者之道, 未嘗不師古也. 然五帝三王, 質文相變, 大抵日趨於有爲矣. 老氏欲以太古之無爲, 御衰周靡文之俗."

44) 같은 책, 「訂老題」, "余謂老氏之本旨明於世, 而後其合於聖人者可師, 而其不合者亦可辨. 於是, 手爲是書, 以正之, 盖正老氏者什一, 正世之不知老氏者什九云."

45) 같은 책, 16장 주, "虛且靜, 人心之本體也.……夫唯致虛, 然後乃能由靜而明, 虛者, 何也? 無欲而已矣. 周子曰: '無欲則靜虛動直.' 靜虛則明, 明則通. 動直則公, 公則溥. 夫所謂致虛極 · 守靜篤, 兩言者, 固吾儒所宜單心, 而服膺也."

46) 같은 책, 「訂老題」, "老氏言治以民復孝慈爲上, 其書言治國愛民者居半, 而違親遺君絶俗, 以爲高

를 이단이라고 평하는 것은 노자를 잘 모르기 때문이다. 홍석주에게 노자의 사상은 신명을 기르고 세상에 순응하며 백성을 다스리는 데 필요한 것이므로 유학자들이 무조건 이단으로 취급해야 할 것이 아니다.[47] 후세에 형명刑名이나 병법兵法, 연단수련이나 불사약을 구하는 것을 노자와 관련시키고, 또 인륜을 버리고 단을 설치하여 재를 올리며 예언서를 꾸미고 신묘한 것에 대해 말하는 자들이 노자에게 의탁한 것은 모두 노자를 제대로 알지 못했기 때문이다. 노자의 사상은 대부분 치국애민治國愛民에 관한 것이며 극기克己와 '삼감'(小心)에 관한 것이다.[48]

홍석주는 이처럼 노자를 긍정적으로 보기 때문에 『도덕경』에서 유학에 어긋나는 것으로 보이는 구절에 대해서도 적극적으로 해명하였다. 곧 『도덕경』 5장의 "천지불인天地不仁, 이만물위추구以萬物爲芻狗. 성인불인聖人不仁, 이백성위추구以百姓爲芻狗" 구절에 대해 "세상이 쇠퇴하고 학이 없어지자 사람들이 항상 하잘것없는 작은 은혜로 어짊을 삼는다. 노자가 말하는 어짊은 모두 당시 세속에서 말하는 것을 가지고 명명한 것이다"[49]라고 해명하고, 19장의 "절성기지絶聖棄智, 민리백배民利百倍" 구절에 대해 "노자에게 이른바 성스러움(聖)은 오히려 귀밝고 슬기로운 것에 대해 말한 것일 뿐이니, 후세에 성현聖賢이라고 할 때의 성스러움(聖)이 아니다"라고 해명하였으며,[50] 20장의 "절학무우絶學無憂" 구절에 대해 "……대개 보고 듣는 것이나 암기하고 외우는 것을 지적해서 말했다"고 해명하고,[51] 18장의 "대도폐

者歸於老.……爲吾儒者, 又或執彼, 以攻老, 其不爲老氏所笑也幾希矣."

47) 같은 책, 같은 글, "世以老氏書爲異端, 固也. 然世之言老氏者, 未嘗有知老氏者也. 老氏書, 率皆言寡慾以養神, 不爭以應世, 省爭去殺以治民. 其大要如是而已."

48) 같은 책, 같은 글, "老氏言治以民復孝慈爲上, 其書言治國愛民者居半, 而違親遺君絶俗, 以爲高者歸於老. 老氏言致虛守靜, 自勝者强, 是克己也, 言圖難於其易, 爲大於其細, 愼終如是, 是小心也. 其言謙退卑弱者, 又不一, 而猖狂倨傲恣恣而無憚者, 藉口於老. 老氏言以道治天下者, 其鬼不神, 而修齋醮飾符籙, 而語怪神者, 亦自號爲老, 彼固皆不足道也. 爲吾儒者, 又或執彼, 以攻老, 其不爲老氏所笑也幾希矣."

49) 같은 책, 5장 주, "世衰學廢, 人恒以煦煦小惠爲仁, 老子之所謂仁, 皆因當時世俗之所稱而名之也."

50) 같은 책, 19장 주, "老子之所謂聖, 猶言聰慧耳, 非後世所稱聖賢之聖也."

유인의大道廢有仁義" 구절에 대해서는 "노자는 세상에서 은혜를 파는 것을 어짊으로 여기고 의협심을 자랑하는 것을 의로움으로 여기는 것이 잘못되었다고 보았다. 그러므로 성인이 어짊과 의로움을 말씀하신 것과 아울러 함께 비판하였으니, 그 의도라면 격분해서 말한 것일 뿐 그 말을 교훈으로 해서는 안 된다"[52]고 해명하였다. 권모술수처럼 보이는 36장[53]에 대해서는 사나운 자들에 대해 노자가 격정적으로 말한 것이라고 해명하면서 노자의 사상은 충후하고 겸손하고 조용하고 욕심을 줄이는 것에 있다고 하였다.[54] 38장에서 예를 비판한 것에 대해서도 말엽적인 예를 비판한 것으로 보았다.[55] 또 48장의 "위학일익爲學日益, 위도일손爲道日損" 구절에 대해서는 "학문을 하는 것은 바로 도를 행하기 위함이니, 서로 다를 것이 없다. 노자는 아이들이 강습하는 일을 위학爲學으로, 어른들이 수기치인(成己成物)하는 공부를 위도爲道로 여겼다"[56]라고 합리화하였다.

노자의 도가 성인의 말씀에 어긋난다는 박세당의 평은 근본적으로 노자의 사상을 부정하기 위한 것이다. 그러나 홍석주는 이상에서 보듯이 유학에서 긍정하기 어려운 구절들을 대부분 해명해 줌으로써 노자를 부정하지 않았다. 그가 노자를 부정하는 경우는 극히 드물다. 곧 18장의 "육친불화유효자六親不和有孝慈, 국가혼란유충신國家昏亂有忠臣" 구절에 대해 "육친의 불

---

51) 같은 책, 20장 주, "絶學無憂一句, 疑當屬上章老子之所謂學, 盖指聞見記誦而言."

52) 같은 책, 18장 주, "老子病世之沽惠以爲仁, 矜俠以爲義也. 故並與聖人之言仁義也, 而抑之, 其意則有激云爾, 其言則不可以訓矣."

53) 『道德經』, 36장, "將欲歙之, 必固張之, 將欲弱之, 必固强之, 將欲廢之, 必固興之, 將欲奪之, 必固與之. 是謂微明, 柔勝剛弱勝强. 魚不可脫於淵, 國之利器, 不可以示人."

54) 『訂老』, 36장 주, "愚謂老子生春秋之季, 厭於强梁爭奪之禍天下也. 故其爲言, 皆忠厚謙卑恬澹而寡欲. 此章所論, 亦有激於强奪者而云爾, 豈眞欲以陰謀勝人哉? 夫不得其意, 而得其言, 則流而爲利名權術者, 亦其勢之所必至, 固不容曲爲之諱也."

55) 같은 책, 38장 주, "禮者, 天理自然之儀則也. 老子專以文飾容觀言禮……老子嫉夫當世之言仁義禮者之逐其末而忘其眞也, 遂并與仁義禮而詆之, 亦可謂不循其本矣. 老子之所寂薄者, 禮也, 盖見其以文采爲飾, 而以辭讓爲體也."

56) 같은 책, 48장 주, "爲學卽所以爲道, 無二致也. 老子以小子講習之事爲爲學, 以大人成己成物之工爲爲道."

화와 국가의 혼란을 막지 못하면서 저 효자와 충신의 이름을 먼저 미워했으니, 그 폐단이 또 어디에서 그칠지 알 수 없다"[57]라고 비판한 것과, 19장의 "절인기의絶仁棄義, 민복효자民復孝慈" 구절에 대해 "노자는 효성과 자애를 자연(天)으로 여기고 어짊과 의로움을 이름(名)으로 여겼으니, 어짊과 의로움에 대해 말한 것은 진실로 잘못되었다"[58]라고 비판한 것 외에는 노자를 부정하는 경우가 거의 없다. 이런 점에서 볼 때, 홍석주는 박세당과 달리 노자를 근본적으로 긍정하고 있음을 알 수 있다.

2. 『정노』에 나타난 홍석주의 사상

박세당의 『도덕경』 주석이 1장부터 성리학의 체용론을 원용하는 데 비해 홍석주의 주석은 훨씬 평이한데, 여기에 양자의 사상적 차이점이 드러난다. 박세당이 『사변록』에서 주희의 형이상학적 사유 방식을 고원하다고 비판했음에도 불구하고 『도덕경』의 주석에 그것을 원용한 것은 다름이 아니라 당시 사람들이 주희의 고원한 형이상학적 사유 방식의 영향으로 문文을 추구하는 것에 대해 그것이 잘못된 것임을 노자의 박樸(質)을 통해 알리기 위한 것이었다. 이에 비해 홍석주가 1장을 평이하게 주석한 것은 주자학의 실천성과 경세 사상을 재천명하려는 그의 경학관 때문인 것으로 보인다.

> 도道란 저절로 그런 것일 뿐이다. 그런데 <u>이것을 도로 여겨야 한다고 하면</u> 인위적인 것으로 헤아린 것이니, 내가 말한 저절로 그런 도가 아니다. 도는 하늘에서 나왔고, 이름은 사람으로 말미암아 나왔다. 그러나 어떤 실질적인 것이 있기 때문에 이런 이름이 있게 되었다면 또한 저절로 그런 것을 벗어나지 않는다. 그런데 만약 <u>이것을 이름으로 여겨야 한다고 하면</u> 이름과 실질이 나누어지고 지知와 교묘함이 일어나니, 또 내가 말한 저절로 그런 이름이 아니다.[59]

---

57) 같은 책, 18장 주, "然不能禁六親之不和, 國家之昏亂, 而先惡夫孝子忠臣之名, 其弊也, 又將不知所底止."

58) 같은 책, 19장 주, "老子以孝慈爲天, 仁義爲名, 其言仁義, 則固舛矣."

이 인용문에서 밑줄 친 부분에 주의해야 하는데, 이 구절은 도나 명실의 관계에 대해 이론적으로 탐구할 경우 도리어 자연에서 벗어나게 된다는 의미이다. 홍석주가 보기에 심성론이나 리기론 같은 형이상학적 사유 방식을 동원하여 이론적으로 도에 대해 복잡하게 탐구하는 것은 실행과는 무관한 것이고 이단에게 틈을 주는 것이다.[60] 이런 이유 때문에 그는 상常에 대해서도 저절로 그런 것이라고 말하면서 가능한 구체적인 예를 통해, 곧 하늘이 높고 땅이 두터운 것이 상常이라고 설명하고 더 이상 복잡하게 형이상학적인 설명을 가하지 않는다.[61] 체용과 같은 형이상학적 용어를 사용하는 것은 어쩔 수 없는 경우이다.[62]

홍석주가 고원한 『도덕경』을 가능한 평이하게 주석한 것은 당시의 시대상과 관계가 있다. 당시 집권층이 주자학의 명분론을 이용하여 국정을 공허한 탁상공론으로 몰고 간 것에 대한 반성이 이렇게 나타난 것이다. 곧 학문의 효용이 고원한 이론의 탐구에 있는 것이 아니라 바로 그 실천성과 경세적인 요소에 있음을 그는 『도덕경』 주석을 통해 보여 주고자 했던 것이다. 바로 이어지는 주석에 이런 점이 나타난다.

노자가 말한 도道도 공자와 자사께서 말씀하신 도와 애당초 다른 것이 아니다. 그

---

59) 같은 책, 1장 주, "道者, 自然而已矣. 謂之可道, 則有人爲以參之, 而非吾所謂自然之道矣. 道出乎天, 名則由乎人矣. 然有是實, 斯有是名, 亦未離乎自然也. 若謂之可名, 則名實分知巧起, 而又非吾所謂自然之名矣."

60) 『鶴岡散筆』, 권3, 11쪽, "古人之敎, 必主乎實事, 其爲事也, 又必先乎人倫日用之近, 夫婦父子之間. 後世之說敎者, 曰心曰性曰理曰氣曰道曰德, 是其說非不洋乎美也, 又非不卓然高也. 雖然懸空而說, 求其可見於行者, 未易也. 於是乎異端之疑似者, 亦或假以亂吾眞. 聖人之敎必以二南爲始, 此吾道之所以異於異端也."

61) 『訂老』, 1장 주, "常者, 自然之謂也.……久而不變者, 惟自然之道, 如天之高, 地之厚,……在人則父子君臣夫婦之倫,……皆惟自然而已. 是所謂常也. 道一而已矣, 天地之先, 未嘗無此道也. 然冲漠混元, 不可得而名."

62) 같은 책, 같은 곳, "有者, 其用也, 無者, 其本也. 故欲觀其妙者, 必於無. 徼, 邊際也, 動靜之機緘, 有無之縫緘也.……妙, 固不可見矣, 而徼, 亦非有聲臭色象之著, 故同謂之玄也. 玄之又玄, 重言以贊歎之也.……而所謂一者, 不可見, 此易所謂太極, 子思所謂上天之載無聲無臭, 周子所謂無極之眞, 程子所謂冲漠無眹也. 故曰: '玄之又玄, 衆妙之門.'"

> 러나 공자와 자사께서 도에 대해 말씀하실 때는 마땅히 행해야 할 법칙으로 드러내 보여 주셨으니, 그 행하는 것들이 또 항상 인륜과 일용의 가깝고 절실한 것에서 벗어나지 않았다. 그러므로 교화를 행함에 백세가 지났지만 잘못됨이 없다. 그러나 노자가 도에 대해 말할 때는 저절로 그렇게 되는 묘함까지 미루어서 다하고, 그 설법이 또 항상 황홀해서 알 수 없을 것 같았으니, 이 때문에 한두 차례 전해지면서 괴이하고 황당한 것을 일삼는 자들이 가탁하는 바가 되었다. 공자와 자사께서도 어찌 일찍이 저절로 그런 것에 대해 말씀하시지 않았겠는가? 그 말씀에 "형이상학적인 것을 도라고 한다"고 하셨다.[63]

홍석주가 보기에 공자나 자사도 노자와 같이 도에 대해 언급했지만 일용과 인륜의 가깝고 절실한 것에서 벗어나지 않았기 때문에 잘못이 없었다. 이런 점 때문인지 그는 『도덕경』의 핵심이라 할 수 있는 40장 "반자反者, 도지동道之動, 약자弱者, 도지용道之用. 천하만물생어유天下萬物生於有, 유생어무有生於無" 구절이나 42장 "도생일道生一, 일생이一生二, 이생삼二生三, 삼생만물三生萬物" 구절마저 비교적 평이하게 주석하고 있다. 42장부터 살펴보자.

> 도는 곧 하나이다. 노자는 천지 개벽의 처음에 나누어지지 않은 기를 하나로 여겼으므로 "도에서 하나가 나왔다"고 하였다. '둘'은 음과 양이다. 순수한 양이 하나가 되고 순수한 음이 하나가 되고 음양이 묘하게 합한 것이 또 하나가 되므로 '셋'이라고 하였다.[64]

『도덕경』에서 형이상학적인 언급을 하기 위해서는 이보다 더 좋은 구절이 없는데, 홍석주는 이 구절에 대해 이처럼 간략하게 주석을 마친다. 곧 그는 본문의 '일一'에 대해 '천지미분의 기氣'로, '이二'는 '음과 양'으로, '삼

---

63) 같은 책, 같은 곳, "老子之所謂道, 與孔子子思之所謂道, 亦未始異也. 然孔子子思之語道也, 顯而示之, 以當行之則, 其行之也, 又恒不越乎人倫日用之近且切也. 故其爲敎, 百世而無弊. 老子之語道也, 推而極之於自然之妙, 其爲說, 又恒若恍惚而不可測, 此所以一再轉, 而爲譎詭荒唐者所假託也. 孔子子思, 亦何嘗不語自然哉? 其言曰: '形而上者謂之道.'"

64) 같은 책, 42장 주, "道卽一也. 老子以混元未分之氣爲一, 故曰道生一也. 二者, 陰陽也. 純陽爲一, 純陰爲一, 陰陽之妙合者, 又爲一, 故曰三."

三'은 '순양과 순음, 음양이 합한 것'으로 설명하고 그 이상의 형이상학적인 설명을 가하지 않았다. 이런 점은 40장의 주석에서도 비슷하게 나타난다.

> '반反'이란 '상반되게 하는 것'(相反)이다. 무에서 유가 되는 것이 상반되게 하는 것이고, 유에서 무로 되돌아가는 것도 상반되게 하는 것이다. 하늘에서는 어두움과 밝음,…… 사람에게서는 움직임과 가만히 있음……처럼 서로 원인이 되는 것은 모두 상반되게 하는 것이다. 이는 모두 도 아닌 것이 없다. 도는 하나일 뿐이고, 도의 본체는 무위할 뿐이다. 그러나 그 움직임은 하나에서 둘이 되고 둘에서 온갖 것이 되면서 유행하는 것들은 서로를 변화하게 하고 짝하여 대하는 것들은 서로를 드러나게 하니, 어디를 가도 상반되지 않는 것이 없다.65)

여기서도 주목할 만한 것은 '반反' 자에 대해 홍석주가 평이하게 설명한다는 점이다. 그런데 그는 이어서 '반反'에 대해 약간의 형이상학적인 설명을 더하면서 수양과 연결시킨다. 곧 모든 것은 상반성을 토대로 변화하기 때문에 겸손해야 한다는 것이다.

> 『역경』에서 "한 번은 음이 되게 하고 한 번은 양이 되게 하는 것을 도라고 한다"고 했으니 이것을 말함이다. 이 때문에 지극히 높은 것이 도이지만 이 도를 소유한 자는 반드시 스스로 겸손하게 행동하고, 지극히 큰 것이 도이지만 이 도를 체득한 자는 반드시 스스로 하찮게 여긴다. 도는 지극히 강건한 것으로 본체를 삼으면서 지극히 유약한 것으로 작용을 삼으니, 이 또한 상반되게 하는 것이다. 유有는 기氣이고 무無는 도道이다. "유가 무에서 나왔다"는 것도 상반되게 한다는 의미이다. 노자가 이런 말을 한 것은 대개 사람들이 욕심을 없앰으로써 자신을 다스리고 아무것도 하지 않음으로써 천하를 다스려 그로 인해 생기는 훌륭함과 공을 자신이 한 것이라고 여기지 않도록 하기 위함이다.66)

---

65) 같은 책, 40장 주, "反者, 言相反也. 由無而有, 反也, 由有而復於無, 亦反也. 在天, 則昏明寒暑之相代, 在人, 則動靜屈伸否泰消息之相因如循環者, 皆反也. 是皆無非道也. 夫道一而已, 道之本體, 無爲而已. 乃其動也, 則自一而二, 自二而萬, 流行者, 相變, 對待者, 相形, 無往而非相反者."

66) 같은 책, 같은 곳, "易曰: '一陰一陽之謂道', 此之謂也. 是以至尊者, 道也, 而有是道者, 必自下, 至大者, 道也, 而體是道者, 必自小. 道以至健爲體, 而至弱爲用, 是亦反也. 有者, 氣也, 無者, 道也.

이상에서 보았듯이 40장에서도 홍석주는 지극히 평이한 관점에서 주석을 하며 도의 체득이 겸손과 직결됨을 설명하였다. 물론 이런 관점은 또한 당시의 위정자들이 문에 치우쳐 당쟁을 일삼은 것과 무관하지 않다.

> 실질을 기하지 않고 이름으로만 다스리니 이것이 백성을 다투게 하는 까닭이다. 또 어찌 단지 다투게 하는 것에만 그치겠는가? 붕당朋黨의 화가 살육으로 이어지며 그 독소가 사직에까지 미치니 이름을 숭상한 것 때문이 아니겠는가?[67]

홍석주가 성리학의 고원한 사유 방식으로 노자의 사상을 해석하지 않은 것은 실질을 강조하기 위함이다. 사람들이 실질을 벗어나 문을 강조할 때 그 폐해는 붕당의 화로 이어지면서 사직까지 위태롭게 한다. 홍석주는 노자가 바로 이런 이유 때문에 『도덕경』을 저술했다고 보았다.

> 노자는 주대의 말기에 문식이 널리 퍼져 지모를 숭상하고 상하가 모두 허위로 서로 대하는 것을 보았다. 그러므로 그것에 울분을 참지 못해 이런 글을 남겼으니, 글의 의미를 제대로 이해하기 위해서는 오직 묵묵히 깊이 깨달아야 한다.[68]

『도덕경』 40장과 42장은 형이상학적으로 얼마든지 복잡하게 주석할 수 있는 부분이다. 그럼에도 홍석주가 이처럼 평이하게 주석한 것은 주희의 경세적 요소와 학문의 실천성을 노자의 사상을 통하여 재천명할 수 있다고 보았기 때문일 것이다. 곧 그는 노자의 사상을 통해 학문의 목적이 이론적 탐구에 있는 것이 아니라 그 실천성에 있음을 강조했으니, 이는 바로 『도덕경』을 통해 주자학의 실천성을 다시 부각시키기 위한 것이다.

有生於無, 亦相反之意. 老子言此, 蓋教人無欲以治身, 無爲以治天下, 不有其善, 不有其功也. 或乃引釋氏空諸所有之說, 而謂天下萬物, 皆泡影假合, 則非老子之本意矣."

67) 같은 책, 3장 주, "不以實而以名, 是所以使民爭也. 且奚特爭而已哉? 朋黨之禍, 殺戮從之, 而其毒流於社稷, 有不繇尙名起者耶?"

68) 같은 책, 65장 주, "老子見衰周之世彌文尙智, 而上下皆以僞相蒙, 故有激而爲是言, 善讀者, 唯默識其意, 可也."

Ⅴ. 결론

박세당은 주희의 사상을 고원하다고 비판하였음에도 불구하고 『신주도덕경』에서 도리어 주희의 형이상학적 경전 해석 방식을 수용하였다. 반면 홍석주는 주희의 사상을 계승하면서도 그의 『도덕경』 주석 곧 『정노』에서는 도리어 주희의 형이상학적 경전 해석 방식을 거의 수용하지 않고 있다. 이렇게 양자의 사상이 『도덕경』 주석에서 자신의 근본적 입장과 상반되는 것처럼 보이는 데에는 나름의 이유가 있다. 박세당이 『도덕경』을 주희의 형이상학적 경전 해석 방식 곧 체용론으로 주석한 것은 당시 사람들에게 문文의 근본이 질質에 있음을 알리기 위함이다. 또 홍석주가 고원하게 보이는 노자의 사상을 평이하게 주석한 것은 학문의 근본이 문식에 있지 않고 실질에 있음을 알리기 위함이다. 이런 점에서 홍석주가 『도덕경』을 주석한 목적을 주희의 사상과 연결시켜 보면, 의리를 주로 하는 주자학의 근본도 결국 경세적 요소와 학문적 실천성에 있다는 것이 그의 생각이다.

박세당이나 홍석주가 『도덕경』 주석을 통해 이루려 했던 목적은 동일하다. 그러나 그들은 각기 주희의 사상에 대해 이탈과 계승이라는 상반된 입장에 있다. 박세당이 『도덕경』을 주희의 형이상학으로 풀이한 것은 해석하기에 따라 주희를 아주 혹독하게 비판한 것으로도 볼 수 있다. 의도적으로 주희의 고원한 경전 해석 방식이 『도덕경』의 주석에나 적당하다는 것을 보여 주려 했던 것은 아니겠지만 결국 그렇게 보일 수도 있기 때문이다. 혹 그가 주희의 사유 방식을 이용해 『도덕경』을 주석한 것을 근거로 박세당이 주희 사상의 일정 부분을 계승한 것으로 평가하기도 하지만 이는 오해이다. 이런 오해가 생긴 까닭은 먼저 『사변록』에 나타나는 박세당의 사상을 고려하지 않았기 때문이요, 또 박세당이 노자의 사상을 주희의 사유 방식으로 주석한 의미를 몰랐기 때문이다.

이에 비해 홍석주가 『도덕경』을 가능한 평이하게 주석한 것은 박세당의 노자 주석을 비판함으로써 주희의 입장을 되살린 것으로 볼 수 있다. 곧 홍석주가 보기에 노자의 사상은 박세당처럼 고원하게 해석해서는 안 되고 평이하게 해석해야 하며, 주희의 형이상학적 사유 방식은 부득이한 경우가 아니면 사용하지 말아야 한다. 정자나 주희가 성명性命과 리기에 대해 말한 것은 불가나 도가의 이론에 맞서기 위해 어쩔 수 없이 한 일이었다. "요즘에 송유를 근본으로 한다고 하는 자들이 만물일원萬物一原의 성性과 기질미잡氣質未雜의 리理와 음양미분陰陽未分의 태극에 대해 논하는 것은 말류유학자들이 하는 짓으로 꾸지람을 들어야 할 일이다'[69]라는 말로 볼 때, 홍석주에게 의도야 어떻든 박세당이 『도덕경』을 주희의 체용론으로 논한 것은 잘못된 일이다. 그가 보기에 박세당과 같이 『도덕경』을 주석하는 것은 노자의 의도를 잘못 이해한 것일 뿐 아니라 또한 주희의 사상을 함부로 남용한 것이다.

이상의 고찰에서 조선 후기의 학자들이 시대적인 모순을 극복하는 데 제각기 주희의 사상에 대해 서로 계승과 이탈이라는 상반된 입장을 취하고 있음을 알 수 있다. 곧 그들이 비록 주희의 사상에 대해 다른 입장을 취했을지라도 문文에 치우친 시대상을 바로잡아 실질을 회복해야 한다는 동일한 견해를 가지고 있었음을 확인할 수 있다. 이런 점에서 본다면 조선 후기 실학이 주희를 이탈하는 학자들 사이에서만 진행된 것이 아니라 보다 광범위하게 주희를 계승하는 학자들 사이에서도 다소 진행되었음을 확인할 수 있다. 따라서 조선 후기 실학에 관한 연구도 이제는 조금 관점을 달리해서 주자학을 계승한 학자들에 대해서도 이루어져야 할 것이다.

---

69) 『鶴岡散筆』, 권1, 23쪽, "今號爲能宗宋儒者, 動輒言萬物一原之性, 氣質未雜之理, 陰陽未分之太極, 是果孰見而孰證之耶? 故曰: '爲宋儒之末學者, 亦固有以召空言譏也.'"

찾아보기

이 '찾아보기'는 노자 원문과 홍석주 주를 구분한다.
(注)는 홍석주 주를 가리킨다.

참고문헌

董思靖,『道德眞經集解』
林希逸,『道德眞經口義』
文子,『通玄眞經』
朴世堂,『南華經註解刪補』
———,『新註道德經』
蘇轍,『老子解』
吳澄,『道德眞經註』
王弼,『老子注』
李珥,『醇言』
陳深,『老子品節』
洪奭周,『淵泉集』
———,『訂老』
———,『鶴岡散筆』
———,『洪氏讀書錄』

『考工記』
『近思錄』
『論語』
『唐宋八家文』
『文選』
『孟子』
『史記』
『書經』

『孫子兵法』
『宋史』
『詩經』
『十八史略』
『晏子春秋』
『禮記』
『易經』
『儀禮』
『莊子』
『戰國策』
『程子遺書』
『周禮』
『周易參同契』
『朱子語類』
『朱熹集』
『中庸』
『左傳』
『春秋左氏傳』
『韓非子』
「太極圖說」

박세당, 『박세당의 노자』, 김학목 옮김(예문서원, 1999)

金文植, 「洪奭周의 經學思想 研究」, 『奎章閣』 16집
金學睦, 「朴世堂의 『新註道德經』에 대한 考察」, 『道家哲學』 창간호(1999)
———, 「朴世堂의 『新註道德經』 研究」(建國大學校 博士學位論文, 1998)
———, 「西溪 朴世堂의 老子觀」, 『道敎文化研究』 14집(2000)
———, 「『新註道德經』에 나타난 西溪의 思想」, 『民族文化』 21집(1998)
———, 「『訂老』에 나타난 淵泉 洪奭周의 思想」, 『民族文化』 23집(2000)
李種晟, 「西溪 朴世堂의 『新註道德經』에 있어서의 老子觀」, 『東洋哲學研究』 16집(東洋哲學研究會, 1996)

지은이 **홍석주**洪奭周

영조 50년(1774)에 태어나 헌종 8년(1842)에 숨졌다. 18세기에 중앙 정치의 일익을 담당했던 풍산豊山 홍씨洪氏의 후예인 그는 22세(正祖 19)에 식년式年 문과文科 갑과甲科에 급제하여 사옹원司饔院 직장直長에 제수되면서 벼슬길에 나섰다. 이후 여러 벼슬을 역임하면서 42세에는 충청도 관찰사를 지냈고, 58세에는 사은사謝恩使의 정사正使로 청나라를 다녀왔으며, 61세(純祖 34)에 의정부議政府 좌의정左議政이 되었다. 63세(憲宗 2) 때는 남응중南膺中의 모반 사건에 연루되어 면직·삭출되었다가 66세에 대왕대비의 특지로 방석放釋되었다. 그후 정계에서 물러나 고향 장단長湍의 모사墓舍와 양주楊州의 광진廣津으로 은거하였다. 저서로 『속사략익전續史略翼箋』, 『예기집설지의禮記集說志疑』, 『학강산필鶴岡散筆』, 『초계고식抄啓故寔』, 『대역상전大易象傳』, 『명사관견明史管見』, 『속명사관견續明史管見』, 『독역잡기讀易雜記』, 『휘사소찬彙史小贊』 등 다수가 있다.

옮긴이 **김학목**金學睦

1959년 경북 상주 출생. 건국대학교 철학과를 졸업하고 같은 대학 대학원에서 「朴世堂의 新註道德經 硏究」로 박사 학위를 받았으며, 민족문화추진회 국역연수부를 졸업하였다. 현재 건국대학교와 대전대학교 등에서 강의를 하고 있다. 역서로 『박세당의 노자』와 『노자 도덕경과 왕필의 주』가 있으며, 「『訂老』에 나타난 淵泉 洪奭周의 思想」, 「『新註道德經』에 나타난 西溪의 體用論」, 「王弼의 老子注에서 有·無에 대한 考察」, 「王弼의 思想에 대한 오해」, 「『道德經』 1章에 대한 考察」, 「裵頠의 崇有論에 대한 考察」 등 다수의 논문이 있다.